U0832822

整合时代

杜芸　编著

中国财经出版传媒集团
中国财政经济出版社

图书在版编目（CIP）数据

整合时代 / 杜芸编著 . -- 北京 ：中国财政经济出版社，2019.10

ISBN 978 -7 -5095 -9188 -8

Ⅰ.①整… Ⅱ.①杜… Ⅲ.①企业管理 - 案例 - 世界 Ⅳ.①F279.1

中国版本图书馆 CIP 数据核字（2019）第 188401 号

责任编辑：马　真　　　　责任校对：胡永立

中国财政经济出版社 出版

URL：http：//www.cfeph.cn

E - mail：cfeph @ cfeph.cn

（版权所有　翻印必究）

社址：北京市海淀区阜成路甲 28 号　邮政编码：100142

营销中心电话：010 - 88191537

中煤（北京）印务有限公司印刷　各地新华书店经销

710 × 1000 毫米　16 开　18.5 印张　273 000 字

2019 年 10 月第 1 版　2019 年 10 月北京第 1 次印刷

定价：56.70 元

ISBN 978 - 7 - 5095 - 9188 - 8

（图书出现印装问题，本社负责调换）

本社质量投诉电话：010 - 88190744

打击盗版举报热线：010 - 88191661　QQ：2242791300

题记：

我每天上百次地提醒自己：我的精神生活和物质生活都依靠别人的劳动，我必须尽力以同样的分量来报偿我所领受了的和至今还在领受的东西。

——阿尔伯特·爱因斯坦

(Albert Einstein)

前言：　整合的时代

（一）

一个乍暖还寒的早上，很少坐地铁的我苦于下雨天，北京三环路上出奇地堵车，便想坐地铁会快一点，于是我把车停在地铁站旁。进入地铁站，一行醒目的大字广告映入眼帘：“这个世界在残酷惩罚不改变的人！”

在拥挤的地铁车厢里，我闭上眼睛，完全忘记了周边所有的人，也听不见嘈杂与喧闹，脑子里一直想着刚看到的这句话。是啊，这个世界、这个时代进入21世纪，变化实在太快了。

当年遍布大街小巷的“康师傅”和“统一”方便面，销量急剧下滑，不是因为对手“白象”和“今麦郎”，而是“美团”“饿了么”这些新兴的互联网送餐平台，方便面质量并未出现任何问题，只是外卖服务太便捷了，于是大家就改吃外卖了，又可口又方便，谁还非得去泡方便面呢？

大润发在零售行业是一个号称19年不关一家店的传奇商场。在商场这个领域里，没有人能打败它，包括沃尔玛和家乐福，但是很可惜它败给了这个时代，被阿里巴巴收购，高层集体走人。大润发创始人离职时说：“战胜了所有对手，却输给了时代”。

曾经有一家世界500强的企业，名叫“柯达”，在1991年的时候，它的技术领先世界同行10年，但是2012年1月破产了，被做数码的干掉了。当“索尼”还沉浸在数码领先的喜悦中时，突然发现，原来全世界卖照相机卖得最好的不是它，而是做手机的“诺基亚”，因为每部手机都是一部照相机，于是“索尼”业绩大幅亏损。著名数码相机品牌——尼康，关闭了它在中国的工厂，给出的理由是：智能手机的崛起侵占了原本属于数码相机的市场。然后原来做电脑的“苹果”出来了，做出了触屏的智能手机，把手机世界老大的“诺基亚”给干掉了，而且对方没有还手之力：2013 年 9 月，“诺基亚”被微软收购了……

还有共享单车，随便骑，骑到任何地方，停下，锁车就走，不用管。这种骑行方式一出来，卖单车的店铺、修自行车的小摊子，生意都一落千丈。

这就叫：我消灭你，但与你无关。打败你的，不是你的对手，不是你的同行，而是完全与你不相干的路人。

在这个跨界打劫、迅速迭代的时代，生活简直就是十面埋伏，我们如履薄冰。

以前，我们说市场竞争很残酷，但我们起码知道谁是敌人，谁是朋友。现在呢，半路杀出程咬金，完全分辨不出敌友在哪里了。你永远不知道你的敌人在什么时刻、从什么方向冒出来！他甚至是你从未谋过面的陌生人，他们和你无冤无仇，却顺手牵羊的就把你给灭了。

如果有一天，你突然发现：市场不好做了；你的产品利润太薄了；你的人才出现在竞争对手那了；你的企业陷入困境了……请不要惊讶，因为，这是一个跨界的时代，每一个行业都在整合，都在交叉，都在相互渗透，如果原来你一直获利的产品或行业，在另外一个人手里，突然变成一种免费的增值服务，你又如何竞争？如何生存？没有把握住趋势的发展最终只会泯灭在芸芸众生之中。

在这个高速发展的互联网时代，不要说你停止不变，就是慢一点改变都有可能被淘汰出局。这是一个资源整合的时代。思维要跟着时代走，走在新时代。你用 30 年前的思维来看问题，你会觉得别人都疯了，实际上是你落伍了。

一个跨界整合的时代到了，需要你改变。不改变，就会遭到时代的惩罚。

（二）

当年的老人曾给小孙子讲过一个乌鸦喝水的故事。一只乌鸦口渴了，到处找水喝，见到一个瓶子里有水，可是乌鸦的嘴够不着，想啊，想啊，终于琢磨出了一个法子：把石子丢到瓶子里，水面升高了，乌鸦就顺畅地喝到水了。这个智慧的故事还被编入了小学教科书里。然而，今天当那只老乌鸦还在衔石子的时候，忽然飞来一群乌鸦，这群乌鸦根本不去理会石子，因为它们各个嘴里都衔着一根吸管。

跨界整合资源如今已经成为大趋势，未来的竞争发生在各行各业。移动和联通打了很多年，当微信出来以后，两家公司才真正明白，真正的竞争对手不是彼此，而是跨界的腾讯。如果不是因为移动和联通的“妈”是国资委，这次跨界的打击足以让两个公司毁灭。所以，跨界的资源整合也许不能解决目前的困难，而是一种更长远的考量，解决未来不确定的问题，将更多的不同行业的资源集聚在一起，产生更大的能量避免被跨界毁灭。

一个跨界资源整合的时代已经到来。你不敢主动跨界整合资源，就有人跨过来打劫。跨界竞争的年代，竞争已经不再是线性而是全方位、全时空、多维度展开。在这个过程中原来的商业规则被推倒重构，唯一不变的就是变化，适应变化最好的方式就是跨界将资源整合。

跨界最难跨越的不是技能之界，而是观念之界。我们知道隔行如隔山，跨界整合资源不是抛弃自己原有的资源，在一个新的领域重新开始，而是利用自己的资源和另一个行业的资源互换。资源整合型的平台，才是真正的时代之主。甩掉传统的思维和落后的观念，推倒心里的篱笆墙，系统地研究时代特点，学习商业模式，适应变化了的环境，就能够做到处变不惊，任凭风浪起，稳坐钓鱼台。

（三）

大整合时代，一切皆有可能。只要你不抛弃你的梦想，你的梦想永远不会抛弃你。只要你相信你能找到撬动世界的支点，无论有多苦有多累，你一定能承受成功之路上必经的磨炼。没有理由，没有借口，永远从自身上找问题。相信就是力量，奋斗一定成功。

我们正处于一个大数据时代，互联网的普及对于大多数普通消费者来说只是带来了一种更加便利的生活方式，但是对于更多的有识之士，这就是一个大的机遇，无数聪明人借助着这个趋势大行其道，获得了前所未有的成功。

以淘宝网为首，“京东”“当当”“58”“赶集”“大众点评”“美团”“滴滴”“快的”以及各类金融平台等，一大波互联网平台的出现，揭开了一个新时代的序幕。整合资源与信息，沟通线上与线下，这些平台的出现，不仅改变了人们的日常生活，也创造了一大批极其成功的企业。

平台大量的出现引发激烈的行业竞争。如“滴滴”和“快的”的烧钱大战，两家公司合计补贴超过 24 亿元的资金来进行低端的市场竞争，而最终“滴滴”与“快的”合并，为这一场惨烈的战役画上了休止符，这样不仅节省了大量开支，还整合了两个公司的所有资源，形成了一个绝对的行业龙头。其他的如“58 同城”与“赶集网”合并，整合了所有的资源，改变了分类信息平台的格局。“优酷”与“土豆”、“美团”与“大众点评”，这些行业里的成功者都在纷纷合并整合资源，以求更大的发展。

你的格局，决定了你的一切。所有的事情都能通过跨界思维、搭建平台、创新思路、形成模式、构建系统、升华价值来解决。

跨界整合资源如今已成大势，资源整合就是发现社会的趋势，而趋势就像一匹骏马，如果在马后面追，你永远都追不上，你只有骑在马上面，才能和马一样快，这就叫马上成功。用跨界的思维，突破传统的惯性思维，超越传统的经营理念和商业模式，才会进入“潮平两岸阔，风正一帆悬”的理想境界。

杜芸

2019 年 5 月 1 日于北京万寿路

序：整合与改革的系统性、整体性、协同性

郑新立

杜芸的新书《整合时代》是一部顺时而作、应运而生的专著。作者阐述和解析了整合理论及实践案例，是整合理论在新时代应用研究的有益成果，可以为我们整合资源、促进发展提供理论和实践上的借鉴。《整合时代》，书的题目很有时代气息，是对我们这个时代特征的一个很好的概括。

党的十九大把“着力增强改革系统性、整体性、协同性”作为全面深化改革取得重大突破的一项重要经验，对今后一个时期围绕决胜全面建成小康社会和全面建设社会主义现代化强国全面深化改革作出新的部署。我们常讲全面深化改革，所谓全面者，就是要统筹推进各领域改革，既要有总的目标，也要整合统筹推进各领域改革，最终取得整体效果。系统、整体、协同，这几个词，实质上都是讲整合，因为改革开放是一个系统工程，必须坚持全面改革，在各项改革协同配合中推进。

2014 年，我受深圳市决策咨询委员会委托，牵头做粤港澳大湾区课题。我们在课题报告里提出，打造世界一流粤港澳大湾区，可以并完全应当上升为国家战略。报告送到国家发改委，后来大湾区的这个提法又上升到国务院，李克强总理开始部署规划研究。习近平总书记也高度重视，2012 年 12 月，党的十八大后习总书记首次离京考察就来到广东，希望广东联手港澳打造更具综合竞争力的世界级城市群。2018 年 10 月，习总书记再次考察广东时强调，要把粤港澳大湾区建设作为广东改革开放的大机遇、大文章，抓紧抓实办好。2019 年 2 月 18 日，中共中央、国务院印发了《粤港澳大湾区发展规划纲要》，粤港澳大湾区正式成为国家战略。

回忆这一段，是因为粤港澳大湾区国家战略的形成，体现了我们这个时代区域经济发展中的整合理念。粤港澳大湾区现在进入了珠三角城市群各展其长、共创新优势的发展阶段。在这个阶段，粤港澳将通过一体化发展来进行生产要素合理化配置，发挥各自优势，从而打造新的国际竞争优势。

党中央提出创新、协调、绿色、开放、共享的发展理念，这五个方面也是一个完整、严密、具有内在联系的体系。创新发展在发展全局中起着引领作用，协调发展构成发展的平衡机制，绿色发展体现着发展的质量要求，开放发展是赢得国际竞争新优势的现实需要，共享发展是推动发展的根本力量。这五者之间也需要整合彼此的资源，构建五位一体的国民经济和社会融合发展体系。

这本《整合时代》从基本理论概念的阐释到案例的解析，内容较为丰富，体现了理论与实践相结合的特点。作者在资源整合领域有丰富的理论基础和实践经验，这都使得作者不仅在整合理念的观点、认识，而且在整合项目实践上拥有一定的发言权和影响力。书中的每一章节都涵盖行业、产业、领域的整合热点话题，作者也力求在此探索一种有中国本土特色的整合发展模式。因此，这本书非常值得所有从事资源整合实践及理论工作的读者阅读。

（作者系中共中央政策研究室原副主任，著名经济学家，现任中国国际经济交流中心副理事长）

序：整合理论具有时代性意义

董锁成

杜芸女士长期从事资源整合的研究与实践，在一些区域经济整合项目中也不时有一些联系与合作。看到她送来的《整合时代》一书样稿，很受感动。在繁忙工作中，尚能静下心来思考和总结，写出一系列关于资源整合的书（她的前几本书，《整合制胜》《整合发展》《整合创新》我也看过），实在是不容易的事情。由此也看出她对整合研究的浓郁兴趣和对事业追求的执着。

整合是一个时代的特征，不仅表现在中国经济发展中，而且也是当代国际经济发展的重要趋势。尤其是习近平总书记提出“一带一路”倡议，蕴涵着深刻的整合理念和建立人类命运共同体的国际化发展哲学观。所以，整合理论研究，适应当代国际经济发展的需要，具有重要的现实意义和深远的历史意义。

12 年前，我曾经作为中国科学院地理科学与资源研究所首席研究员、国家科技基础性工作专项重点项目首席科学家，参与科技部国家科技基础性工作专项重点项目——中国北方及其毗邻地区综合科学考察。当时虽然“一带一路”倡议还没有提出，但我们的考察实践及其成果，为“一带一路”倡议在中蒙俄区域落地生根夯下了坚实的基础。如今，“一带一路”倡议作为国家层面的国际性资源整合，无论是“天堑变通途”的路桥项目，还是“地底两万里”的油气管线，这些项目立项的基础及维护的基础都离不开严谨细致的地理、资源、生态环境与社会经济等多学科国际综合性资源的整合创新。现在回忆长达十年的科考，离不开中俄、中蒙科学家之间的沟通、合作、互信、互助和考察数据资源共享共赢大思路，良好的人脉资源整合与跨国合作是我们成功完成科考任务的保证。2014 年，我们项目组参与组织召开首届“丝绸之路经济带生态环境与可持续发展国际研讨会”，与全球 100 多位科学家倡议成立了“一带一路”国际科学家联盟，撰写完成的相关研究报告先后被中国科学院、国家发改委、俄罗斯科学院、俄罗斯布里亚特共和国等采用，为“一带一路”建设规划提供了科技支撑。

在大数据时代，数据融合、共享、存储、处理面临技术规范统一的问题。类似的度量衡、比例尺、分析手段和技术规范的不同会让数据的整合与共享难以实现。新一代互联网技术给国际资源整合与合作提供了新的机遇。许多中外学者都在致力于推进经济走廊信息共享协同创新信息网络平台建设，就是为了让各国未来可以同时在一个平台上集成数据、共享研究数据资料，开展联合公关和协同创新。除了基础科学数据资源的整合之外，社会经济、投资环境、城市化、自然资源潜力调查、社会经济与投资环境调查、城镇化与基础设施调查等均在资源整合内容之列。

近年来，我们针对川西地区多民族性及生态资源多样性特点，提出了建立在经济、资源和生态环境基础上的跨行业、跨区域、跨所有制、跨资源属性的联合协作形成的大旅游产业体系，实质上是资源整合和联动。我国区域差异性大，资源互补性强，资源整合是经济发展的重要课题，也是一个长久不衰、不断创新发展的课题。杜芸女士的《整合时代》一书从理论上阐释了整合的概念与逻辑性，又从多角度、多行业、多方面解析代表性案例，突出了整合理论在新时代的应用，传达了具有启发性和参考价值的内容和前沿的思考成果。读完本书，对资源整合的时代特征会有更深入的了解。

（作者系中国科学院地理科学与资源研究所知识创新基地首席研究员，博士生导师，所学术委员会委员、中国生态经济学会常务理事兼区域生态经济专业委员会副主任、《Utility Policy》和《资源科学》杂志编委）

序：整合理论与实践

杨庆蔚

杜芸同志的新书《整合时代》要出版了，样书送来，要我做个序。

进入新时代，跨界整合被赋予了更具生活化、时代性、深层次以及广泛的概念内涵，包括社会、政治、经济、科教等几乎所有的领域。如今的跨界整合已然成为一种生活态度，一种经济方式，一种文化载体，一种思想境界。在新时代的人文语境中，个性化为生活、产品、造型、结构这些拥有拓展空间的单元保留了一份独立性，却又创立了一种链接。透过跨界整合，资源得以互补，不同的视觉符号语言间得以交流，不同的历史内涵概念间得以传承与创新。跨界整合，资源互补将部分与整体的效应展现出了最大化，使得差异在共同的语言环境中得以保留与发展，并趋于融合。本书抓住时代特点，以跨界整合思维为切入点，首先从跨界整合思维这一课题的来源、背景入手，在理论上分析跨界整合的基本理论内涵、表现特征、产生原因、案例解析。其次，通过对时间、空间、文化、品牌、功能等多方面多维度下跨界整合的经典案例分析，可以捕捉跨界整合思维构成的特性以及发掘跨界整合的精髓。进而，立足于时下热点的大整合产业系列、整合的十步等全方位跨界整合，试图总结出跨界整合的思维特性及多种传达表现方式结合的可能性和方法规律。

工作实践本身就是不断整合资源的过程。这本《整合时代》也是她对自己亲身经历的总结，体现了理论与实践相结合的良好学风。书中有理论分析、逻辑思考，也有切身体会、案例剖析，读来富有启发性，是一本紧扣时代特点，又具有社会意义的书。

由于工作关系，常听她讲大健康概念，书中也专门有大健康产业一章。大健康领域是最具整合特点的行业之一。前几年有个“中国整合医学大会”在西安召开，有47名院士、109名医学高校校长、673名各级医院院长出席，2万多人参会，会议的主题就是“未来医学，赢在整合”。整合医学不仅是各个学科的整合，更是中西医文化的结合，是中医学、西医学、民族医学等各类医学的结合，未来我们要建立医学的文化，可以统称为健康文化。这种文化具有普适性和领先地位，需要中西医融合起来，所有医学融合起来，建立真正真善美的医学。健康医学领域是这样，其他各行业莫不如此。因为整合是我们这个时代的特征，也是赋能发展的动力之源。

感谢出版社慧眼识珠，也感谢作者的辛勤努力。

是为序。

（作者系国家发展和改革委员会原固定资产投资司司长，中国建银投资有限责任公司原董事长，现任中国投资协会会长）

目　录

上篇　整合时代综述

中篇　整合时代的产业经济

下篇 整合时代谋略

上篇

整合时代综述

- 整合理论
- 社会融合理论
- 整合时代来临
- 整合时代经济特征（跨界、跨国、共享、全产业链……）
- 整合时代社会发展（自我超越、联盟共生、综合协调……）

第 1 章　整合理论

1.1　整合理论的形成与发展

1.1.1　整合概念的提出

“整合”一词最早出自生物进化论者的著述。英国社会学家赫伯特·斯宾塞通过对社会的“生长过程”“结构进化”“功能分化”和“相互依赖”的分析，提出了社会整合（social integration）的概念。斯宾塞认为，社会整合指的是社会结构的各个部分之间的相互依赖性以及对社会结构各个部分的协调和控制。美国社会学家帕森斯将社会整合概念纳入结构功能主义理论构架之中，从而使社会整合成为社会学理论中的核心概念之一。帕森斯不仅将迪尔凯姆的社会团结理论发展得更为宏观，更加系统化，为社会融合提供了一个系统化、抽象化的宏大理论基础，而且将社会整合视为行动系统和社会系统不可缺少的功能之一，并突出了法律和宗教等规范在社会整合中的作用。此外，帕森斯在社会整合理论发展上具有承前启后的意义。

继帕森斯之后，社会学家对社会整合概念的解释及运用，逐渐分化为两种不同的倾向：一种沿袭帕森斯的观点，继续将其置于宏观的社会理论体系中，从抽象的意义上予以解释和运用，比如洛克伍德、哈贝马斯和吉登斯；另一种则朝着经验研究的方向，将这一概念用来研究各种社会群体内或群体之间的实际关系（排斥/融合），特别是用来研究民族及种族群体的关系，研究多民族国家各民族在文化上的接近、融合等。

1987 年，日本青年建筑师黑川纪章出版了《共生的思想》一书，在书中他论述了共生哲学的基本组成部分：异质文化的共生、人与技术的共生、内部与外部的共生、部分与整体的共生、地域性与普遍性的共生、历史与未来的共生、理性与感性的共生、宗教与科学的共生、人的建筑与自然的共生、人与自然的共生等。

1.1.2 现代的整合理念

进入21世纪，出现了资源整合、整合营销、整合传播等现代词汇，“整合”更具现代社会、经济、产业上的意义，成为时代的标志性词汇之一。

从概念定义上，整合就是把一些零散的东西通过某种方式衔接，从而实现信息系统的资源共享和协同工作，其精髓在于将零散的要素组合在一起，并最终形成有价值、有效率的一个整体。不管是普遍意义上好的、坏的事物都有其存在的价值，把它们的价值有机地结合在一起，使本来无意义的事物变得有意义起来，让这些单一看来无意义或意义不大的事物获得超值的效果。

资源整合是指企业对不同来源、不同层次、不同结构、不同内容的资源进行识别与选择、汲取与配置、激活和有机融合，使其具有较强的柔性、条理性、系统性和价值性，并创造出新的资源的一个复杂的动态过程。

从生产力的角度，整合就是优化生产力要素资源配置，从而获得整体的最优。

整合营销是以消费者为核心重组企业行为和市场行为，综合协调地使用各种形式的传播方式，以统一的目标和统一的传播形象，传递一致的产品信息，实现与消费者的双向沟通，迅速树立产品品牌在消费者心目中的地位，建立产品品牌与消费者长期密切的关系，更有效地达到广告传播和产品行销目的。

1.2 整合思维[①]

整合思维是由著名商业思想家、多伦多大学 Rotman 管理学院前院长罗杰·马丁（Roger Martin）教授提出的。在今天的整合时代，整合思维已经成为磨炼我们思维能力的利器。

---

① 王晓红：整合思维有多重要，见哈佛商业评论网。

马丁教授十多年前提出了整合思维的思想体系，并撰写了《整合思维》（The Opposable Mind）一书和相关文章；在2017年11月13日揭晓的全球Thinkers 50榜单上，马丁教授因提出“整合思维”与“设计思维”等让世界运行更高效的理论而获奖。马丁教授认为，整合思维（Integrative Thinking），就是头脑中同时容纳两个相互矛盾的观点，并从中得出汇集两方优势的解决方案。

整合时代，具有易变性、不确定性、复杂性、模糊性的特点，人类社会的变量更为多元和复杂，整合思维方式正在得到更多应用。

在整合时代，由于信息超级饱和，各个领域暂时达成的平衡局面会不断被打破，无论是商业组织还是我们个人，很容易发现自己处于一团乱麻之中；而整合思维以复合的、动态的灵活方式，为我们提供了选择之路。这种思维的独特之处在于：“一流的智商，取决于头脑中同时存有两个互相矛盾的想法，而能够继续思考的能力。”

整合思维以建设性的方式处理彼此对立的观点，不以牺牲一方为选择另一方的代价，而是以创新形式消除两种观点中的对抗之处，新的观点同时包含对立观点的某些因素，且优于两种对立观点。也就是说，对于领导者而言，在面对两种情形时不是二选一，而是创造出一种更好的方案，比如同时兼顾创新与维持现有业务，比如在员工和组织双方利益之间、在如何做人与如何做事之间寻求最佳平衡。

马丁教授花费数年时间，在领导力大师詹姆斯·马奇等管理思想家的基础上，访谈了包括杰克·韦尔奇、雷富礼等数十位著名跨国公司CEO，以及管理大师德鲁克、诺贝尔经济学奖得主、著名电影导演等人后，发展出整合思维的全套思想体系。

1.2.1　整合思维要求逻辑性与精准化

整合思维最重要的一点是：绝不退而求其次。这一原则提纲挈领地将整合思维与传统思维中的“难得糊涂”和被误解的“中庸之道”区别开来。整合思维需要大量采用权衡与折中，但这不等于“将就”——如果在做选择时抱着将就的态度，你就总是不能成功。而为了做出最佳选择，必须勇于接受复杂性。复杂性是整合思维的起点，因此在如今的整合时代其渗透将越来越深。

传统思维强调为提高效率而简单化。然而正如爱因斯坦曾经说过的“一切都应尽量简单，但不是为了简单而简单”。身经百战的整合思维者具有严谨的逻辑性，能够在混乱与复杂间划清界限，精准定位，摆脱迷局。面对暂时失去条理的局面，穿行于复杂的事态中，需要全面、深厚的知识结构，包括纯粹的知识、能够加强认知能力和敏锐度的个人经验，此时有效的做法是借助外力，组建“多才多艺团队”，以弥补个人知识之所限、拓展思维之宽度。

1.2.2 整合思维的四大原则

整合思维与传统思维的决策流程都采用相似的四大步骤：找出凸显因素——建立因果关系模型——将因果关系组合为架构——确定解决方案。但是两者在每个步骤中的做法大相径庭。整合思维创造出各种新观点、可能性与解决方案，而传统思维却将潜在的可能性隐藏起来，将创造性方案逼进死胡同。在这四个步骤中，整合思维分别要遵循四项原则：

（1）扩大决策中关键因素的范围。比如在产品改进中，公司不仅要关注客户主动提出的需求，还要寻找他们没有说出来，但内心很希望被满足的需求。

（2）善于考虑多方面的、间接的因果关系。单一的因果关系很容易追溯，但无法为最佳解决方案提供具有深度与广度的分析路径。

（3）在决策时，不是将问题拆分为若干独立的个体逐一解决，而是在保持问题整体性的同时着手处理各个部分。

（4）费尽周折地找出创新性的解决方案，每一个构想与流程都比前一个更有效更精确（即最近几年流行的“迭代”一词）。

1.2.3 整合思维：设计一趟旅行，而不是一节车厢

整合思维要求一种全局性思维。IDEO 公司 CEO 蒂姆·布朗曾讲述了美国 Amtrak 全国铁路公司请 IDEO 设计某城际高速列车车厢的故事。

Amtrak 当时提出的要求是在车厢的审美和功能性方面进行升级，而具有

整合思维的布朗没有只是做好分内之事，他拒绝了简单化和专业化的惯性驱使。他想到很多美国人选择飞机而非火车的主要原因，并不是车厢美观与否，而是搭乘火车的整个过程安排。于是 IDEO 设计团队最后确定了十个可以改进的环节，包括进站、购票、等候、上车、乘坐、到达等。这种全局化的解决方案，在近些年设计思维的深入应用中已变得很常见，但在当时属于凤毛麟角。

如今，越来越多的企业开始设计“客户旅程”，为品牌和客户创造出新价值。长期以来，企业都是通过推测客户从考虑购买、到最终下单、到使用产品的过程，预测客户下一步的反应，寻找每个阶段的应对之策；而在大数据时代，企业可以从被动应对中跳脱出来，去主动塑造“客户旅程”——引导而非迎合。

整合思维是一种基于原则的思维方式，在应用于组织时，其核心是掌控能力与创新能力的联合。这种掌控，不仅是对现有业务的掌控，还有对创新中关键环节的掌控，以及基于对核心业务或技能的掌控而加速创新。

第2章 社会融合理论

进入20世纪90年代以来，“社会融合”逐渐成为社会政策实践和研究的核心概念之一。综观国内外研究，社会融合理论划分为一个基础和三个层次。

一个基础，即社会融合的基础理论，包括脆弱群体理论、社会分化理论、社会距离理论和社会排斥理论。

三个层次，即社会融合理论的宏观、中观和微观理论。一是社会融合的宏大叙事，这部分起源于迪尔凯姆的社会团结理论和马克思的共产主义思想，后被帕森斯、洛克伍德、哈贝马斯和吉登斯等演化为社会整合理论；二是社会融合的族群模式，这是社会融合概念较早使用的研究领域，主要用来研究外来群体与流入地当地居民之间的社会关系，包括克雷夫科尔的熔炉论、帕克的族群关系循环论和戈登的同化过程理论以及多元化模式；三是社会融合的心理建构，主要从微观个体的心理层面研究社会融入和社会接纳，包括社会认同理论、自我认同理论和社会接纳理论。

2.1 社会融合的理论依据

社会融合作为一个社会政策概念，起源于欧洲学者对社会排斥的研究。由于被社会排斥群体通常是脆弱群体，又往往处于社会的最底层，而且社会排斥常常表现为不同阶层之间的排斥与疏离以及存在于人与人之间、群体与群体之间的社会距离。因此，脆弱群体理论、社会分层理论、社会距离理论和社会排斥理论分别从不同角度为社会融合提供理论依据。

脆弱群体理论认为，人类的脆弱性并不意味着所有的脆弱性（比如痛苦、变态和伤残）应该被淘汰，从而实现完美的人类，而是意味着人类对脆弱性的尊敬和保护。罗伯特·古丁认为，脆弱群体的脆弱性是我们对他们特别责任的来源。脆弱性来自生命中不可避免的一部分，或者来自社会安排。我们不仅要承认对脆弱性的家人和朋友负有特殊的责任，而且要在更广泛的道义责任层面去保护社会中的脆弱群体。因为脆弱性的根本原因是，他们由于自身的某种障碍，在现有的经济和社会生活中缺乏必备的竞争能力以及暴露在自然灾害面前并缺乏应对能力，而这些因素几乎是由他们自身不可控制的原因造成的，而且脆弱群体如果得不到必要的社会保护，很容易被主流社会所抛弃、疏离和排斥。因此，保护脆弱群体应该是一个社会的基本伦理。

社会分层理论揭示了社会结构中的阶级或阶层差异，以及由于这种差异而导致的社会分裂或社会排斥。首先，每一个阶层都可能形成一个共同体，拥有自己的阶层意识，由此造成一个社会存在多个阶层意识，不仅增加了社会的融合难度，而且还会造成阶层之间的对抗或冲突；其次，社会的分层结构必然存在以富人为代表的上层和以穷人为代表的底层，这两个阶层不仅可能存在剥削关系，而且更可能造成贫富差距，从而引发社会动荡。因此，社会分层理论不仅启发人们关注阶层之间的社会融合，而且要求人们更加关注底层阶层的社会融合。

社会距离理论的创始人，法国社会心理学家加布里埃尔·塔尔德在《模仿法则》中首次使用“社会距离”概念，用以强调不同群体之间的客观差异。德国社会学家齐美尔发展了社会距离概念，认为社会距离就是人与人之间“内在的屏障”。芝加哥学派直接继承齐美尔的用法，并将社会距离这一概念引入美国的社会学界。帕克指出，距离是存在于集团与个人之间的亲近程度，是一种可以测量和表现个人和一般社会关系的理解和亲密的程度和等级。而最终使得社会距离概念成为社会学中普遍适用概念的则是美国社会学家博卡德斯。1925 年，博卡德斯在其《社会距离及其测量》一文中不仅延伸了帕克对社会距离的定义，将之解释为“能够表现一般的前社会关系和社会关系特征的理解和亲密的等级与程度”，而且设计了一种测量这些等级和程度的社会距离量表，为社会融合理论的实证研究奠定了基础。

社会排斥理论是由欧盟基金会首先提出的。1995 年，欧盟基金会将“社会排斥”定义为“它（社会排斥）意味着这样一个过程：个人或群体被全部地或部分地排除在充分的社会参与之外”。社会排斥理论是以经济资源贫困背后的社会关系为核心范畴，从权利、机会、参与的角度，运用多维、综合、动态的方法，围绕劳动力市场研究失业、贫困与社会排斥的关系，突出强调了非经济性因素或社会机制的动因，从而深化与拓展了传统贫困理论的内容与视野。更重要的是，社会排斥理论通过对后工业社会的社会关系的考察，不仅加深了对后工业社会的社会结构的认识，而且为协调后工业社会的社会关系和促进社会融合提供了独特的视角。

2.2 社会融合的三大理论

2.2.1 马克思的共产主义思想

马克思在对早期自由主义社会形态的考察和反思中提出了共产主义思想。由于马克思将财产关系理解为全部社会关系中最核心、最基本或最基础的部分，并始终将自己的注意力集中在现代社会的财产关系及其经济、政治与社会后果上，因此，我们将马克思所主张的共产主义思想简称为共产主义思想。共产主义思想不仅为人类描绘了一个“没有阶级，没有剥削，不存在贫富差距，人人平等，财产共有”这样一个高度融合的社会，为社会融合理论和实践提供了丰富的想象力和理论源泉，而且马克思还为社会融合理论与实践提供了一套最具有影响力的理论话语，是对社会融合理论和实践影响力最大的理论体系。

2.2.2 迪尔凯姆的社会团结理论

法国社会学家埃米尔·迪尔凯姆针对19世纪西方发达国家在从前工业社会向工业社会（或从前现代社会向现代社会）的转型过程中所遭遇的各种危机进行了思考，分析了这些危机出现的原因以及解决这些危机的途径，由此提出了社会团结理论。迪尔凯姆的社会团结理论强调了国家在社会融合中的重要性，尤其突出法人团体和集体意识在社会融合中的重要性，成为当代社会融合理论的重要源泉。

2.2.3　帕森斯的社会整合理论

20 世纪三四十年代，美国社会学家帕森斯（Talcott Parsons）在结构功能主义分析框架中构筑了宏大的社会整合理论。在帕森斯看来，社会存在的意义总是先于行动，行动应该从系统中寻求合理性。因而，社会整合就是“调整和协调系统内部的各套结构，防止任何严重的紧张关系和不一致对系统的瓦解”，从而维持或改变一个社会系统诸力量的平衡。

帕森斯构建的高度抽象和宏观的系统整合理论，开启了社会整合研究的新时代，其抽象的思辨和形而上学的推演，几乎占据了第二次世界大战以后到 20 世纪 60 年代社会学研究的主导地位。但是 60 年代以后，这种宏大的整合理论开始受到广泛的质疑和批判。在随后的半个世纪内，理论探索和经验主义时而并行不悖、时而交叉运用，共同促进了社会整合理论的发展。

洛克伍德（David Lockwood）挖掘了社会整合的具体意义。他将整合划分为“系统整合”和“社会整合”两种类型，前者关注的是社会各系统之间的协调，后者关注的是个人如何融入社会。洛克伍德将具体的整合从抽象整合的框架中区分开来，赋予了社会整合研究以新意义。

哈贝马斯（Habermas Jürgen）认为，“只有通过影响个体和团体行动的知识的不断输入，来对社会关系进行反思性定序和再定序”，才能实现整合。其理论实质就是通过新要素的注入不断提升时空整合的程度。

2.3　社会融合的心理建构

社会融合的心理建构主要围绕认同和接纳展开。社会认同理论和社会接纳理论分别从两个不同的角度对社会融合的心理建构进行阐述，而自我认同或自我接纳理论则成为社会认同理论和社会接纳理论的基础，因为自我认同或自我接纳不仅影响个体对群体或社会的认同，而且影响个体对他人的接纳。

社会融合的心理建构起源于个体的自我认同。个体通过自我认同来明确身份，识别我群的同一性和他群的差异性，这是个体融入我群的心理建构，也为个体融入他群提供心理基础。自我认同理论为社会认同理论和社会接纳理论奠定了理论基础，为社会融合的心理建构提供了可能。

社会接纳理论强调群体或个体实施接纳的积极效用，尤其强调同伴接纳对个体社会交往和心理健康的重要性，认为社会接纳不仅可以去体验如思想、情感和感觉等所有心理事件，而且通过接纳能够更有效地以适合自身价值观和目标的方式去行动。社会接纳理论还强调接纳技巧的重要性，比如语言上的亲和、展示积极情感（如适当时候微笑）、随和、建立友谊等。社会接纳理论在社会融合的心理建构中具有重要意义。

第 3 章　整合时代的来临

3.1　互联网提供整合时代的技术基础

3.1.1　互联网促进社会整合

随着工业社会在经济、行政、法律、道德等方面体系的建立和完善，社会运行机制在个人自由和社会整合之间找到了新的平衡点。信息技术尤其是互联网的出现，标志着一个全新的信息时代的到来，全面改变了人们的生产和生活方式，为一个高度个人化的社会整合提供了强大的技术基础。

首先，互联网具有天然的平等性和开放性，互联网上最关键的资源——信息，可以被每个用户充分地共享。信息作为当代社会最重要的资源之一，其分配是最大可能的均等化，这将大大有利于社会平等，并使社会趋于扁平化。互联网带来的信息平台的共享、机会平台的开放又同时或间接地促进了社会流动，减少了阶层差异，有利于社会整合。

其次，互联网催生“虚拟社区”，使人们通过网络进行沟通、交流与互动，在网络空间产生社会聚集体。通过恰当地组织和运作，互联网不仅可以成为人际互动、信息交流的平台，而且可以成为规模更大的人际交往平台，并对现实生活产生直接的影响。并且，当这种规模效应在现实中被引发时，可以起到传统社会互动方式意想不到的效果，它可以使社会资本呈现几何级数式的增长，对公共参与起到绝佳的示范效应，同时对社会整合起到其他方式无法起到的作用。

由此可见，互联网既可以造就“原子化”的个人，使得极端个人化的生活方式成为可能，又可以自身衍生出虚拟社区，成为一个人际交往的良好平台，创造出大量的社会资本，并且在一定情况下可以直接影响到现实社会，促进社会整合。

3.1.2 互联网催生产业经济的革命性变革

互联网自20世纪90年代末期先后冲击纸媒（门户、搜索）、通讯（IM工具）、零售（电子商务）、旅游（在线旅游）、金融（互联网金融）、教育（在线教育）等，其发展的核心脉络即从易到难依次渗透到具备低效率、多痛点、大空间、长尾特征的行业中去。互联网为整个社会所带来的新增意义主要来自两个方面："连接"（呈现出中介特征）和"智能"（智能算法应用在连接过程中所产生的数据，所提供的自动化输出）。互联网的"连接"意义成为商业模式的核心：人与人的连接成就了腾讯，人与信息的连接诞生了百度，人与商品的连接造就了阿里巴巴，人与服务的连接催生了一大批在线服务商业企业。而从连接产生的商业模式基础来自对"大空间、低效率、多痛点、长尾特征"行业的渗透，通过提高其运行效率，带来增量价值，BAT、大众点评、滴滴打车等商业模式皆是如此。

以互联网为基础的大数据、人工智能、物联网等技术，使资源整合进入了几乎一切皆有可能的大整合时代。IT的发展经历了六次大的浪潮，人机交互引领产业变革。从20世纪60年代大型机时代到70年代小型机时代、80年代个人电脑时代、90年代桌面互联网时代，再到21世纪最初10年移动互联网时代，到现如今的万物互联时代。在无屏、移动、远场状态下，以语音为主，键盘、触摸等为辅的人机交互时代正在到来。现在大家用得很多的智能手表、手环、智能音箱都是在无屏移动源的状态下。

互联网把世界上原本分散的信息聚合了起来，把信息流通的成本降低。在互联网出现之前，通信需要高昂的成本，漫长的时间，不同行业之间的信息严重不对称。而互联网出现之后，信息沟通成本大大降低，地域无论多远都可以实时沟通，不同行业之间的信息也不再是不对称，原本复杂的渠道，可以通过互联网简单化。

以互联网租车为例，用车需求与车辆供给一直存在，但是在移动互联网出现之前，用车需求没有办法实时把时间地点反映给供给者，而供给者也不能告诉需求者自己可以提供服务，而移动互联网出现之后，信息从不对称转化为对称，需求者可以把自己的位置与用车需求发散出去，供给者可以获取用车信息，也可以把自己的服务需求发散出去。

互联网降低了信息沟通的成本，消灭了信息不对称，一个新行业由此产生，百亿千亿美元估值的公司也就诞生了，这就是“互联网 +”。

3.1.3　互联网改变人们的生活

全世界人们的生产生活正在经历着翻天覆地的重大变革。互联网、人工智能和科技信息化时代，互联网带给人们方方面面的方便和快捷。互联网的出现是时代进步的必然要求，是科技发展的重要标志。如今，互联网已经融入世界的每一个角落，人们的情感理念、价值取向、道德标准、思维方式、行为习惯等，都在互联网的普及和影响下发生巨大而深刻的变化。

国家网信办 2019 年 5 月 6 日发布的《数字中国建设发展报告（2018 年）》指出，截至 2018 年底，我国网民规模达 8.29 亿人，互联网普及率达 59.6%，占全球网民总数的 18.68%。全国网上零售额已经突破 6 万亿元。随着“宽带中国”等国家层面战略的实施，中国正将互联网服务普及到城镇乡村的每一个角落。宽带提速降费，建成全球最大规模 4G 网络，加快推进 5G，用户日益享受到性价更优的互联网服务，这是互联网不断扩大影响力、提升应用型的基础。我国互联网的普及发展为全球经济注入了活力，互联网进一步拉近了中国人与世界市场的距离，越来越多的中国人接入互联网，应用互联网，给世界各国带来了新的商业机会。

互联网带来高科技同时，也带着污泥浊水及沉渣浮滓的虚拟社会向我们冲击而来。对青少年一代来说，它既是天使，又是魔鬼。说它是天使，因为它给青少年铺设了通向知识海洋的广阔大道，迎来了足不出户知世界，不断造就“神童”辈出的时代。说它是魔鬼，因为它充斥着痴迷、暴力、色情、赌博、诈骗等不良内容，从而吞噬了青少年的求知心智和原本善良的身心健康，也吞噬了他们宝贵的青春年华。因此，一些缺乏控制力和分辨力的青少年，如果在心理不成熟的情况下，盲目地投身其中，以至造成严重的不良后果。

今天，互联网技术和科技信息技术对全球经济社会的推动作用被寄予更多期望，也成为全球经济复苏的动力。但是互联网的发展依然面临诸多的挑战，互联网监督和管理制度和规范仍需进一步健全。要推动互联网、大数据、人工智能和实体经济深度融合，培育新增长点、形成新动力；也要建立网络综合治理体系，营造清朗的网络空间。

3.2 社会分工推动整合时代

3.2.1 社会分工精细化造就新的职业

与古代社会相比，现代社会的复杂程度大大提高、分工更为精细。越是大型的项目与活动，越是高端的设备与工具，其构成环节就越精细、构成元素就越复杂，其构成环节与元素之间的关联性与依存度就越高，真正是“牵一发而动全身”。比如，美国航天飞机的零部件多达200多万个，由全球数十个国家的厂商负责生产，参与组装调试的工程师和技术人员有几千名。而“哥伦比亚”号航天飞机在返回途中解体坠毁、造成7名宇航员全部遇难的惨剧，主要原因竟是一个不起眼的零部件——隔热瓦脱落。“一招出错，满盘皆输”，在此得到了深刻印证。

法国社会学家迪尔凯姆在《社会分工论》一书中指出，传统社会依靠成员们高度的一致性、共同的归属感来维系，是“机械团结”的社会；现代社会成员间的差异日益增加，却通过分工合作相互连接在一起，构成了有机团结的社会。随着社会分工的精细化和专业化，一些前所未有、闻所未闻的职业不断进入我们的日常生活。

例如“陪购师”这个职业就是分工精细化的产物。“买衣服有人陪逛街，选衣服有人管搭配。找陪购很方便，不就是几百块钱的事儿嘛”。近年来，出现了一个新的服务群体——陪购师，他们年龄大多在30岁左右，以“陪人逛街”为职业。不论是品水师，还是网络主播，抑或“陪购师”，每一种新兴职业的出现，都是市场需求发酵的结果。“陪购师”将技术活和体力活合二为一，既为雇主提供周到细致的购物引导和信息服务，也要承担陪雇主聊天、帮忙拎东西等附加服务。作为一种“分享经济”，“陪购师”用自己的消费知识、经验和劳动、技能，为他人提供社会支持。这样的“花钱买服务”，得到了越来越多的价值认同。对于“陪购师”来说，这个职业不仅能够得到外在性的现金酬劳，也会得到内在性报酬，既通过陪逛扩大了社会交往，赢得了雇主的尊重和信任，从中发现了生活的乐趣、实现了自我价值等。

3.2.2　在分工中整合

在经济学理论里，有一种说法是，社会分工要明确，即所谓的术业有专攻，专业的人做专业的事。每个产业，每个行业，每个领域，最专业的公司提供产品和服务，大家相互合作，取长补短，是整体社会效率最高的形态。

“职业”“专业”等词语是与社会分工联系在一起的，是工业社会的产物。或者说，人类从农业社会向工业社会的过渡是以职业化、专业化为标志的。随着社会的复杂化和具有不确定性的特征时，人们已经无法成为多面手，而是需要与他人一道通过分工—协作的方式去处理各项事务。一旦人们因专业而稳定地专门从事对某一类事情的处理，也就意味着职业的出现。就此而言，职业与专业都会以分工—协作的形式出现，即包含在分工—协作体系中。

作为一种社会体制的分工—协作，所拥有的是一种价格整合机制，是通过市场对社会分工—协作体系中的每一生产主体的产品进行价格确认，然后再反过来对分工—协作的状况进行调节。价格确认是在交易过程中实现的，可以进行价格确认的产品也是广泛的，包括人们已经占有的资源、劳动力以及正在开发的智力产品等。在市场经济条件下，交换关系以及交易活动能够实现对一切进入交易过程的物品定价，即实现价格确认，进而实现对社会化的分工—协作体系进行调节和整合的功能。

工业社会中的社会化分工—协作体制包含两个层面，其一是社会层面上的分工协作；其二是组织层面上的分工协作。社会层面上的分工协作是借助于市场经济的价格整合机制而成为可能的，而组织层面上的分工协作主要是通过权力整合机制去不断地加以调整的。

3.2.3　合作制组织

在高度复杂性和高度不确定性条件下，合作制组织将成为主要的和基本的集体行动方式。对于合作制组织而言，权力整合与价格整合都将退位，即让位于合作整合。虽然我们在现代性的视角中将合作制组织视为一种组织，认为它是一种未来的组织形式，实际上，在更为准确的意义上，我们应当将它看作一种整合机制，是一种质胜于形或不定型的合作整合机制。如果说权力整合是组织中天然的分工整合机制，价格整合是组织从市场中移植过来的分工整合机制，是存在于组织之中和附着于组织的，那么，合作整合机制本身就是合作制组织，或者说，我们在某个角度将合作整合机制称作合作制组织，而在另一角度中，我们则将合作场所称作合作制组织。

合作制组织因为将合作确立为行动的最高原则，不仅会接纳和鼓励组织参与到任务承担的总体方案拟定中来，而且会努力将任务的整体面貌呈现给组织成员，不仅要求组织成员了解任务的全貌，而且要求组织成员充分理解任务的意义。这样一来，组织成员自然而然地就在组织任务与个人工作之间建立起了联系，即明了自己的工作在组织任务承担中的价值。

为了实现这种价值和提升这种价值，组织成员就会自觉地开展创新，通过自己的创造性去为组织任务的承担作出贡献。合作制组织成员工作的性质至少包含两个方面的内容，其一，他参与了或者事实就是组织任务承担方案的设计者；其二，虽然他在组织任务承担过程中所扮演的是某项具体的角色，但任务的整体性却蕴含在他的具体工作中，他非常清楚自己的每一个行为和每一步行动对于组织任务承担的价值。因此，合作制组织成员在其具体的工作中总能有着宽广的视野，乐意于与其他成员合作也清楚地知道如何合作，会主动地绕开和避开各种各样的合作障碍。

所以，在思考社会治理变革的问题时，在体制方面，我们需要寻求分工—协作的替代形式，即建立起新型的合作体制，无论是在社会的层面还是在社会治理的层面，建立起完整的合作体制都是出于应对全球化、后工业化挑战的需要，是在社会的高度复杂性和高度不确定性条件下开展行动的基础性工程，对于全球化、后工业化背景下的改革而言，这是最为关键的方面。

第4章　跨界发展

4.1　跨界与跨界思维

在清晰的分工模式下，人们在熟悉的领域，守着自己最擅长的生产方式纵向发展，于是有了“界”。“跨界”，英文名称为“crossover”，原意是指不同行业之间的合作，艺术家们经常称为“混搭”。将“跨界”这个热门词汇引申到营销界，则代表着一种新锐的生活态度与审美方式的融合。

在移动互联网时代，信息变得越来越自由、平等、快速流通，让每个人对行业的边界都可以进行更大的递延，如果不跨界可能已有的知识会变成落伍的。跨界更准确地说应该是一种融合，不断自我推翻、革新和创新。在信息技术帮助人类把整个行业产业的知识技能提高到新的高度和背景下时，不管是人类自身还是我们使用的人工智能的机器，都在进行跨界。

在整合时代，界限已经越来越模糊，无论是跨界线上线下的O2O，还是理想感性跨界的人工智能，都在通过跨界的方式来拓宽自己的产业价值链。

跨界思维，就是大世界大眼光，多角度、多视野看待问题和提出解决方案的一种思维方式，释义为交叉、跨越。它不仅代表着一种时尚的生活态度，更代表着一种新锐的世界大眼光、思维特质。

跨界整合，便是从一个领域到另一个领域。跨界合作对于一个品牌最大的益处是让原本毫不相干甚至矛盾、对立的元素，相互渗透相互融会，从而产生新的亮点。

4.2 跨界整合的时代潮

跨界是一种更为深层次的整合，因为跨界不仅仅需要有共同的品牌态度，还应该有共同的营销理念，共同的目标受众，这样才可以达到 1+1>2 的叠加效应。

娃哈哈卖酒、联想卖柳桃儿、恒大踢球卖水、丁磊养猪、雷军卖小米手机、赫畅互联网卖煎饼、平安叫卖起白酒、和君咨询进军实业等等，跨界似乎成为过去几年的网络关键词。通过与不同行业的企业或品牌之间的跨界合作，拓展更大的传播思考空间，开创更大的市场空间，正在成为越来越多具有远见卓识企业的共识。这种新的营销思维模式几乎适合于任何企业和行业。从汽车、手机、消费电子，甚至到服装、鞋、手表等。

在跨界中最具代表性的是地产界。在房地产领域，不少实力强劲的企业不再拘泥于“盖房卖楼”这一传统工作，而是结合自身的经验与优势，与互联网、零售、科技、旅游等众多行业资源相结合，走上了多元跨界的道路。在实践的过程中，部分房企的努力已经初见成果。例如万科发布的 2017 年度报告中就指出，除传统房地产业务外，万科的租赁住宅、物业服务、商业地产、物流仓储、冰雪度假等多个领域均取得显著成效。

在房地产行业调控、因地制宜、因城施策的措施下，再加上城镇化红利的逐步消退，不少房地产企业都在思考应对房地产行业变局的方法，并谋求多方向、多元化的拓展和转型，特别是规模较大、营收较好的“百亿以上级”房企，多元化拓展的进程正在不断加快，步伐也更加坚定。不过，由于各家房企的规模、业务形态并不相同，因此转型的道路也各有差异。

部分企业采取了横向发展策略，在原有业务的基础上，努力拓展新业态，比较典型的转型思路有长租公寓、特色小镇、物流地产、文旅产业等。另外一部分房企则采用了纵向发展策略，聚焦于上下游产业链的打通，针对购房者开展个性化定制，并在家装、社区服务等方面引入互联网和人工智能等新技术。

在多元化道路的指引下，房企在新的领域逐步深耕，由于跨界运营并非房企原有主业，因此房企的多元化道路，也是一条整合多方资源和力量以求发展的新路。以“互联网+”和新科技等领域为例，智能家居、智能装修、联网服务等已经被不少房企所采纳，并在部分楼盘项目得以应用，阿里巴巴、京东等互联网企业也在涉足房地产领域，用新技术与房企结合。另外，健康、文旅等多个领域也有充分的发展空间，国内一些知名景区和沿海风景地带，已有不少企业布局相关行业，例如在健康产业领域，奥园就已形成集社区医疗、社区养老、社区医美、线上就医平台、中医特色医疗旅游项目等业务于一身的综合大型健康产业群。万科在2012年围绕城市、配套服务进行转型的基础上，公司把战略定位升级为“城乡建设与生活服务商”，并具体细化为四个角色：美好生活场景师、实体经济生力军、创新探索试验田、和谐生态建设者。针对物业服务，碧桂园提出了“一切以业主为中心”的服务原则，提出“5H”理念，即Health（健康）、Heart（心灵）、Home（家）、High-tech（科技）、Hope（希望），以此建立完善和精益化的物业管理和服务体系。龙湖去掉了企业名称中的“地产”字样，表示企业涵盖房地产开发、商业运营、长租公寓和物业管理四大主航道业务，未来更将深度探索及参与城市空间和服务的重构，新名称更符合长期业务策略，符合公司及公司股东的整体利益。

4.3　跨界与融合：时代发展的新动能

跨界与融合发展，正在成为这个时代经济发展的主旋律，深刻影响着各行各业的巨大变化和许多企业的起起落落。从整个产业发展背景来看，互联网、物联网、云计算等高科技的出现让生产企业出现了“无边界生产”的趋势，只要一个企业在某一个产品上形成了用户黏性，产生出了一个特定消费社群，就可以依托这个消费社群进行特定产业链上的“无边界生产”，这种“无边界生产”也造就了一个企业基于特定产业链的综合型、闭环型业务模式。在“无边界生产”的背景下，很多企业开始打造自己的生态圈。无论是互联网企业中的BAT，还是金融巨头、地产巨头、影视巨头都在进行生态布局。在文旅行业中，“无边界生产”归宿都是IP，“无边界生产”企业之间的竞争归根结底也都是IP竞争。

产业的跨界融合发展是新一轮技术革命最为显著和关键的特征之一，跨界融合发展，表明现有的产业分类已不再适应新时代发展，大量新技术不断突破原有产业边界。原有产业或知识的认知边界，往往是创新的源发地和高发地。每一轮技术革命中的主导突破性技术往往会成为人类社会发展中的普及性底层技术，比如内燃机、电力、铁路等，它们的广泛应用，渗透进多数传统产业，从而和传统产业产生各类新组合、新突破，各类“化学反应”式的彻底变革和颠覆式商业模式的出现是技术革命向纵深发展的必然趋势。互联网和人工智能技术也将成为人类社会的基础设施，正在渗透到各个行业，正在产生颠覆性的突破。产业跨界融合，绝非简单的产业间单向的形态演进和总量比例的变化，也不是某两个行业间孤立的彼此博弈和影响，而具有要素重组、互相渗透、边界消融、加乘借力等新特点。例如健康产业与人工智能跨界融合，将为健康产业带来诊疗模式、管理方式、应用设备、药物及设备研发、健康管理等方面的巨大变化，极大提升健康产业的生产质效。

其实跨界的，从来不是专业的，创新者以前所未有的迅猛，从一个领域进入另一个领域。门缝正在裂开，边界正在打开，传统的广告业、运输业、零售业、酒店业、服务业、医疗卫生和会展业等，都可能被逐一击破。更便利、更关联、更全面的商业系统，正在逐一形成，世界开始先分后合，分的，是那些大佬的产业；合的，是新的商业模式。

第 5 章　跨国发展

环顾当今世界，经济全球化的进程明显加快。世界范围内的经济技术交流与合作日益深化，经济全球化竞争给世界各国带来深刻而广泛的影响。经济全球化的基本特征，是各国经济、社会联系与竞争的普遍化及其方式的多样化。经济全球化是震撼国际社会诸多领域的重大变革，使当代人类经济生活的理念、方式和空间发生深刻变化。

5.1　构建人类命运共同体

5.1.1　全球性经济的相互依赖

当今时代一个主要特征就是高度的相互依赖性。这种相互依赖性突出体现在三个方面。

一是发展的相互依赖性。环顾世界，任何一个国家要想获得发展，就必须融入全球大的发展体系之中，奉行开放发展、包容增长的理念与政策，同时将本国的发展战略与他国的发展战略很好地对接，这样才能实现共同的、可持续的发展目标。可以说，当今世界各国发展机遇与愿景相互关联，没有一个国家能够脱离于世界而获得发展。因而，这种发展必然是一种互动的发展、合作的发展、多赢的发展、共同的发展。

二是风险与挑战的相互依存性。全球气候变化、生态环境恶化、恐怖主义、粮食安全、核危机、难民潮等一系列问题成为世界各国与地区共同面临的全球性挑战，需要全人类共同应对。可以说，风险与挑战的跨国性、联动性特点决定了没有哪个国家能够独自应对人类面临的各种挑战，也没有哪个国家能够退回到自我封闭的孤岛，在风险与挑战面前不允许有“旁观者”“退缩者”，更不能有“转嫁责任者”“损公肥私者”。世界各国需要以负责任的精神同舟共济，共同面对挑战，合力应对危机，维护和促进世界和平与发展。

三是议题的相互交融性。当今世界，政治、经济、安全、社会、文化、科技等不同议题领域的边界已经远不如之前那样清晰可见，并且这些议题的相互交融性与交换性明显增强，从而极易引发“共振效应”。客观来说，这种议题领域的交互性特征使得国家间关系变得更为复杂，从而要求各国必须以一种整体的、系统的视角与方法来加以应对与处理。总之，人类生活在同一个地球村，各国日益相互依存、命运与共，越来越成为你中有我、我中有你的命运共同体。

5.1.2 共同利益观

经济全球化促使人们对传统的国家利益观进行反思。瞬间万里、天涯咫尺的全球化传导机制把人类居住的星球变成了“地球村”，各国利益的高度交融使不同国家成为一个共同利益链条上的一环。任何一环出现问题，都可能导致全球利益链中断。一个国家的粮食安全出现问题，则饥民将大规模涌向别国，交通工具的进步为难民潮的流动提供了可能，而人道理念的进步又使拒难民于国门之外面临很大道义压力。

互联网把各国空前紧密地连在一起，在世界任何一点发动网络攻击，看似无声无息，但给对象国经济社会带来的损失却有可能不亚于一场战争。气候变化带来的冰川融化、降水失调、海平面上升等问题，不仅给小岛国带来灭顶之灾，也将给世界数十个沿海发达城市造成极大危害。资源能源短缺涉及人类文明能否延续，环境污染导致怪病多发并跨境流行。面对越来越多的全球性问题，任何国家都不可能独善其身，任何国家要想自己发展，必须让别人发展；要想自己安全，必须让别人安全；要想自己活得好，必须让别人活得好。

在这样的背景下，人们对共同利益也有了新的认识。既然人类已经处在“地球村”中，那么各国公民也就是地球公民，全球的利益也就是自己的利益，一个国家采取有利于全球利益的举措，也就同时服务了自身利益。

5.2　跨国整合发展的规模和趋势

跨国公司在经济全球化进程中的角色越来越重要，从企业的原创地到投资东道国，从一方市场走向全球市场，跨国公司成了推动经济全球化的核心力量。据世界投资报告提供的数字，全球的跨国公司已达到 6 万余家，拥有分支机构 50 万家，企业遍及 160 多个国家和地区，它们正以庞大的规模和雄厚的实力左右着世界经济的发展。其中，4.5 万家跨国公司生产总值占西方发达国家总产值的 40%，囊括世界贸易总额的 60%，控制着 75% 的技术转让和 90% 的生产技术，支配着 80% 以上的对外直接投资。20 世纪 90 年代以来，跨国公司的发展产生了一系列新变化，其重要的方面就是跨国公司的发展战略目标选择由单一的经济目标发展为经济与社会等多元目标，亦形成了发展目标多元化的态势。这对于跨国公司的可持续发展，尤其在投资东道国的发展具有“革命性”的意义。

比如，英国的壳牌公司是一家全球化的综合性能源公司，在中国发展业务已有 100 多年。壳牌公司提出“在中国大陆的宗旨是提供长期可持续的清洁能源方案，并帮助中国减轻目前严重的环境污染问题”。壳牌公司所确定的价值观，除了其核心政策指导业务经营方式、商业原则外，还提出可持续发展政策，即致力于可持续发展的承诺，“所做的任何事情都必须考虑如何在经济、社会和环境影响之间取得平衡，在短期需要和长期需要之间取得平衡，所有壳牌公司的计划都必须以此为基础”。提出健康、安全与环境的目标，其多元化目标，除了对股东、客户、员工、与壳牌有业务往来者承担责任外，也提出了对社会承担责任。渣打银行提出，“对中国经济而言，中小企业发展具有举足轻重的作用，渣打将致力于为中国的中小企业提供最先进的产品和服务”。这一战略目标，即体现着渣打银行开发市场、追求盈利的经济目标，同时也体现出符合中国经济发展要求，适应中国政府在尽力解决中小企业贷款难问题的政府目标。

再如，索尼爱立信公司、福特公司、迪士尼公司都在投资东道国分别采取了“绿色伙伴计划”“企业是社会公民”“员工权力以及利益的真实保护”

等措施，以期在投资东道国和企业内部体现公司的社会价值。值得注意的是，从2005年开始，全球各大跨国公司几乎不约而同地向外界发布了社会责任报告，而这种日渐浓厚的社会责任新意识为跨国公司的未来取得了更大的主动。

根据对跨国公司的这些新变化与实践趋势的分析，得出以下结论：

第一，跨国公司在发展中由单一目标发展为经济、社会、环境、人文等多元目标，是跨国公司生存，壮大的必然趋势，因为人类社会所追求的普世目标是经济社会共同发展，如果跨国公司仅拘泥于传统的单一经济目标，就将与这种普世目标相脱节，在其竞争过程中就难以成功。

第二，跨国公司发展的基本动因与核心价值观仍然是追求经济利益最大化。尽管10年来世界范围内，主要是西方国家的跨国公司发生的“道德革命”，形成了社会责任的浪潮，但这并不意味着跨国公司经济目标——利润最大化的根本改变，只不过是跨国公司在发展中对经济目标价值观的丰富和完善。因为，从本质上说，资本就是要增值，跨国投资的目的，在本质上也是要获得高额利润。

第三，跨国公司在价值目标和发展战略上，只有以多元性为己任，即必须考虑投资东道国的经济、社会、环境、人文等诸多因素，并实施多元目标战略，才能使跨国公司获得持久可持续的发展。

5.3 跨国整合发展的战略原则

（1）跨国公司应当将战略性的经济目标与社会等目标有机地融为一体。

传统的跨国公司理论基本上是围绕跨国公司的“利益中心”“经济目标”来阐述的，从现阶段来看，跨国公司存在的价值不再仅仅是由经济因素构成。跨国公司的战略目标不能局限于单一的经济目标，而应当考虑经济、社会、环境、人文等多重的综合性目标。在这样一个综合性目标体系中，应当由多个目标结构框架，即核心目标、重点目标和基础目标。首先，核心目标应当是经济目标。其次，重点目标应当是社会、环境、人文发展目标。在当今和未来发展中，跨国公司如果不关注和实施社会、环境、人文目标，必将丧失发展的主动权和竞争力。经济、社会、环境、人文密切联系，缺一不可。最后，基础目标包括价值取向，企业新使命以及声誉力、和谐力，即新型的具有道德伦理形象的目标体系。作为跨国公司在其发展战略上应当力求将多重目标统一起来，并体现到公司的所有计划、所有部门的目标中，加以落实。

（2）落实多元化目标体系，要融入投资东道国的市场需求和经济、政治、文化、社会、环境、人文特点的需求。

区位特定优势是东道国拥有的资源优势，企业只能适应、整合和利用这些资源优势。它包括两个方面，一是东道国不可移动的特色禀赋所产生的优势，如自然资源、地理位置等；二是东道国的政治经济制度、政策法规灵活形成的有利条件和良好的基础设施等。

（3）跨国公司投资需要实施平等竞争战略。

在全球经济一体化进程中存在的一个突出问题是，跨国公司以其所具有的垄断优势而产生的垄断行为，即依托跨国公司自身的资本、技术、网络等优势，对投资东道国，一般是落后的发展中国家进行垄断性投资经营，获取超额利润。这样做可以在短期内对跨国公司有利，然而，在跨国公司长远的发展战略目标选择中，不应把竞争能力放在这样一个基础上。人类社会在不断进步，人类文明追求平等、公正。任何一个国家、一个民族都具有本能的保护意识，当垄断行为危及国家民族经济社会发展时，垄断行为迟早要被淘汰、消灭。如果跨国公司对垄断行为有所调整，而以平等互利的原则跨国投资经营，那么，跨国公司将会有长远的生命力和竞争力。

5.4 中国企业跨国整合发展的模式与案例

模式一：安营扎寨。

通过在海外建立工厂，实现企业研发、生产、销售三位一体的本土化发展模式。该模式的典型代表包括海尔、福耀玻璃、海信、三一重工等。

海尔先后在美国、欧洲等地建立了三位一体的本土化格局。其中，海尔美国的设计、营销、生产中心分别位于洛杉矶、纽约、南卡罗来纳州。海尔欧洲的研发、生产、营销中心分别位于德国纽伦堡、意大利和波兰、法国巴黎。海尔通过设计开发符合当地人需求特点的家电产品，更好地满足市场需要，提高了产品的竞争力，同时树立了企业的形象，推广了自己的品牌。不足之处在于国外公司的员工多为当地聘用，除存在文化差异外，成本压力也较大。

模式二：借船出海。

即通过并购国际知名企业的某个部门，以获得其成熟的品牌、技术、渠道等资源，从而实现企业的国际化。该模式的代表包括联想、吉利等企业。

2005 年联想收购 IBM 个人电脑部门，跨入世界 500 强行列。此外，联想计划通过收购摩托罗拉移动，向全球手机厂商进军。2010 年吉利通过收购沃尔沃，不但提升了自身的品牌知名度，而且获得了进入国际市场通行证。经过多年整合，联想和吉利的经营业绩都呈现出增长趋势。

模式三：品牌共享。

通过合资公司的形式，将自己不知名的品牌与国际知名品牌结合起来，从而打开进入国际市场的大门。

该模式的早期实践者是彩电生产企业 TCL 。2003 年，TCL 与汤姆逊共同出资设立合资公司（简称 TTE），其中 TCL 持股 67%。按当年全球彩电销量，TTE 成立后将成为全球最大的彩电厂商。2004 年，TCL 与阿尔卡特成立合资公司（简称 TAMP）。TAMP 成立后，TCL 手机全球排名将由 15 位上升为第 7 位。然而，TCL 并购汤姆逊及阿尔卡特并没有实现公司预期的效果。究其原因，至少有以下三点：首先，并购整合的失败；其次，对先进技术和品牌定位的判断失误；最后，对各种整合成本的低估。

模式四：星火燎原。

我国的一些中小企业，利用在海外的亲戚朋友或其他网络，把中国的一些有竞争力的产品推销到世界各地。

温州企业是星火燎原模式的开创者。这些企业主要通过与当地温州华侨合作建立“中国商场”等方式实现企业走出去。温州著名的康奈鞋业就是从和华侨合作进入国际市场的。该企业在全球建立的专卖店大部分由当地温州华侨投资。“中国商城”则是星火燎原模式的另一大法宝，通过这种营销战略联盟的方式，实现了温州企业集体走出去。

企业走出去是一个包含经济、政治、文化等各种因素的系统工程。走出去路径也呈现出多样性，从绿地投资、跨国并购到海外上市，从商品输出、资本输出到战略布局。跨国资源整合发展的模式本身并无优劣之分，每种模式都有成功的典范，关键在于对模式的选择上，企业必须结合自身所处的产业特性、企业特点、国际环境、国内环境进行综合考虑。从全球经济一体化发展进程中，结合跨国经营所出现的一系列新变化，在实践中不断总结经验，规避风险，走向成功。

第 6 章　共享经济

6.1　共享经济的概念

共享经济是一种新兴经济形态。1987 年，美国学者马科斯·费尔逊、琼·斯潘思提出分享消费是在满足日常需求的同时愿意与他人建立关系的经济活动。雷切尔·波茨曼、鲁斯·罗杰斯在《我的就是你的：协作消费的崛起》一书中，进一步发展了分享消费的观点，指出客户的需求不再局限于拥有物品的所有权而是使用需求获得满足。罗宾·蔡斯在《共享经济：重构未来商业新模式》一书中，把共享经济的含义归为三部分：产能过剩（闲置资源）、共享平台、人人参与。共享经济鼓励物品的所有者与目标使用者基于共享平台，提高闲置资源的使用效率，提倡人与人之间以互信的方式交流、生活。《中国分享经济发展报告 2016》对分享经济下的定义是：利用互联网等现代技术整合，分享海量的分散化闲置资源，满足多样化需求的经济活动总和。

共享经济通过互联网将分散在各个角落的社会资源和广大用户整合在一个平台上，利用大数据等技术实现智能化匹配，并形成较为完善的信用保障模式。这样做的好处是显而易见的，简单来说就是“三低三高”：低门槛、低成本、低污染，高效率、高体验、高可信。这也是共享经济广受欢迎的重要原因，也因此成为引领创新的重要驱动力。从对共享经济的定义和概述中可提炼出三点：一是可利用的闲置资源；二是共享平台高效供需对接；三是资源供需双方的积极参与。

共享经济包含共享平台、供给方、需求方三个必须主体。

共享平台：基于互联网等现代技术，把可利用的闲置资源位置应用大数据基本算法等精准实时对接供给端与需求端，平台本身对共享的物品与服务没有所有权，未对其进行相应的固定成本支出，提供的仅仅是必须的服务与法定的监管，属于轻资产运营，收入来自交易的抽成。

供给方：供给方无论是个体或是组织，只要拥有闲置可用的资源，并且愿意为获取一定收益而暂时性转移产品使用权或服务。供给方的本质是在获取额外收益的同时而不自觉地提高了资源的使用效率。

需求方：需求方是愿意付出一定的经济报酬而获取物品的使用权或接受服务。在互联网经济下，每个有需求的个体或组织均可成为产品或服务的需求方，无须拥有产品所有权而获取产品和服务需求。

在互联网经济下，共享经济完美地实现了供给与需求的无缝对接，供给因能提供“私人订制”的解决方案而提高了产品与服务的效率或获得额外收益，需求也因不需要拥有产品或服务的所有权而获得较高性价比的需求满足。

6.2　国家支持共享经济的政策

共享经济的概念和原型都是从美国发起的，但中国的故事确实是最精彩的。中国共享经济的规模之大、应用之广、创新之多、影响之深，可以说是创造了世界之最。2018 年政府工作报告在总结五年创新成果时也指出，“高铁网络、电子商务、移动支付、共享经济等引领世界潮流”。中国共享经济所以能引领全球，除巨大的需求和宽松的政策环境外，还得益于得天独厚的网民大国优势、后发优势和制度优势。

党中央、国务院的许多重要会议、文件都提到分享经济、共享经济。这反映出的不仅是中央政府对分享经济、共享经济的看重，还表明了坚定的立场和鲜明的态度。

2015 年中共十八届五中全会确立“创新、协调、绿色、开放、共享”的“十三五”时期发展理念，全会公报首次提出了“分享经济 ”。

党的十八届五中全会提出，坚持共享发展，必须坚持发展为了人民、发展依靠人民、发展成果由人民共享，作出更有效的制度安排，使全体人民在共建共享发展中有更多获得感，增强发展动力，增进人民团结，朝着共同富裕方向稳步前进。

《中共中央关于制定国民经济和社会发展第十三个五年规划的建议》指出，“共享”是中国特色社会主义的本质要求。必须坚持发展为了人民、发展依靠人民、发展成果由人民共享，作出更有效的制度安排，使全体人民在共建共享发展中有更多获得感，增强发展动力，增进人民团结，朝着共同富裕方向稳步前进。

《2016年国务院政府工作报告》明确：支持分享经济发展，提高资源利用效率，让更多人参与进来、富裕起来。要推动新技术、新产业、新业态加快成长，以体制机制创新促进分享经济发展。

《国民经济和社会发展第十三个五年规划纲要》明确提出促进“互联网+”新业态创新，鼓励搭建资源开放共享平台，探索建立国家信息经济试点示范区，积极发展共享经济。

6.3 共享经济的发展及其主要形式

共享经济的发展是一个去中介化和再中介化的过程。去中介化：共享经济的出现，打破了劳动者对商业组织的依附，他们可以直接向最终用户提供服务或产品；再中介化：个体服务者虽然脱离商业组织，但为了更广泛的接触需求方，他们接入互联网的共享经济平台。

共享经济平台的出现，在前端帮助个体劳动解决办公场地、资金的问题，在后端帮助他们解决集客的问题。同时，平台的集客效应促使单个的商户可以更好地专注于提供优质的产品或服务。

比起在欧洲市场Uber和Airbnb的如火如荼，中国市场的共享经济热潮却又显得不那么真实。从O2O到共享经济，在险象丛生的中国市场似乎一切新兴模式都离不开“烧钱”二字。对“有形资产”的执念成为制约中国共享经济的一道无形之锁，在中国市场，共享经济的热潮从“无形商品”开始。

在北京、广州、杭州等多个城市，继共享单车、共享汽车之后，共享充电宝、共享篮球、共享雨伞等共享经济新形态不断涌现，并成为新一轮资本蜂拥的“风口”。仅以共享充电宝为例，短短 40 天时间就获得 11 笔融资，近 35 家机构介入，融资金额约 12 亿元人民币。

共享经济成为社会服务行业内最重要的一股力量。在住宿、交通、教育服务以及生活服务及旅游领域，优秀的共享经济公司不断涌现：从宠物寄养共享、车位共享到专家共享、社区服务共享及导游共享，甚至移动互联网需求的 WiFi 共享。新模式层出不穷，在供给端整合线下资源，在需求端不断为用户提供更优质体验。

共享 WiFi 的代表必虎 WiFi，共享出行的代表 UBER、滴滴打车，共享空间代表 Airbnb，共享度假的代表 VaShare，共享游戏有 steam、AUV，面向全球的在线工作平台 AAwork，共享资金价值代表 Prosper，共享饮食的 Eatwith 等。2019 年 1 月 24 日，北上广等城市有多家购物中心分别引进了共享化妆间，其中北京 9 个、上海 13 个、广州 10 个、武汉最多，达到了 15 个。

6.4　共享经济的商业模式

6.4.1　共享出行

交通出行是共享经济目前在全球范围影响最广、争议最多，也是最彻底贯彻共享经济精神的领域，主要有共享租车、共享驾乘、共享自行车、共享停车位四种类型。

交通出行的共享基于巨大存量市场，把社会上大量闲置的车资源、司机资源、停车位资源等给盘活了，在改变人们出行方式的同时，指数级提升了交通闲置资源的利用率。

Uber 可谓是“共享经济”的启蒙，作为世界上最大的出租车公司，通过移动应用，虽没有一部车，却建造了一个共享经济的平台，打破了传统由出租车或租赁公司控制的租车领域。

罗兰贝格认为，目前中国的社会车辆的平均闲置时间约 95%，大量运力未被激活。汽车共享出行作为需求最迫切、行业成熟度最高的领域，理应成为中国发展共享经济的率先切入点。

除了共享汽车，中国的共享自行车市场可谓打得正热。以摩拜为首的约

15～20家共享单车品牌共同组成了“彩虹家族”。

支付宝不久前正式宣布，永安行、小蓝、Hellobike、funbike、优拜等共享单车品牌与蚂蚁金服达成合作，用户通过支付宝的扫一扫，就可解锁这些品牌的共享单车。

6.4.2 共享空间

空间是无处不在的资源，但它有着明确属性特征，主要包括共享住宿空间、共享宠物空间及共享办公场所空间三种产品形态。

传统空间拥有者想要高频次出售或短租给需求者，或者需求者想要了解房屋真实情况，交易的时间成本就非常高，但空间的共享经济则将传统的壁垒打破了，供需双方可以快速地建立联系并沟通，信息完全对称。

在Uber改造了人们的出行方式之后，Airbnb也改变了人们的居住空间和旅行模式。被誉为“住房中的Ebay”——Airbnb，虽没有自己的房子，却能通过一个网站就能在全世界192个国家，30000座城市为旅行者提供300万套房间，而且都是各具特色的民宿。旅行意味着享受生活，在这些短租平台上选择民宿或短租房，不仅价格比星级酒店更低廉，与房东一家相处，还能体验当地风土人情特色。

而比起这些所谓的“鼻祖”，拼租房屋似乎是目前绝大多数人选择的一种“共享”模式，通过房屋资源的共享来均摊生活成本，在保证私人隐私空间的基础上，还可以进行友情、人脉资源以及彼此之间知识的共享。尤其是北上广深这些一线城市，在高房价的压力下，共享房屋成为刚毕业，甚至已工作数年的人群的最佳选择。

蛋壳公寓是空间共享的典型模式。

国家颁布了包括“租售同权”在内的一系列鼓励房屋租赁市场发展的政策措施。作为不断探索市场新趋势新方向的行业领先者，蛋壳公寓正式推出了合租公寓3.0产品——“合·居”。

与传统租房不同，越来越多的消费者，特别是年轻一代更注重的是个性化和多样化，要求产品和服务不仅仅能符合自身的实际需求，更能彰显个性和价值观。蛋壳公寓专注于高品质的长租公寓，此次推出的合租公寓3.0产品“合·居”，不仅实现了自有家装服务的再升级，更注入了强调空间共享的创新理念。

一方面蛋壳公寓是合住的空间，每个房间相对独立，但又合用一个公共空间；另一方面，蛋壳公寓的空间要满足不同的租户的需求，让他们住得更好，既是人的融合，也是风格的融合。

在蛋壳的“合·居”公寓，简约、素雅的 MUJI 风，也能感受到硬朗的工业情调，还有精心设计的公共共享空间，都让置身其中的住户更好地体验“合居”。

6.4.3　共享金融

金融与互联网模式相互渗透，促使金融的共享经济需求诞生，主要有 P2P 网贷模式与众筹模式。

金融共享经济通过互联网平台快速高效搜寻和撮合资金的供需方，加快资金的周转速度，最大程度发挥了资金的使用价值，让更多人享受到金融服务。

在投资、融资和支付领域，共享金融才刚刚开始，并且尚以新生金融机构为主，广大传统机构还没有大批跟上。但可以肯定的是，这一趋势已经形成，而且将以超出大多数人预料的速度呈井喷式发展。到 2020 年，共享金融将发展出丰富的生态圈，细分出巨量业务，总规模将达到数以万亿元计；更有人大胆地预测，未来有一天银行会消失一大部分，作为专业的金融本身也会消失大半，金融会随时附着在各种商业活动中，随时解决金融问题，发挥金融功能。

6.4.4　共享美食

Open Table 创立于 1998 年，是一家上市公司。消费者可以通过他们的应用查看附近餐厅、菜谱和评价，并预订座位，而 Open Table 通过向餐厅收取一定费用来实现收入。

国内从 2014 年开始，爱大厨、好厨师、烧饭饭等应用软件已纷纷上线。利用社区内闲暇中年人的烹饪能力共享家庭厨师，将菜肴以外卖的形式送到办公场所，类似于邻里“搭伙吃饭”的模式，比餐馆的价格更便宜，菜式更丰富，也更安全。

通过这些第三方平台，拥有好手艺的大厨们可以充分发挥自己的特长，在闲暇之余为他人提供高品质的美食，同时，也可以获得收入。把自己的闲暇和才华分享给他人，创造了意想不到的价值。

6.4.5 共享医疗健康

国内还在面临排队挂号看病难的时候，远在万里之外的大洋彼岸，纽约市的患者已经可以享受众多医生通过预约平台提供的按需服务。提供此类服务的移动互联网新生代公司 Heal、Pager、MediCast 等企业被业内一致看好，可能成为下一个 Amazon、Uber 这样能改变人们日常生活方式的互联网巨头。

在 Pager 平台上，患者只要有需求就可以通过移动应用来预约医生，公司会从签约医生中挑选一位与患者达成 1 对 1 连接，并在 2 小时内提供上门服务。

这对于那些没有时间在医生办公室排队的患者来说意义重大，可以节省时间和精力，享受定制化医疗服务；对于医生而言，也可以额外地获得一些收入。

另一种共享模式是对健身场馆及健身教练的分享使用，如 Class Pass，采用“整进散出”的模式，通过资源整合，将纽约市的健身会馆联结在一起。

6.4.6 共享公共资源

马斯克收购的 Solar City 公司主要业务是购买闲置太阳能光伏系统，然后租赁给用户并提供安装等周边服务，通过周边服务的附加值将产品提价并从用户手中赚取差价。

Open Garden 的目标是建立一个大家可以共享 Wifi 的网络，手机、平板等设备安装后每台设备都变成一个 Wifi 热点，同时相互连接就形成一个庞大的 Wifi 网络，随后，它又推出了不需要网络也可以发送消息的应用软件 Fire Chat。

公共资源的共享让众多分散的用户与数据瞬间成了可利用的资源，同时又不会造成资源的过剩，让资源的分配更均匀。

6.4.7 共享知识教育

国外的Ted、国内的网易公开课，都是典型的知识共享平台。

中国的果壳推出了知识分享产品——在行&分答，将知识分享从线上引到线下。每个人都可能是一个领域的专家，让这些专家将自己的经验和知识与他人不仅在线上而且在线下进行1对1的分享，可达到更好效果。

对于知识共享的未来，知乎一直在朝着“知识变现”“内容付费”等方向进行探索。

一直深耕于2B市场的直播产品——微吼专注于视频直播和企业服务，帮助企业提供产品发布、大小活动等的直播，而这些活动主要集中于金融、互联网等高知行业，所以微吼的直播具备了知识分享的属性。此外微吼直播还是知识型主播的孵化平台，为知识型“网红”建立专属直播间。

在分享的过程中，让存在于每个人头脑中的知识发挥更大的价值，而且通过互联网的方式，打破了空间的限制，这种知识的共享可以触及地球每一个角落的人们，帮助他们提高教育水平和文明程度。这种方式本身除了对个体有价值之外，对于整个世界的发展都有着非常深远的意义。

6.4.8 共享任务服务

帮助别人完成任务或提供各种服务。人们在网站上发布工作内容，然后别人可以领取任务，完成任务后获得相应的报酬，美国的Task Rabbit、中国的威客都是这样的企业。

从发布任务者的角度来说，成本低、解决速度快，而接受任务的人则可以赚些外快。这种模式下，公司也将会更“轻”更扁平。

另外，共享经济下的快递业可以充分利用全社会拥有空闲时间的人员，因而在人员问题上要好于传统快递业，而基于地理位置寻找最近人员的方式也使快递的时间得到了节约。

6.4.9 共享物品

物品共享领域其实是最早就出现的共享形态，随着移动互联网的发展，共享物品的商业模式呈现出了物品共享、书籍共享、服装共享等更加多元化的形态。

在共享物品这种模式下，降低了供给和需求两方的成本，大大提升了资源对接和配置的效率。这不仅体现在金钱成本上，还体现在时间成本上。

共享经济构想的未来社会生活化图景是这样的：数以亿计的人们将在家里、办公室、工厂生产出自己的绿色能源，并在“能源互联网”上与大家分享。就像当下我们在互联网上发布、分享消息一样。而能源民主化将从根本上重塑人际关系，它将影响我们如何做生意、如何管理社会、如何教育子女和如何生活。

6.4.10 共享农庄

“共享农庄”指把农村闲置住房进行个性化改造，形成一房一院一地，并根据需求改造为市民田园生活、度假养生等多种模式，再通过互联网对外出租。“共享农庄”的使用权共享，也就是说承租人可以是个人，也可以是几个好友、亲属一起承租共享农庄来降低成本；收益由合作各方共享，资产增值收益大部分归属农民，平台获得信息中介服务费用，日常经营与承包经营权流转中的税费归属政府。

6.5 案例——唐飞与共享农场的故事①

很多伟大事业的开端，往往源于冲动和洞察，而真正成就它的，则是时间漫长的锤炼。艾米会联合创始人兼 CEO 唐飞，就怀揣着“慢下来，享受每一个自然成长所带来的快乐，世界会变得更美好”的小目标和大理想，为城市家庭种植胚芽米，为爱定制共享农场。

尽管从来没有在农村生活过，但不用十五分钟就可以步行到家附近的村落，小时候常常跑到小溪去游泳、去农民菜地挖红薯，每年学校组织的乡村茶园学农生活，都成为唐飞脑子里抹不去的儿时记忆。这些成长片段每每回忆起来，都让唐飞对乡村充满了亲近感。这种亲近感，让他在多年后开启从

① 本案例选自：2017 年 6 月 26 日《南方日报》，记者：黄进、彭琳，实习生：陈薇。

乡村起步的种植事业时，仿佛在重寻一个儿时梦想。

6.5.1 从闲置房屋共享到开启闲置田地共享

梦想的开始，也是机缘与启发碰撞。2012 年，唐飞还在港资地产集团任营销高管，第一次在办公室听到共享经济这个词。在成都青城山脚的项目里，途家 CEO 罗军向他描述着自己的梦想，希望以“共享资源”的方式，把闲置的旅游度假房汇聚为出租公寓运营，并让度假者共享，这将是个巨大的市场。激活闲置资源，并用互联网去整合运营，让有需求的人能找到并分享。这个以前从未听过的概念打动了唐飞。传统企业必须在时代．发展中接受新的思想，唐飞决定推动途家与公司的合作。而这次合作，也让共享经济的概念在唐飞心中生根发芽。

2014 年，唐飞第二个孩子即将出生。有次朋友带他去清远一处海拔 500 米的山上村庄，想着给孩子买些原生态的大米及其他农产品。这一去就大吃一惊，整个村子就像世外桃源，但大部分荒废着，没有人种地。唐飞回去仔细查阅资料发现，像这样的情况在乡村十分常见，而且随着人口进一步向城市转移，农村人口空心化，丢荒的农田会更多。

这次经历，在唐飞心中种下了一颗种子，并酝酿着一个大胆的计划。房子空置都能够被共享，这些优质的农田被闲置，更是天大的浪费，中央一直在鼓励激活闲置农田，让农田发挥最好的作用，把它们共享出去，正是出路。

6.5.2 打通共享路径：重整供应端，为城市人圆梦

唐飞随后展开的调研发现：随着中国经济的发展，城市居民的消费能力逐年增强，大家对于生态食品的需求越来越旺盛，而在供应端的乡村，却完全满足不了这类需求。尽管很多农业电商企业在中间物流环节投入大量的资金，但供应端产能不足、人力缺乏，并且乡村供应商的组织管理缺失，让生态食品必然成为稀缺品。

按照唐飞的思路，将这些农田整合起来，农田闲置方将这些农田托管给企业组织，经过专业规划改造后，打造成统一管理的农场，成为城市人的世外桃源。按照有机标准种植胚芽米，并将农场土地分割成若干的单元。城市

家庭只需要在线下单，认购相应农田的收获权，就可成为共享农场会员，而所有的种植、生产、服务过程全部由共享农场来组织和管理。

这样，不用去海淘代购，也不用自己去种地，就可以和一群城市家庭共同拥有属于自家的定制农场，获得了自家农场种植的安全胚芽米。更让人惊喜的是，城市家庭三五知己，可以共同享有一个农场，几分田地，一处小院。过去大多数城市家庭无法实现的私家田园梦，通过共享经济成为可能，通过激活乡村农田，在进一步完善从生态农产品安全溯源的同时，也成就了城市白领们心中的理想田园生活。

在唐飞的规划中，这一共享路径，在于城市与乡村之间建立了链接，一方面让城市家庭吃上生态、环保、无污染的健康主粮，匹配更好的乡村优质资源；另一方面，让荒芜的稻田重新种上水稻，为农民创收，改变农业不挣钱的局面，让乡村恢复往日的美好。

6.5.3 首创“共享农场”模式

就这样，2014年，艾米诞生于广州。唐飞集结了几位在生态农业、运营管理、品牌营销、新媒体和规划领域有多年经验的伙伴，发起了定制共享农场服务运营平台——艾米会，并首次提出共享农场理念和运营模式。而其实践的启动，在唐飞的想法里“要彻底激活乡村闲置农田，必须建立标准化系统”。

1000多个日夜，按时下流行的“工匠精神”说法，艾米做了这样一件事：引进日本、韩国、欧美国家生态农业、仿生物学技术，对一粒米进行革命，将闲置在乡村的优质农田进行整合建成三大共享农场，组建专业种植专家团队，不用农药、不用化肥，按照统一有机标准种植艾米胚芽米，成为全产业链胚芽米提供者。

艾米推出的闲置农田托管计划，无论是引入生态农业的地方政府、大型农村合作社还是如乡村主题公园、特色小镇等乡村旅游度假项目，如果有闲置的优质农田，都可以向艾米提供农田托管的需求，提供农田的基础信息和检测报告。经过环境审核后的农田，将会由艾米统一进行建设，搭配艾米有机稻田+智能硬件系统，成为艾米共享农场的一员，由艾米负责所有的销售市场，并且将为所在区域带来巨大的会员消费人流，实现一、二、三产业的融合发展。

以此，既保障了农民收入，又让他们成为令人羡慕的新型职业农民，而帮助大型乡村度假项目激活农田使用效率，则避免了投资企业由于对农业的不专业，导致的千篇一律种植花海作法造成了长期投入或盲目上马农业项目产生的市场投资风险。这样，艾米农场成为项目有力的发展引擎，有机生态成为小镇的重要配套。从而也令乡村恢复活力，文化得到传承，让城市与乡村更好的连接在一起。

6.5.4　共享农场宣言：为爱定制的社群

艾米会首创了共享农场模式，并发布了宣言共享农场宣言：艾米坚持定制化，按需生产，坚持自己的标准，不接受任何采购或加盟的模式，所有的种植必须由艾米统一管理。艾米共享农场的模式获得了消费者的认可，每年艾米刚开始种植的时候，就已经被会员们抢购完，很多家庭很早的时候就在向艾米预约。共享模式，让消费者获得了放心的胚芽米，而艾米获得了消费者的订单，确保所有参与托管和为艾米服务的农民获得保障，不受市场波动的影响，最终实现按需生产的定单式农业模式，让乡村致富成为现实。

从位于从化的第一个农场开始，艾米就坚持不用农药、不用化肥种植。由此被当地村民笑话，觉得艾米笨，不可能种得出来；放鸭子下田，引入赤眼蜂，搭建生态链系统……慢慢地，村民们开始惊讶，并叹服。村里人陆续参与到艾米的有机胚芽米种植事业，并成为艾米的粉丝。艾米已拥有了三个农场，分别位于广州的从化、增城、清远等地。对唐飞来说，这几年的付出，最重要的是完成了艾米农场运营的标准化编制，与此同时市场也不断扩大。

如今，艾米首创全球定制共享农场，艾米会旗下已拥有艾米农场、艾米生物科技、艾米人工智能农业、艾米小镇四大子公司。投入巨资，与云计算、北斗导航、农科院和高校等单位，联合建设研发集物联网高效管理和数据采集、人工智能除草机器人、智能化虫害识别等科技与自然生态种植相结合的标准化系统，让科技真正能够提升中国农业的品质。

从第一个会员产生，到今天艾米成为会员口中的传奇，目前已有 2000 多个城市家庭受邀成为共享会员，他们自发形成艾米“糖爸爸”社群，一些生活方式已悄然发生转变。人们在这里，除了交流还可以尽情享受及展现各自的才艺和成就。参与以家庭为单位，让小孩、中年、老人在一起编制一个集体互助生活的记忆，体验自然成长的快乐、体验邻里亲情的温床。多年以后，小孩子依然记得童年的纯真和质朴，不仅是大都市的繁华，更是儿时弥足珍贵的记忆。

专注于以有机标准种植稻田，艾米让传统的营养胚芽米回到城市大众的餐桌。而致力于利用目前初步形成的人工智能技术 + 生态农业 + 农业机械化等三者结合，让艾米有机胚芽米种植进入无人智能种植阶段，提高劳动生产率，让有机农业的试点，能够在全国范围内得到推广，让更多的农业企业敢于进入生态农业，让更多的生态农产品走进千万家。

第 7 章　全产业链发展

7.1　全产业链

产业链是产业经济学中的一个概念，是各个产业部门之间基于一定的技术经济关联，并依据特定的逻辑关系和时空布局关系客观形成的链条式关联关系形态。产业链是一个包含价值链、企业链、供需链和空间链四个维度的概念。这四个维度在相互对接的均衡过程中形成了产业链，这种“对接机制”是产业链形成的内在模式，作为一种客观规律，它像一只“无形之手”调控着产业链的形成。

产业链的本质是用于描述一个具有某种内在联系的企业群结构，它是一个相对宏观的概念，存在两维属性：结构属性和价值属性。产业链中大量存在着上下游关系和相互价值的交换，上游环节向下游环节输送产品或服务，下游环节向上游环节反馈信息。

当经济区划尺度较大时，比如说是大经济地带、大经济区、省域或者流域经济区时，或者说大到几乎囊括产业链的所有环节的地域空间时，产业链表现出明显的完整性；当经济区划尺度较小时，比如说仅是市域、县域或者说是产业集中发展区时，其地域范围一般难以包括产业链的各环节，这对于某一经济区域而言可能形成了特色产业。

7.2　全产业链的优势

全产业链的概念，最早是中粮集团提出来的一种发展模式，是在中国居民食品消费升级、农产品产业升级、食品安全形势严峻的大背景下应运而生的。

全产业链是以消费者为导向，从产业链源头做起，经过种植与采购、贸易及物流、食品原料和饲料原料的加工、养殖屠宰、食品加工、分销及物流、品牌推广、食品销售等每一个环节，实现食品安全可追溯，形成安全、营养、健康的食品供应全过程。

目前，全产业链概念已经覆盖国民经济许多制造行业，成为新时代大产业发展的一个重要特征，成为很多产业规划、布局的一个重要的指导思想，成为许多企业发展的一种重要的商业模式。

产业链条延伸是一种资源，它体现产业集聚的规模效应。未来只存在两种企业，一种是规模超大的企业，另一种就是专业化非常强的中小企业。任何一个企业在当前条件下都不可能在产业链条的任何一个环节上都是最优的，只能是在某一个或者几个环节上具有优势。产业关联性越强，产业链条越紧密，资源的配置效率也越高。通过产业价值链的整合不但可以将不同优势环节的企业相联系，实现产业价值链上的各个环节都达到最优，进而实现企业产业价值链整体最优，而且基于产业价值链的资源整合，通过诸如实施标准化生产、对内部管理费用进行严格控制等，可以有效降低产品在产业价值增值环节上的包装、流通、库存、销售与内部部门间协调等成本，获得成本领先优势。

全产业链模式是一种创新的商业模式，具有显著差异化特点，可以形成竞争优势，对手难以模仿。其竞争优势包括：

（1）盈利和抗风险能力：平滑盈利的波动性，带来较高的、持续的、稳定的、成长性好的盈利。

（2）战略协同效应：整个公司形成一个有机的整体，价值链各环节之间、不同产品之间实现战略性有机协同。

（3）规模、效应和成本优势：有上游供应链的优势。

（4）影响力，有利于打造品牌，提升影响力、知名度。

7.3 案例——东莞松山湖构建创新全产业链孵化体系

7.3.1 东莞松山湖高新技术产业开发区

松山湖位于东莞的地理几何中心，是东莞“一中心四组团”的核心组成部分。园区总规划控制面积103平方公里，拥有8平方公里的湖面、6.5平方公里的湿地和14平方公里的生态绿地，绿化覆盖率超过60%。园区交通便捷，已建成近300公里的城市道路和绿道，区内有莞惠城际轨道、莞深高速和常虎高速、松山湖大道和生态园大道贯穿全境，周边有107国道、莞樟公路、石大公路等公路环绕，交通路网四通八达。

2018年松山湖高新技术产业开发区全年实现生产总值达630亿元，连续跨过400亿元和500亿元大关，同比增长13.9%。全年固定资产投资182.24亿元，同比增长了22.6%，进出口总额突破2000亿元，协议引资150亿元，同比增长29.3%。

截至2018年底，园区高企总量达358家，上市后备企业27家。园区全年新增省级以上孵化器3家，新增在孵企业285家，全年专利申请总量10900件，同比增长30%。强化创新为主要引领和支撑的经济体系和发展模式日渐形成。

一是建成了生态优良的特色发展框架。建成350万平方米的生态公园及650万平方米的国家城市湿地公园，成为绿化覆盖率超过60%的国家4A级景区，一流的生态环境已经成为松山湖的突出优势、亮点和品牌。

二是建立了较为完善的创新生态体系。以推进珠三角国家自主创新示范区和粤港澳大湾区核心经济区为抓手，培育国家高新技术企业。园区规上工业企业设立研发机构覆盖率达56%。

三是形成了初具规模的创新产业集群。园区以打造科技产业创新中心为目标，建立了以高端电子信息、生物医药、机器人、新能源、现代服务业为主体的“4+1”产业体系，成功引进华为终端、易事特、生益科技等一批行业龙头企业。机器人及高端装备制造产业发展迅速，成为广东省创新型产业集群试点，建成广东省机器人研究院和松山湖国际机器人研究院，设立两岸合作生物技术产业基地，建成药物全分析平台等 7 个生技产业公共服务平台。成立松山湖互联网产业联盟、东莞首个 VR 产业基地及产业联盟。

四是营造了法治化国际化的营商环境。2013 年，率先发出全国首批电子营业执照。2014 年，园区成为全国最早开展电子商务企业企业集群注册试点。2016 年，建成全市首个“一门式一网式”市民中心，覆盖行政审批服务事项 774 项，建成城市会客厅，成为全省首个一站式投资创业服务平台。

五是开展了片区统筹组团发展的有益探索。深入实施园区统筹组团发展战略，成立了松山湖片区推进园区统筹组团发展工作领导小组，建立了联席会议制度、跨部门协调会议制度、专责小组运作机制等创新性制度。探索建立了教育、医疗、投融资、基础设施、联合招商、共建科技园区等六个利益共享机制，推动市级行政服务前移，发改、规划、国土、交通、工商等 5 个片区直属分局挂牌成立，片区行政审批事项办结时间平均缩短 2～2.5 个工作日。

7.3.2 松山湖重点产业

（1）新一代信息技术产业。

已成为千亿规模的支柱产业，在通信设备和智能终端等领域居国内领先地位，达到世界先进水平。形成以信息通信技术产业为核心的、从基础设备、通信网络、研发、平台、生产、运营管理到应用服务较为完整的产业链条。聚集华为终端、华贝电子、普联、歌尔等企业。

（2）生物产业。

大力扶持生物产业发展，生物医药、医疗器械与设备等重点领域发展迅速，形成了医药研发、医疗器械、中成药、体外诊断、学研机构产业支援链、生物产业风投产业支援链等产业链条。聚集东阳光、三生制药、现代牙科、安科等企业。

（3）智能装备制造产业。

形成以机器人系统集成商、核心零部件企业和智能装备企业为主体的机器人产业集群。机器人产业近年来迎来了规模化、爆发式发展，尤其在轻型机器人方面发展迅速。聚集正业科技、拓斯达等企业。

（4）新能源。

加快发展新能源产业，重点支持太阳能、生物质能、风能、储能电站、新能源汽车等领域的科技研发、装备制造、能源开发、推广应用以及产业服务等方面。初步形成了涵盖发电、电力传输、储能、新能源汽车及关键零部件等领域的新能源产业链条。聚集新能源、易事特等企业。

（5）新材料。

以市场应用广、产业化程度高、带动作用强、战略意义大的材料门类为重点，着力孵化培育龙头企业，以局部技术突破和重点产品开发为近期目标，优化提升新型功能材料和先进结构材料的产品技术结构、应用水平和产业化能力，积极探索前沿新材料的研制与技术应用。以重大科技基础设施散裂中子源（CSNS）为平台，加快新材料研发机构聚集，促进新材料产业发展。

7.3.3　松山湖构建创新全产业链孵化体系

（1）科技创新人才引进，构建"人才 + 企业 + 基地 + 基金"开发模式。

结合珠三角国家自主创新示范区建设和粤港澳大湾区规划，松山湖探索科技创新人才和引进模式创新。构建"人才 + 企业 + 基地 + 基金"的科技人才开发模式。以香港科技大学为首的运动控制与先进装备制造技术国际研究团队，开发出达到国际先进水平的焊接和喷涂工业机器人、超声换能器等产品，直接孵化了 3 家高科技企业，又在松山湖建设了国际机器人产业基地，并和红杉资本合作成立了机器人产业基金，扶持基地内优质创业项目的成长壮大。

（2）创新环境的优化，创新创业大赛及投融资路演常态化。

园区策划举办"东莞科技企业投融资常态化路演"，采取"现场路演 + 网上路演"模式，全程通过"中国高新区科技金融信息服务平台"向全国的投资机构视频直播。此外还组织开展"一周一约""周二有约"等构建活动，在每周的固定时间，采取邀请专家、召开座谈沙龙、组织文体活动等方式，举办"头脑风暴"交流活动，通过政府、企业、机构、科研平台、孵化器之间的互动，搭建起园区载体之间沟通的平台。

（3）孵化器增质提速，完善孵化链条，构筑"草根创业"优势。

松山湖围绕创新产业链的布局，积极构建全链条的孵化器体系，全面提升孵化器的创新转化及创业服务能力。

一方面，园区依托中国科技开发院建设中科创新广场孵化生态综合体、依托招科创新基金建设高端智能装备产业国家级专业孵化器，孵化培育一批高成长性中小微创新型企业。

另一方面，园区依托新型研发机构建设运营孵化加速载体，引导新型研发机构强化企业孵化功能，组建科技企业孵化器和加速器，推广广东华中科技大学工业技术研究院组建松湖华科国家级科技企业孵化器的成功经验，积极推动清华创新中心、北京大学东莞光电研究院、东莞同济大学研究院、北京航空航天大学东莞研究院根据各自的技术优势组建专业的科技企业孵化器。

（4）举全市之力持松山湖建示范区。

东莞全市各有关部门积极参与，建立工作协调推进机制，举全市之力配合协助松山湖编制起草珠三角国家自主创新示范区建设方案、发展规划纲要、空间发展规划、先行先试政策等文件，支持松山湖充分发挥自身产业优势和创新资源优势，积极开展科技体制改革和机制创新，在科技金融结合、新型科研机构建设、人才引进、产学研结合、国际及粤港澳合作、创新创业孵化体系建设、知识产权运用和保护等方面进行探索，激发各类创新主体活力，着力培育良好的创新创业环境，全面提升区域创新体系整体效能，打造国际一流的创新创业中心，把松山湖建设成为开放创新先行区、转型升级引领区、协同创新示范区、创新创业生态区。

第 8 章　自我超越

整合时代的一个重要特征——在整合中实现自我超越。人们在整合时代奔跑的目的就是不断地超越，实现成功的目标。这是个规模宏大、气象万千的时代，也是个更加看重人生价值、追求自我超越的时代。

8.1　自我超越的哲学主题

自我超越是中西哲学的一大主题。西方近代哲学对主体性和超越性的建构使人类自我超越的归宿漂离宗教，尼采超人哲学力图使人类价值理想从天国的彼岸回到人间，克服了近代哲学生命终极关怀的超绝性和神秘性，从而与中国儒家哲学通过伦理方式沟通人的理想境界与现实世界层面来实现道德的真我有异曲同工之处。尼采极力倡导人要自我超越，人要在对高于自身的目标的追求中寻求生命的意义，体现了积极的人生态度。马克思所阐明的在“自由联合体”中的“自由而全面的人”真正地实现了生命的超越，达到了真正的善、生命的终极价值，从而形成了对“超人”价值论和“圣人”境界论的批判。

中国哲学的特性在于它是关于生命的学问，以人为核心，关注人的内在生命，重视人自身生命的意义及其完成。这一特质突出体现在儒家“为己之学”的传统和“内在超越”的图式之中。儒家将自我实现与德行完善的终极依据深植在人性之中。人通过觉悟和成德过程，扩充本性，成就人文价值世界，同时达到贯通天地的超越之境。“内在超越”将超越世界与现实世界融合为一，实现了入世与出世、理想主义与现实主义的统一，集中体现了儒家哲学“致广大而尽精微，极高明而道中庸”的伦理精神。

在进入整合时代的时候，我们要用整合视野这一时代命题来唤起人们尊重生命，重构自我，超越自我，赢得人生的精彩。

在整合时代，越来越多的人认识到，只有知识是不够的，要用我们的智慧来改变自己的命运；不能守住自我结构的那份陶醉，牢牢地把自己拴在低矮的空间里，那样，我们的自命不凡到头来只可能落得怨天尤人，极度的空虚，极多的无奈，甚至走上沉沦和自我毁灭地绝路。

8.2 自我超越的整合视野

爱因斯坦说："人类以为自我是个独立个体，这是一种错觉。这个错觉对我们来说是一种束缚，使我们的愿望只限于自己及最亲爱的一些人。我们的任务是必须把自己从束缚中解放出来，以扩大与周遭的一体感，拥抱所有的生物与整个美丽的大自然。"

人是一个既具有自然性，又具有超然性；既能容纳多样性、差异性、对立性和个性，又能在多样性、差异性、对立性和个性中达成统一的"否定的统一体"。这要求我们从包容中见胸襟，从定位中显边界，从融合中出整体，自觉地用整合视野来对待自己的人生。社会认同理论强调了个体在社会认同中的能动作用。个体通过社会分类，对自己的群体产生认同，并产生内群体偏好和外群体偏见；个体通过实现或维持积极的社会认同来提高自尊，积极的自尊来源于在内群体与相关的外群体的有利比较。

8.3 自由职业：自我超越的时代特征

2019 年来临的时候，曾经有一篇网络热文《2019 年，中国即将发生的 45 个重大变化！》。其中个人篇讲道，"中国正在兴起大量自由职业者，社会的基本结构从公司 + 员工，变成了平台 + 个人。每个人都将冲破传统枷锁的束缚，获得重生的机会，关键就看你是否激发了自身潜在的能量"。"未来每一个人都是一个独立的经济体。即可以独立完成某项任务，也可以依靠协作和组织去执行系统性工程，所以社会既不缺乏细枝末节的耕耘者，也不缺少具备执行浩瀚工程的组织和团队”。“我们的工作正由‘被动’走向‘主动’。以前为了谋生，我们需要依托固定公司，在固定时间、固定地点重复固定的劳动，属于被动式劳动。未来社会的总财富是这样创造出来的：人们依靠自身特长，点对点的对接和完成每一个需求，充分融入社会每一个环节，属于主动式创造”。“原来人与人之间讲究的是关系，今后人与人之间讲究的是规则。传统社会的关系网已经被不断撕裂，以价值分配为关系、新的链接正在形成，每个人都是一个节点，进行价值传输。而你所处的地位和层级，是由你所带来的价值决定的。当人人都在讲规则，道德自然就会兴起”。

8.3.1 自由职业者

自由职业者（Self－employed）是指自己雇佣自己，香港人译作“自雇人士”。根据《韦氏大词典》，自由职业者是脑力劳动者（作家、编辑、会计等）或服务提供者，不隶属于任何组织的人，不向任何雇主作长期承诺而从事某种职业的人，他们在自己的指导下自己找工作做，经常但不是一律在家里工作。

现代的自由职业者是指与体制或者出资人不存在法律效力合作关系而拥有合法收入的个体，对当代都市新新人类而言，多为从文从艺人员，如自由撰稿人、美术人、音乐人、电脑精英、策划人等。当然，随着社会的发展，体制的放宽，技术的进步，自由职业者也正在向其他领域不断扩展。医生、律师等将会成为最大的自由职业者群体。

自我超越，在资源整合的时代，其实是一个自我融入共生型组织的过程。比如说上班这个词是什么？它未来会在越来越多的群体中过时。规定的时间、规定的人到规定的地点去干一件事情，但是在互联网世界我们会发现这个事情就过时了，老板请了一堆人在上班，实际上他没有在上班，很多人可能在工作他不一定在上班。

其实我们打破的并不是之前职业的东西，是随着互联网效率的加快和连接的速度改变了我们的连接方式而已，但本身我们的价值是一样存在的。这个时候我们就发现，现在人与人之间协作的关系甚至比一个集团的部门协作效率还要高，那时候用 OA 系统等各种系统，现在一个微信就解决了这个事情。所以我们其实不用上班的，但是不要否定我们不断在创造价值。

我们之前的逻辑关系是同学、同事，我们其实有时候是固有认知的，但是现在我们更愿意给陌生人机会，所以有时候跟陌生人连接也是这个时代最大的特点，你会给每个人机会，那个人可能会抓住这个机会，形成很强大的连接，我们称为“超级合作者”。

8.3.2 斜杠人生（斜杠青年）

斜杠青年来源于英文Slash，出自《纽约时报》专栏作家麦瑞克·阿尔伯撰写的书籍《双重职业》，指的是一群不再满足“专一职业”的生活方式，而选择拥有多重职业和身份的多元生活的人群。

这些人在自我介绍中会用斜杠来区分，例如，张三，记者/演员/摄影师，“斜杠”便成了他们的代名词。斜杠青年越来越流行，已成为年轻人热衷的生活方式。

新时代的年轻人，许多人的人生价值观里面觉得没有斜杠的人生是不值得拥有的，所以完满的人生一定是斜杠人生。这恰是自我超越的一种觉醒，一代年轻人的觉醒。现在很多管理者意识到，当企业的管理者要去激励员工的时候，最好的办法就是要让员工觉得这个事情是他自己的。一个传统组织也好，或者是一个共生型组织也好，最重要的就是一定要让每个人觉得这件事情是他自己的。每个人觉得我在人生与社会这个舞台上能够体现自己的价值，或者能够展现自己的力量，或者能够展现自己的风采。

能不能成为一个很棒的自由职业者，需要好好地想一想自己的自我完成度够不够。自由职业者一定要看看现实。当我们真正成了自由职业者，以及真正去研究未来的组织的时候，会发现主要是研究人的活动、行为方式、思想。

自由职业者有一个非常重要的特点，就是特别的自信、特别的自爱，觉得自己很“牛”，可以完成自我的发现、自主管理、自我激励。因为做很多事情的时候要有想法、有策略、有逻辑，而自雇者只能自己想办法，自己去解决困难，没有别人。

自由职业者的一个核心，不是让你钱挣得更多，因为挣钱也不快乐。自由职业者更多是，自己的梦想老板不认同或组织不认同，就要自己去实现，但是实现的过程中不管它实现与否，你都会快乐，因为你在实现梦想的过程中，在启发你为什么要自雇自己这样的一个核心。

从这个角度上来说，失败其实是需要勇气的，因为成长都在失败里面，一个很残酷的现实，是很多人连失败的机会都没有，那怎么谈成功呢？

8.3.3　迎着时代风雨，勇敢地实现自我超越

人类已跨入知识和创造力的时代，人才成为生产要素中最重要的部分。资金作为重要生产要素的时期已一去不复返，硅谷的崛起使老牌的全球 500 强企业黯然失色，世界的聚光灯迅速转移到了充满活力和激情的科技公司。当互联网完成基础搭建，所有点都被连接在一起，拼内容的时代来临，最终的价值创造需依靠能产出高品质内容，创造出有真正需求的产品和服务的人。

资本经济时代的管理理念是，雇员们需被严格管理，在固定的时间和场所做无聊的重复劳动。这在知识和创造力时代已行不通，因为人只有在自主和自我驱动的状态下才能拥有最大的创造力。事实上，组织创新已在硅谷如火如荼地进行。在那里，员工有着极大的自由选择与谁工作，参与什么项目，在哪里工作以及何时工作。雇佣与合作最大的区别就是利润分配。资本强势时，企业产生的大部分利润必然归资本方，然而当人才成为关键资源，其稀缺性会推动价格上涨，利润也将会从资本方转移到人才方，直到达到合理分配，即合作状态下的利润分配。

2016 年，在美国，自由职业者的人数已超过了 5300 万人。希拉里在演讲时说，美国自由职业者占职场数量的 1/3，并有望在 2020 年达到 1/2。据统计，美国在 2014—2015 年间，远程工作数量就增长了 27%，每 5 个人中就有 2 个是在线上完成了工作。

未来全球自由职业市场规模可能达到 3 万亿元左右。这就意味着，在未来的职场中，员工可能大部分都成为自由职业者，而非受雇于单一一家组织，而这一现象在目前已不鲜见。在互联网发展突飞猛进的今天，由于技术帮助供需双方解决了信息不对称的问题，使得人们的角色变化更为便利。

在国内兴起了诸如旅游服务、教育、运动健身、美食等平台，使得很多

拥有相关技能的人摆脱机构的束缚，直接为用户提供服务。职场人员成为多种属性的拥有者，他们可以被多家企业所雇佣，甚至可能在一家大公司做技术的同时，也在为多家小公司做产品、做运营、做行政、做 HR 等。“85 后”为主斜杠青年的出现，颠覆了单一雇佣制的劳动模式，让人力资源流动起来，达到了充分、可重复的利用，也带来了对现有组织运作方式、组织吸引人才的手段乃至社保体系的颠覆。

互联网时代正在深刻地改变着人类的命运。随着新时代的来临，整个社会对知识的渴望和崇拜将极度高涨，这给知识型人才带来巨大机会，年轻人不再需要拼家庭背景、人脉或财力，而是通过自身实力和才华获得成功。这个时代最重要的投资是“自我投资”，只要你拥有扎实的知识功底、才华或技能，就可以拥有多重职业和身份，成为“斜杠青年”中的一员，过上一种自主、多元和有趣，同时又能经济独立的生活。

第 9 章　联盟与共生

开放的市场大环境和快速迭代的技术让不同行业互为挑战，跨界和合作的热潮高涨不断，愈演愈烈。在面对环境的变化时，一些曾经拥有称霸市场优势的组织无法保持其巅峰时期的风光，无法避免在互联网大潮的冲击下走下坡路。当这些组织企图依靠核心竞争力形成的壁垒占据市场的时候，外界甚至跨界的其他领域的发展却不断挑战它们的优势和壁垒。“独善自我，独霸市场”不再存在，“合作共生，协同共达”成为组织新的命题。

联盟由此成为整合时代经济的一个特点。

组成各种形式的产业联盟、行业联盟，这种主题性的联盟跨行业、跨区域，具有专业性、灵活性、特色鲜明、活跃程度高，吸引力强，配合党中央、国务院提出的重大战略决策部署，开展多元化的活动，在国家经济生活中具有重要意义。

9.1　战略联盟

与其竞争，不如联手，这是大整合时代产业发展的一个重要特征，也是走向未来的一大趋势。

越来越多的中国企业寻求组建战略联盟，这正好也符合了当前的全球趋势。放眼世界，企业之间结成战略联盟正是大势所趋。它已经成为企业战略的一项重要组成部分。博思艾伦咨询公司（Booz Allen）研究发现，全世界最顶尖的 2000 家企业通过结成战略联盟，保持着高达 17% 的投资回报率。麦肯锡咨询公司也发现，在大部分的战略联盟当中，超过 70% 的企业的股价都上升了。与并购战略相比，战略联盟的成功率更高。

9.1.1 什么是战略联盟

战略联盟是多元化途径和战略之一。通过与其他企业、组织或个人建立长期合作关系进入新的业务领域。结成长期合作关系的各方一般互不拥有，而是成立一个新的商业实体（如合资企业）来经营新的业务。经营单个业务的企业也常采用此战略来增强自身的竞争能力。战略联盟可分为对称联盟、非对称联盟和互补联盟。

萨琪尔（Larraine Segil）在她所著的《聪明的商业联盟》（Intelligent Business Alliances）一书中将战略联盟定义为："有一致或互补的商业利益和目标的双方或多方，在彼此互利的前提下形成的一种战略性或战术性的关系。"真正的战略联盟是一种互惠互利的关系，它能够帮助联盟中的成员实现其无法独立完成的战略目标。

杜尚哲和加雷特（Bernard Garrette）在他们合著的《战略联盟》（Cooperative Strategy）一书中指出，企业可以通过结成战略联盟，利用别的企业的能力来进入新市场、推出新产品、购买新部件、学习新的生产或服务方式，以及了解新的企业组织方式等。

在战略联盟中，每个企业都保持着各自的独立性，只在有限的基础上进行合作，即只在特定的产品、客户群体或市场上提供必要的资源。

结果如何？成功的战略联盟既让 A 公司受惠，又让 B 公司得益，还惠及这两家公司的共同客户。

不过，符合这个定义的前提是，你与合作方之间的商业战略目标应该具有一致性。了解彼此之间是否有着一致的商业目标，是所有因素中最关键的一个。

9.1.2 战略联盟的优势

与有机增长战略和并购战略相比，战略联盟的风险较小。有机增长战略是要把所有的增值行为都由企业自身完成。但是很少有哪一家企业能够拥有足够的资源完成所有事情。而且，有机增长战略的实施和收效也比较慢。并购战略所面临的巨大困难则是如何对两家不同的企业进行整合。

很多企业发现，当处于一种不确定性很高的情况下，或者是看到了发展机会，但是不能或不想独自承担风险时，战略联盟就是一种很有用的策略。像电子、大众媒体和软件等快速变化、不确定性高的行业中的企业就更愿意采取这种策略。

麦肯锡咨询公司的研究表明，战略联盟的长期成功率大约 50%。换句话说，有一半的战略联盟是不成功的。如果你正打算采取这一策略，或者你已经与别的企业结成了战略联盟，那么，你就应该知道这条路并不那么好走。战略联盟的组成和保持并不仅仅是制订计划，然后去实施那么简单。

幸运的是，战略联盟成功的因素并不是什么秘密，失败的原因也有共同之处。因此，管理者就可以据此更好地去计划和实施他们的战略联盟。

9.1.3 战略联盟产生的背景

（1）世界经济一体化。

全球经济一体化为跨国公司的经营提供了很好的机会，因为只有全球的市场才能满足它们的巨大胃口。不过更为激烈的国际竞争也给跨国公司的经营带来了困难，迫使它们不得不寻找新的更为有效的竞争武器。尽管各跨国公司在调整过程中的具体目标各不相同或各有侧重，但多数都采取了战略联盟作为实现战略调整的手段和方法。战略联盟就是两个或两个以上的企业或跨国公司为了达到共同的战略目标而采取的相互合作、共担风险、共享利益的联合行动。

（2）科学技术的飞速发展。

近 50 年来科学技术的发展速度超过了有史以来的任何时期，而科技革命所带来的影响也是前所未有的，科研成果不断地将产品推向高科技化和复杂化，一种新产品的问世往往涉及越来越多的技术领域，经过越来越多的生产和经营环节。因此，无论从技术上还是成本上讲，单个公司依靠自身的有限能力是无法面对当今科技发展的要求的。战略联盟可以把各种研究机构和企业联成一体，为着共同的战略目标组成灵活的网络，大于各简单成员相加之和。

（3）实现总体战略目标。

战略联盟以一种全新的思维和观念，为企业的扩张、全球战略目标的实现提供了一条新的途径，传统的与所有权密切相关的股权安排正在被新兴的以合作为基础的战略联盟所代替。采用战略联盟形式进行合作，既可以保存原有资源，又能在共享外部资源的基础上，相互交换经营所需的其他资源，从而能实现其全球战略目标。

（4）分担风险并获规模和范围经济。

激烈变动的外部环境对企业的研发提出三点基本要求：不断缩短开发时间、降低研究开发成本、分散研究开发风险。通过建立战略联盟，扩大信息传递的密度与速度，以避免单个企业在研发中的盲目性和因孤单作战引起的重复劳动和资源浪费，从而降低风险。

（5）防止竞争损失。

为避免丧失企业的未来竞争优势，避免在诸如竞争、成本、经营及贸易等方面引起纠纷，企业间通过建立战略联盟，加强合作，可以理顺市场、共同维护竞争秩序。

（6）提高企业的竞争力。

这个世界，产品技术日益分散化，已经没有任何企业可以长期拥有生产某种产品的全部最新技术，单纯一个企业已经很难掌握竞争的主动权。战略联盟的出现使传统的竞争对手发生了根本的变化，企业为了自身生存的成功，需要与竞争对手进行合作，即为竞争而合作，靠合作竞争。企业建立战略联盟可使其处于有利的竞争地位，或有利于实施某种竞争战略，最终的目的是提高企业竞争实力。

9.2 国家支持、鼓励产业经济的战略联盟发展

2015年6月11日，《国务院关于大力推进大众创业万众创新若干政策措施的意见》，提出坚持开放共享，推动模式创新。加强创业创新公共服务资源开放共享，整合利用全球创业创新资源，实现人才等创业创新要素跨地区、跨行业自由流动。依托“互联网+”、大数据等，推动各行业创新商业模式，建立和完善线上与线下、境内与境外、政府与市场开放合作等创业创新机制。

文件指出，支持返乡创业集聚发展。结合城乡区域特点，建立有市场竞争力的协作创业模式，形成各具特色的返乡人员创业联盟。引导返乡创业人员融入特色专业市场，打造具有区域特点的创业集群和优势产业集群。

2016年11月29日，《国务院关于印发“十三五”国家战略性新兴产业发展规划的通知》指出，立足区域发展总体战略，围绕推进“一带一路”建设、京津冀协同发展、长江经济带发展，根据各地产业基础和特色优势，坚持因地制宜、因业布局、因时施策，加快形成点面结合、优势互补、错位发展、协调共享的战略性新兴产业发展格局。

科技部、财政部、教育部、国务院国资委、中华全国总工会、国家开发银行六部委联合发布的《关于推动产业技术创新战略联盟构建的指导意见》，制定了国家支持产业技术创新联盟搭建的指导方针，着力推动建立企业为主体、市场做导向、产学研结合的新型技术创新平台的发展。文件指出，产业技术创新战略联盟是实施国家技术创新工程的重要载体。推动产业技术创新战略联盟构建和发展，是整合产业技术创新资源，引导创新要素向企业集聚的迫切要求，是促进产业技术集成创新，提高产业技术创新能力，提升产业核心竞争力的有效途径。

文件要求推动联盟构建要有序开展。防止脱离产业发展及产业技术创新内在需求的“拉郎配”；防止不切实际的一哄而上；防止地区分割、封闭发展；防止缺乏联盟成员单位自主投入的形式主义；防止造成各种形式的垄断和对市场竞争的压制。

《关于推动产业技术创新战略联盟构建的指导意见》明确提出联盟组建的要求：联盟的构建，要以国家重点产业和区域支柱产业的技术创新需求为导向，以形成产业核心竞争力为目标，以企业为主体，围绕产业技术创新链，运用市场机制集聚创新资源，实现企业、大学和科研机构等在战略层面有效结合，共同突破产业发展的技术瓶颈。

推动联盟构建要坚持以下基本原则。

（1）遵循市场经济规则。立足于企业创新发展内在要求和合作各方的共同利益，通过平等协商，在一定时期内，建立有法律效力的联盟契约，对联盟成员形成有效的行为约束和利益保护。

（2）体现国家战略目标。要符合《规划纲要》确定的重点领域，符合国家产业政策和节能减排等政策导向，符合提升国家核心竞争力的迫切要求。

（3）满足产业发展需求。要有利于掌握核心技术和自主知识产权，有利于引导创新要素向企业集聚，有利于形成产业技术创新链，有利于促进区域支柱产业的发展。

（4）发挥政府引导作用。要创新政府管理方式，发挥协调引导作用，营造有利的政策和法制环境，围绕经济社会发展的迫切要求推动重点领域联盟的构建。

9.3 案例——e健康产业联盟与共生型组织理念

e健康产业联盟的创建者刘丹宁女士是共生型组织理念的积极倡导者。她也正是在共生型组织的理论指导下创建与发展e健康产业联盟的。刘丹宁女士不止一次在e健康产业联盟的论坛和大会上发表她的演讲：《共生型组织的未来发展趋势及意义》。她详细介绍了联盟的成立首先是聚能，其次是赋能，生态是可以不断裂变的，她有信心将联盟做好。她说：之所以成立联盟，是因为在创业的过程中，深刻地领悟到了创业的痛点所在，于是产生了创建一个你中有我，我中有你的共生型组织的想法。共生型组织最大的魅力就是可以相互借力、相互吸引、相互补充，在竞争中产生新的创造性条件和合作伙伴。为适应时代发展，她准备将联盟打造成健康产业界的“变形金刚”。为达到健康产业发展更加共享共赢，人类健康事业更加和谐普惠目标，一批在健康医疗领域坚守多年的行业领袖，联合多家大健康企业、投融资机构、院校、科研学术机构等共同发起组建“e健康产业联盟”，让资源最大限度地互动、叠加、迭代，为产业坚守者更好地赋能。

我们有幸生活在这个巨变的时代，云计算、数字化以及人工智能的出现，让很多人们习以为常的假设都成了陈腐的过去时，让一切想象和不可能变成了现实和可能。个体因为技术所拥有的能力超乎想象，因此而带来的快速变革具有深远的意义。

共生型组织与已有的金字塔形组织以及学习型组织不同，共生型组织是在对当前不确定环境做出分析的基础上，对未来组织形式做出的预判。共生型组织是一种基于顾客价值创造和跨领域价值网高效合作的组织形态，这种组织形态关注如何创造合作价值，实现与跨界伙伴的共生与共创，洞悉并掌握共生的运作机制和发展趋势，将帮助组织在数字化时代获得成长。

市场竞争的激烈，组织需要改变固有的思维模式，将传统的价值链创造价值模式转变为命运共同体合作创造模式。众多成功的商业实践表明，构建命运共同体为组织带来的价值是明显提高的，将顾客的需求与高效的供应体系相连接，利用互联网技术实现合作各方的无缝连接，获得更高效率的问题解决方法。现实的选择导致了一种全新的组织逻辑生成，我们称之为“共生型组织”。

从本质上而言，共生型组织是一种基于顾客价值创造和跨领域价值网的高效合作组织形态，所形成的网络中的成员实现了互为主体、资源共通、价值共创、利润共享，进而实现单个组织无法实现的高水平发展。共生型组织的生态网络摒弃了传统的单线竞争的线性思维，打破了价值活动分离的机械模式，真正围绕顾客价值创造发展，将理解和创造顾客价值作为组织的核心，进而使创造价值的各个环节以及不同的组织按照整体价值最优的原则相互衔接、融合以及有机互动。

刘丹宁所创建的“e 健康产业联盟”，就是一个以创新科技为引领，在国际健康产业领域资源共享、优势互补、共享共赢的合作共生型组织，致力于打造一个共生型平台。联盟宗旨是构筑大健康生态圈，打造金融服务、全程服务、产业转化、营销赋能四大服务平台；创建医药产业等七大产业分联盟。

e 健康产业联盟发起人刘丹宁认为，“健康中国”的国家政策，让健康产业成为大水大鱼的新的产业生态，各路资本纷纷杀入，但是健康产业投资周期长、涉及面广、专业性强、政策门槛高，单枪匹马很难立足，面对新的关系，新的分配，新的趋势，未来是属于有思想力、创造力、整合力、执行力的组织和个人。因此，希望打造一个对政策有影响力、对科研有感召力、对学术的号召力、对资本有吸引力、对客户有公信力、为产业赋能的共生共荣的共生型组织。

e 健康产业联盟构建以产品端、服务端、资源端为核心，集医药、医械、医疗中心与医院服务、基因检测、第三方医学检验、医疗互联网、远程医疗、医疗大数据与大健康管理、智慧药房与医疗设备托管服务于一身的医疗大健康生态圈，无论是企业，还是产业，都将个体融入整体，持续建设和谐的生态环境，发展生态级的合作伙伴，将个体的价值最大化。

中关村股权投资协会、建银国际、北控医疗、亚太肝病诊疗技术联盟、光大租赁等协会、医疗企业、投资公司加入 e 健康产业联盟，携手结盟，共同将联盟打造医疗大健康平台。

第 10 章　综合协调发展

10.1　综合发展与协调发展

综合发展是指地区内部各经济部门按比例协调发展。即在劳动地域分工的基础上，区内各生产部门以合理的比例关系相结合，彼此在再生产过程中建立密切的经济联系，使当地的自然资源和劳动力资源得以有效利用，全区经济获得全面协调发展。

协调是多个系统或要素健康发展的保证。“协调发展”是“协调”与“发展”的交集，是系统或系统内要素之间在和谐一致、配合得当、良性循环的基础上由低级到高级，由简单到复杂，由无序到有序的总体演化过程。协调发展不是单一的发展，而是一种多元发展，在“协调发展”中，发展是系统运动的指向，而协调则是对这种指向行为的有益约束和规定，强调的是整体性、综合性和内在性的发展聚合，不是单个系统或要素的“增长”，而是多系统或要素在“协调”的约束和规定下的综合的、全面的发展。

综合发展与协调发展是整合时代社会、经济发展的重要特征，也是重要的指导性战略。

10.2　综合协调发展是中国特色的新理念

我国长三角、珠三角、京津冀、中西部、长江带、东北区和“一带一路”等不同的区域间及其内部，有着广泛的交互共生的各种联系，需要协调发展。国内区域协调的重点在于，塑造要素有序自由流动、主体功能约束有效、基本公共服务均等、资源环境可承载的区域协调发展新格局。目前，我国区域发展不协调现象仍然存在，尤其是西部地区、革命老区、民族地区、边疆地区、贫困地区仍然是发展短板，要尽快补齐这个短板。协调政策应首先是重点支持“最短板”的那一地区和领域。同时，不能让民族团结安定较好的地区“吃亏”，即支持的力度不宜低于不安定的地区。应让安定团结的民族地区首先富起来，发挥示范效应。

国家“十三五”规划纲要特别提出推动两个文明协调发展。全面建成小康社会包括物质文明和精神文明的内涵，经济文化发展和城乡居民的物质文化生活等“硬文明”指标容易实现，但与人的价值观、诚信、伦理、信仰等相联系的精神文明或“软文明”提升程度，则需要加强。两种文明是密切相关的，如制造和销售假冒伪劣商品，这涉及物品、物质文明，但首先还是人品和精神文明出了问题。我们要增强发展协调性和整体性，在协调发展中拓宽发展空间，在加强薄弱领域中增强发展后劲，推进经济、政治、文化、社会、生态文明五大领域建设，不断开创综合协调发展的新局面。

10.3 综合协调发展的原则与实施

综合协调发展原则不仅是我国环境资源法和经济社会发展的基本原则，而且也是世界各国的共识，其确立的理论依据主要是基于对环境保护与经济社会发展之间辩证关系的认识。由于该原则深刻揭示了人类社会与自然界的关系，摆正了经济社会发展与环境、资源、生态之间的关系，因此是对人与自然关系认识上的一个飞跃，也是人类付出高昂代价、经过长期探索而取得的关于发展的科学认识。

综合协调发展的原则包括：

(1) 保护环境和发展经济的一致性。

环境与发展其实是既相互制约、又相互促进的对立统一关系。首先，二者有相互制约和矛盾的一面。例如，发展经济势必会带来资源消耗和环境污染问题；环境保护又需要投入一定的财力和物力，在一国财力和物力不足的情况下，这种矛盾可能表现得十分尖锐。其次，更为重要的是发展与环境又是相互依存、相互促进、互利共生的。保护自然资源、维护生态平衡，为经济的持续发展提供了必要条件和物质基础；环境保护促进技术革新和资源节约，从而有利于经济的发展；环境质量的改善会获得直接的经济效益，有助于现代经济特别是高科技经济的发展，反过来，经济的发展又会促进环境保护事业的发展，为环境保护提供雄厚的物质基础和资金以及现代科学技术手段。因此，保护环境和发展经济的最终目的是一致的，即都是为了不断提高人们的物质文化生活水平。在发展中重视环境保护、在发展中解决环境问题，同时通过保护环境，解决发展中的环境问题来促进经济更好、更快、更健康地发展。

（2）对各种利益的衡平与整合。

综合协调发展原则是法理上利益衡平原则的体现，是解决利益关系的基本原则。综合协调发展原则就是通过对各种利益衡平与整合来解决利益关系的基本原则。协调发展的根本目的是为了最大限度地满足社会对物质和文化不断增长的需要，其中包括对清洁、安全、优美、舒适环境的需要。综合协调发展，实际上就是对经济利益、社会利益和环境利益的协调。它通过对个人利益与社会利益、眼前利益与长远利益、局部利益与整体利益的衡平与整合来最大限度地保护和维持一种最佳的综合利益和效益。所以，协调发展原则是法理上利益衡平原则的体现。

（3）体现可持续发展的实质。

可持续发展就是“对环境无害或少害的发展”，是环境保护与经济、社会的协调发展，是人与自然的和谐发展。毫无疑问，只有坚持经济、社会与环境的协调发展，才能实现经济、社会和环境的可持续发展。

10.4　案例——四川泸州综合协调发展①

泸州，古称江阳，位于川滇黔渝结合部，地处长江和沱江交汇处。它不仅以酒闻名天下，同时还具有另外一个得天独厚的条件——坐拥四川第一大港，是长江上游的重要港口城市。

---

① 案例提供：中国科学院可持续发展研究中心主任樊杰。

这座历史上的“边城”，近年来数度出现在国家级发展规划中，在长江经济带建设中迎来了新的发展机遇。

10.4.1 背景

长江是货运量位居全球内河第一的黄金水道，长江通道是我国国土空间开发最重要的东西轴线，在区域发展总体格局中具有重要战略地位。

长江经济带横跨我国东中西三大区域，覆盖上海、江苏、浙江、安徽、江西、湖北、湖南、重庆、四川、云南、贵州11省市，面积约205万平方公里，人口数量和生产总值均超过全国的40%，具有独特优势和巨大发展潜力。

在国务院2014年印发的《关于依托黄金水道推动长江经济带发展的指导意见》中，泸州被定位为重要区域性综合交通枢纽（节点城市），要求按照“零距离换乘、无缝化衔接”原则，加快交通枢纽建设，特别是加快泸州港集约化港区建设，提高现代化水平。

10.4.2 做法

（1）抢抓机遇，规划先行。

成渝地区规划了四个城市群，每个城市群都需要一个龙头。长江黄金水道就四川来讲，泸州的条件是最好的。要成为龙头，基础设施、城市规模、产业支撑都必须处于领先地位，只有这样才能形成集聚效应。

泸州提出“十三五”期间要建成全国重要区域性综合交通枢纽、长江上游产业转型升级示范区、川滇黔渝结合部区域中心城市和生态文明美丽泸州。

在建设重要区域性综合交通枢纽方面，积极构建以干线铁路、高速公路及部分国省道、高等级航道和机场为主骨架的运输通道总体格局，对高铁、轻轨、公交、道路进行一体化设计和建设，实现高标准无缝衔接。

在建设长江上游产业转型升级示范区方面，着力建设西南地区重要装备制造、循环型化工、能源保障基地，打造现代医药、智能电网、新能源汽车、新材料产业基地。推动信息化与产业化深度融合，建成“宽带中国”示范城市。推动产业集聚集群集约发展，加快发展现代服务业。

在建设川滇黔渝接合部区域中心城市方面，形成中心城区面积200平方公里、200 万人的城市骨架。加快市政基础设施建设，完善市政配套服务设施，强化地下空间利用。加强公共服务功能配套建设，改善城市管理工作，加快智慧城市建设。

在建设生态美丽泸州方面，推动形成资源消耗低、环境污染少的生产方式，推进重点生态建设工程，保护和培育森林生态系统，保护和恢复湿地生态系统，加强生物多样性保护。

（2）打造区域性综合交通枢纽。

2011 年 11 月，泸州港铁水联运首趟班列正式开通，铁路直通港口堆场，在长江上游集装箱港口中率先实现铁水联运。2013 年 11 月，泸州港—昆明铁水联运集装箱班列开通。2014 年 9 月，泸州港—乐山铁水联运集装箱班列开通……

2014 年 10 月 28 日，成都综合保税区—泸州港首单“区港联动”出口货物顺利通关，8.7 吨重的汽车连接器部件成功出口德国。

与传统转关模式相比，“区港联动”的通关时间至少节约半天，四川境内每个标箱货物可节约 500～1000 元的费用。铁水联运的优势，使得千里以外的货物，通过泸州港顺江而下。而来自上海的集装箱逆流而上，在这里靠岸后，通过铁路运往成都、滇东、黔北以及陕、甘、藏、青等地区。

泸州按照市场共建、交通互联互通、产业相互融合的思路，与成都、武汉等城市进行深度合作。联合打造成都—泸州铁水联运通道、成都—泸州公水联运通道、泸州—武汉集装箱班轮航线，以公铁水多式联运为载体，培育江海直达货源市场。推动武汉经泸州、昆明至东南亚的丝绸之路物流通道建设，使丝绸之路经济带和长江经济带有机结合在一起。如今的泸州港，作为长江上游的重要港口，川滇黔航运物流中心蓝图初步绘就。

（3）坚持产城相融、产城一体发展。

1983 年，泸州建市之初时，城区面积不到 10 平方公里，人口只有 10 万人。30 多年后的今天，泸州成为中心城区面积超过 100 平方公里、中心城区人口超过 100 万人的“双百”城市。

这一切得益于泸州产城相融、产城一体的发展理念。泸州在中心城区周边规划建设了国家高新技术产业开发区、长江经济开发区和白酒产业园区等三大产业园区，布局了传统与新兴各占一半的八大产业。其中，酒业、化工、能源、机械四大传统产业奠定了城市发展的根基，正在向中高端转型升级。现代医药、智能电网、新能源汽车、新材料四大新兴产业正加快发展，不断做大增量。

泸州还通过创建国家森林城市、国家园林城市和优秀旅游城市等，建成泸州大剧院、奥林匹克体育公园、国窖广场、黄舣酒文化体验园等，不断提升城市品质。

（4）加强生态保护，守护一江清水。

“青山依旧在，几度夕阳红。”这是明代杨升庵在泸州两江汇合处写下的《三国演义》开篇词。青山常在、绿水长流、和谐自然、民生幸福是泸州人的执着追求。

泸州通过大力开展城乡生态走廊、城郊生态风景林、水系林网体系、山地森林保育、绿色模范乡村等建设，不断改善沿江生态环境。

荒山、沿江沿湖、生态弃置地、城市组团连接线、绕城路等地披上了绿装，绿化率大幅度提升。鸭儿凼、二道溪、纳溪等污水处理厂，以及森泰、纳溪等垃圾处理场先后建成运行，城市污水处理率超过 80%，生活垃圾无害化处理率达到 100%。近几年，泸州大气污染指数小于 100 的天数每年约 340 天，地表水Ⅳ类以上水体比率达到 100%。

有青山绿水滋养、乐园茂林相伴，泸州人在依山而居、临水而憩、与树为邻的天地间建设家园，并呵护着绵延后世的一江清水。

（5）旅游产业综合发展。

泸州市共有国家 A 级景区 19 个（其中 4A 级景区达到 6 家），星级旅游饭店 24 家（其中五星级、四星级酒店 7 家），旅行社 28 家，专业旅游车公司 3 家，旅游商品企业 68 家，旅游行业直接从业人员约 8 万人。2018 年全市旅游总收入超过 300 亿元，年增长 37%；全市旅游接待人数上升到 5000 多万人次，年增长 28%，旅游业在稳增长、调结构、扩内需、惠民生等方面发挥了重要作用。

泸州市以名酒文化为引领，提升打造泸州老窖旅游区（含国宝窖池、白酒产业园区、中国酒镇酒庄）为国家 5A 级景区；突出自然生态资源，打造黄荆老林、佛宝景区为国家 5A 级景区或国家级旅游度假区；突出宗教文化特色，结合自然生态景观，把方山打造成为国家 5A 级旅游度假区；深度挖掘红色文化，打造国家级红色文化经典景区，按照国家 5A 级景区标准提升打造四渡赤水太平渡纪念地。

同时，泸州市培育和形成一批经营效益好、发展潜力大、带动效应强的旅游龙头骨干企业，鼓励发展旅游与文化、农业、金融、电信、健康医疗等其他产业融合的各种新兴业态企业，组建泸州旅游投资集团，引导各类社会资本加大旅游开发力度。

在完善旅游要素体系上，泸州市围绕中心城区、县城、景区建设三级旅游集散服务体系，为游客提供集散、咨询、购物、餐饮等服务，逐步建成公路、铁路、机场、水路四层次的立体、便捷、快速的旅游交通体系。还实施"旅游厕所革命"，实现旅游厕所"数量充足、干净无味、规范管理"。泸州市围绕酒文化、长江河鲜鱼、泸州土特产品等地方特色，规划建设特色旅游商品一条街、特色餐饮一条街、特色小吃一条街等主题旅游街区，满足游客消费需求。

10.4.3　启示

泸州秉承"利用长江黄金水道，实现发展共赢"的理念，强化同沿江大城市和航运中心的合作，在投身国家区域发展战略中，发挥了关键节点作用，促进了长江经济带建设。泸州的实践启示我们：

其一，区域协调发展需要发挥好关键节点的作用。长江经济带作为带状经济区，上下游各关键节点对于激活整个流域经济活力发挥着至关重要的作用。在推动区域协调发展过程中，要着力发挥好点上的带动作用，同时注重协同并进、优势互补、形成整体，从而更好地推动长江经济带的发展。

其二，区域协调发展需要增强系统思维。长江经济带建设涉及水、路、港、岸、产、城和生物、湿地、环境等多个方面，是一个有机整体，需要全面把握，统筹安排好各地改革发展、各项区际政策、各领域建设、各种资源要素配置。

其三，区域协调发展要把加强生态保护放在优先位置。长江经济带建设要从中华民族长远利益考虑，走生态优先、绿色发展之路，正确处理好经济发展和生态保护之间的关系，不搞以破坏生态环境为代价的大开发，切实保护好长江生态环境。

中篇

整合时代的产业经济

- 大健康产业
- 大环保产业
- 大生态产业
- 大数据产业
- 大金融产业
- 大服务产业
- 大慈善产业
- 大文旅产业
- 大物联网产业
- 乡村振兴产业

第 11 章　大健康产业

11.1　实施健康中国建设战略

大健康是根据时代发展、社会需求与疾病谱改变提出的一种全局的理念。它围绕着人的衣食住行以及人的生老病死，关注各类影响健康的危险因素和误区，提倡自我健康管理，是在对生命全过程全面呵护的理念指导下提出来的。它追求的不仅是个体身体健康，还包含精神、心理、生理、社会、环境、道德等方面的完全健康。提倡的不仅有科学的健康生活，更有正确的健康消费等。它的范畴涉及各类与健康相关的信息、产品和服务，也涉及各类组织为了满足社会的健康需求所采取的行动。

从大健康消费需求和服务提供模式角度出发，大健康产业可分为健康管理服务、医疗康复服务、养老护理服务三大类，形成七大基本产业群体，即：

（1）以个性化健康检测评估、咨询服务、调理康复和健康保障促进等为主体的健康管理服务产业；

（2）以医疗服务机构为主体的医疗康复产业；

（3）以药品、医疗护理器械、保健食品以及其他医疗耗材产供销为主体的医药保健品产业；

（4）以疗养康复、养老护理、慢性病管理为主体的休闲养老产业；

（5）以移动/远程医疗、可穿戴设备、大健康大数据产品为主体的医疗信息产业；

（6）以大健康消费、投资、融资、租赁为主体的大健康金融产业；

（7）以配套上述产业的法律、商务、咨询、中介为主体的大健康配套服务产业。

11.1.1 现状：国民健康面临严峻挑战

中国的健康问题正在转型，大量慢性病正在取代传染性疾病成为导致死亡的主要原因。处于转型期的中国国民健康问题形势严峻，同时，每年因疾患导致的经济损失高达14万多亿元，相当于每年消耗我国GDP的14%还多。25~59岁人群中，女性死亡率为10.4%，男性死亡率达16.5%。

这是一组惊人的数据：中国高血压人口有1.6亿~1.7亿人；高血脂的有1亿多人；糖尿病患者达到9240万人；超重或者肥胖症7000万~2亿人；血脂异常的1.6亿人；脂肪肝患者约1.2亿人；平均每30秒就有一个人罹患癌症；平均每30秒就有一个人罹患糖尿病；平均每30秒，至少有一个人死于心脑血管疾病。

……

目前，我国能够系统全面地提供大健康服务的机构很少，从市场开拓到产业建设均处在萌芽阶段，包括以体检为核心的健康体检中心、以休闲娱乐为核心的休闲度假中心、以中医健康调理为核心的大健康服务机构等，并不能够满足人们对系统地解决健康问题的需求。

11.1.2 健康中国建设上升为国家战略

2016年8月19日，在首都北京举行了一个重要的会议——全国卫生与健康大会。在共和国的历史上，一个关于卫生健康的全国性会议，中共中央政治局常委全部出席，总书记讲话，总理主持会议，前所未有。这透露出一个信息：中国进入新时代，人民健康问题已经成为关系国家、民族未来的大问题。

中共中央总书记、国家主席、中央军委主席习近平在讲话中说，没有全民健康，就没有全面小康。要把人民健康放在优先发展的战略地位，以普及健康生活、优化健康服务、完善健康保障、建设健康环境、发展健康产业为重点，加快推进健康中国建设，努力全方位、全周期保障人民健康，为实现“两个一百年”奋斗目标、实现中华民族伟大复兴的中国梦打下坚实健康基础。

对于一个人，健康是享受幸福生活的前提；对于一个国家，健康是开创美好未来的根基；对于一个民族，健康是屹立世界民族之林的力量。党中央以国家长远发展为基点，以民族伟大复兴为目标，吹响了建设健康中国的时代号角。

健康中国的内涵，不仅是确保人民身体健康，更是涵盖全体人民健康身体、健康环境、健康经济、健康社会在内的大健康。综观全球，早在 20 世纪 70 年代，一些国家就开始将健康促进作为公共服务的主要模式，启动实施国民健康提升计划，从公民健康测评、疾病监控等多个方面提升全民健康素养。健康中国的终极目标是构建一个全方位“防控健康风险，创造健康价值”的健康民族和国家，要在借鉴发达国家经验和做法的基础上，走出一条不同于已有西方健康治理模式、对全世界及全人类产生影响的中国健康发展道路，有效支撑强国战略。

11. 1. 3　当代医学从传统模式向大健康模式转变

当今医学界，单因单病的生物医学传统模式逐渐力不从心，已向多因多病的“生物—社会—心理—环境”大健康模式转变，一个人的健康不是光靠医生、药品决定的，更需要自我管理，不能仅靠病有所医。大健康模式应运而生。它研究的不是病因，而是影响健康的危险因素。其核心是个人健康管理，科学地排除或减少健康危险因素，达到保护和促进健康的目的。

进入新时代，人类对健康的理解和要求也出现飞跃，具体表现为“三化”：

深度化：涉及身、心、德。

广度化：包括生命全周期、全部生命现象，研究代际影响。人们认识到健康的本意是预防病、不生病，真正理想的健康状态不是治疗疾病，而是不得病。

高阶化：高阶化的健康概念，已经不仅要求不生病，还要求有内涵的美丽、有活力的生命、有质量的长寿、延迟衰老和抵御各种慢性病。

2010 年北京医学大会提出，医改已经成为“世界性的难题”，各国的医药卫生体制都面临挑战，都在进行相应的探索改革，目的都是力求达到公平与效率的更好结合及可持续发展。我们的卫生系统工作者要正确处理医疗与预防的关系，树立“大健康”“大卫生”“大医学”观，做医学模式转变的实践者和模范。随着人们对健康的逐步关注，很多人已经认识到疾病预防是促进健康的有效手段，而疾病的预防在很大程度上依赖于社会。现代预防医学发展的一个重大变迁，就是向社会预防发展。事实早已证明，许多疾病只有通过广泛的健康教育、公平合理的社会医疗保障制度以及社会多部门的合作等社会措施，才能达到减少疾病和早期发现、早期治疗、保障人人健康的目的。今天的中国，同样进入了现代生活方式的时代，高血压、糖尿病等慢性非传染性疾病，已经成为威胁中国人健康的重大疾病，成为家庭和社会的负担。如果不能真正扼制住影响国民健康的不良生活方式中的危险因素；如果医学模式不能自觉地从生物医学模式向生物—心理—社会医学模式转变；如果我们的医学卫生事业的发展不能树立“大健康”“大卫生”“大医学”观；如果我们不知道、不借鉴、不汲取、不研究发达国家卫生事业发展中的问题，那么，就一定会出现影响人民健康的各种各样的问题，而且持续需要医疗服务的人群，将会“井喷”一样不断快速增加，会给无数家庭、社会医疗保障系统带来难以承受的巨大负担。

11.2 构建大健康理念体系

11.2.1 国际化的大健康理念

21 世纪是人类追求健康的世纪；21 世纪是人人享有保健的新时代；21 世纪，由发展经济到关心自己的健康；21 世纪人们最需要的是健康。健康是人生最宝贵的财富，没有健康的身心一切无从谈起。

英国著名生物学家巴封最近发表的研究成果认为，哺乳动物的寿命一般为生长期的 5 ~ 7 倍，如，牛生长期约 6 年，寿命为 30 ~ 42 岁。人类的生长期为 20 ~ 25 年，自然寿命应为 100 ~ 175 岁。但这样的寿命人类并没有实现。其原因是人类自身造成的，诸如不注意科学保健、科学饮食、优化环境等。树立大健康观念，主动从多方面注意人生，是保证身体健康、延年益寿之必需。

中国人的平均寿命从过去不到 50 岁至今已达到 73 岁，但是很多人都处在带病卧床或者是半卧床状态，虽然生存但是生活质量低。

当前我国居民亚健康状况急需改正，其保健意识、保健行为有待加强，需要进一步宣传科学的健身知识，反对邪教，崇尚文明，保健食品企业主体行为需进一步规范，鉴于医药保健品行业市场现状，消费者急需科学的理论知识作正确的消费引导，同时我国社会保健服务机构与人才极其缺乏，面对“入世”竞争，民族保健行业、民族养生文化需要扶持与弘扬。我国的健康事业状况难以让人乐观，建构“大健康工程”乃势所必然。

11.2.2　建立大健康产业四大体系

一是以促进和改善人民健康为中心，以提高全民健康期望寿命为使命，建立大健康大保健理念体系。这就需要人们建立起健康的价值观。健康，是人生最宝贵的资产，而不只是个人的资产，也是社会的资产，维护健康是一种社会责任；这还需人们要建立起健康的经济观，健康投资是回报最大的投资。把健康投资作为个人支出的重要组成部分，把健康投资作为提供公共产品、扩大内需、拉动发展的最直接增长点；这也需要人们要建立起健康的社会观，把全民健康作为社会发展的目标之一，构建健康型家庭、健康型社会；这更需要人们要建立起健康的人文观，健康体现一种人文精神，体现了文明进步的程度。

二是普及大健康大保健教育体系。要把健康教育列入学校常规教育，让健康知识走进课堂，走进教科书；要积极开展社会健康教育，全民普及健康知识；还要充分体现它的持续性，使人终生能接受健康教育；更要充分体现它的科学性，传播准确、先进的健康知识和信息。

三是发展大健康大保健产业体系。发展以治疗疾病及维护生命安全为目标的产业，如医疗设备、医疗卫生、制药产业；发展以延缓衰老、防范疾病、维护生命健康为目标的产业，如保健品、功能食品、安全用水、健康饮品；发展与健康环境相关的产业，如环保产业、资源产业等。

四是完善大健康大保健服务体系。不断完善公共健康服务，营造全民参与、共同受益的公共卫生环境和生活环境；不断完善健康保健专业服务，包括医疗预防、预警服务，健康专业体检，社会健康与个性健康管理服务；不断完善健康信息服务，包括健康文化、健康传播。发展大健康大保健产业和建立大健康大保健产业四大体系的最终目的：就是要让人们生得优、活得长、病得晚、走得安。

11.3 整合时代的大健康生态圈

11.3.1 大健康生态圈

生态圈原本是一个自然科学用语。1993 年，穆尔（James Moore）首次将这一概念引入商业研究，在《哈佛商业评论》上提出了“商业生态系统”的概念。商业生态圈是指以各种不同组织——包括产品提供者、供应商、分销商、顾客、互补产品提供者、竞争者、政府及其他利益相关者——相互作用为基础的经济联合体。在这一体系中，每个组织担当着不同的功能，各司其职，但又形成互赖、互依、共生的生态系统，虽有不同的利益驱动，但身在其中的组织和个人互利共存，资源共享，共同维持系统的延续和发展。

“大健康生态圈”就是以人为本，围绕个人或特定群体的生理、心理、精神及社会、环境、家庭、人群等各方面医疗健康需要，由政府、现实或潜在的医疗健康服务需求者、医疗保健机构、医疗保健产品提供者、医疗保健金融组织、第三方服务中介及其他利益相关者组成的，通过建设和借助某种价值平台，撬动和整合其他机构和组织的能力，以满足医疗健康需要为目的的相互作用、协同发展、价值共享的经济联合体。随着医疗改革步伐的加快，物联网、大数据、移动互联等现代信息管理技术的迅猛发展，我国大健康生态圈所面对的法律、管理和技术方面的壁垒和瓶颈不断得以改善，大健康生态圈内部的交易成本持续而显著的下降，使得大健康产业活动的分工和联合成为可能和必要。

11.3.2 大健康生态圈的四个层次

（1）第一个层次是物联网技术支撑生态。

大健康生态圈的一个基本特征就是经济联合体之间高频率的一对一、一对多、多对多的互动，通过互通来实现对于个人或特定群体的生理、心理、精神及社会、环境、家庭、人群等各方面医疗健康需要的满足。面对海量的信息交互需要，技术边际直接决定了大健康生态圈的产业边界。物联网让所有能够被独立寻址的大健康生态圈参与方及其设备、资源实现互联互通的网络，特别是与云计算和可穿戴医疗保健设备相结合的物联网智能处理技术，依靠先进的信息处理技术能力，有效保证了以现实或潜在的医疗健康服务需求者医疗健康需要的发现、传递、匹配的效率，政府开展医疗保健监督决策、管理的效率，医疗保健机构、医疗保健产品提供者、医疗保健金融组织、第三方服务中介及其他利益相关者分工协同的效率。

（2）第二个层次是政府监管支撑生态。

如果说物联网技术支撑生态决定了大健康生态圈的技术边界，那么政府监管支撑生态则决定了大健康生态圈现实的法律伦理边界。一个基本的政府监管支撑生态应当包括国家当前的医疗保健法律法规体系、国家基本和补充医疗保障体系、国家医疗保健监管体系和国家未来的医疗保健改革政策体系。

（3）第三个层次是医疗保健金融支撑生态。

医疗保健金融支撑生态，是在医疗、养老等国家基本和补充医疗保障体系之外，由国家、地方和各类商业组织发起成立的医疗保健领域的引导、投资、借贷、扶助救济等各种形式的盈利或非盈利专业性金融活动，用以支撑大健康生态圈的建立、运行、发展和价值分享。高度金融化是现代经济系统的一个基本特征，而医疗保健产业作为一个具有显著行业特性的领域，普通金融、大众金融往往难以承担起大健康生态圈的金融支持功能，唯有建立、加强和完善专业化的医疗保障金融支撑体系。

（4）第四个层次是医疗保健服务支撑生态。

医疗保健服务支撑生态，是由具体承担现实或潜在的医疗健康服务需求者、医疗保健需要发现响应、方案设计、资源供应、保障实施、后续辅导以及相关经济法律服务的现实或潜在的医疗健康服务需求者、医疗保健机构、医疗保健产品提供者、第三方服务中介组成的直接的医疗保障服务互动系统。其功能是通过专业化分工和协同配合，最终实现医疗健康需要的满足。

医疗保健服务支撑生态的核心，是以人为本、数据为基础，互联互通、智能决策的个人健康信息平台的搭建和有效运行。这个平台要面向医疗机构服务，还要面向每一个现实或潜在的医疗健康服务需求者提供个人的健康档案查询、医保咨询结算、就诊者信息修改等服务；也要面向药物提供商，根据个人的健康信息合理用药、合理检查。有了这样一个信息化平台，有效运转的医疗保健服务支撑生态才能建立起来。同时，也正是由于个人健康信息平台的存在，才能够实现大健康生态圈物联网技术支撑生态、政府监管支撑生态、医疗保健金融支撑生态、医疗保健服务支撑生态四个子生态层的纵向连接和互动，保证大健康生态圈在横向和纵向两个维度上的整体有效运转和价值提升。

11.4 大健康产业发展趋势

11.4.1 科技进步助推大健康产业发展

随着时代发展、社会需求和疾病谱的改变，大健康作为一种全新的全局理念应运而生。深耕智能技术以及研讨行业最新命题，已经成为新时代必须把握的趋势，作为产业互联网最耀眼的明珠，大健康产业毫无疑问已经崭露头角。

科技的进步成为大健康领域生态搭建的强力推手。移动互联网作为第四次科技革命来袭，其后跟随而来的物联网、可穿戴设备、VR、AI、前沿生物技术、大数据分析、人工智能等相继火爆，都为大健康的发展提供坚实的基础。

科技发展、消费升级、人口老龄化加剧的今天，所有的风都向着健康医疗汇聚，大健康产业就像是身处风暴中心的婴儿，亟待出现一个行业领先的巨头，破开风暴引领产业前行。在政策、市场、科技和投资的共同导向下，大健康产业领域高速成长，发展迅猛，俨然已是一片商业蓝海。

科技助推大健康产业呈现五化：

一是高科技化。未来我们用可穿戴设备、远程医疗、双向音频远程、慢病监测、区块链医学等高科技将在医学领域大范围应用。

二是精准化。未来将通过精准的检测、治疗、康养来实现个性化、专业化的全生命周期健康的照顾管理系统。

三是智能化。人工智能、“物联网 +”等新技术将为大健康产业带来变革。AI 智能等信息化技术能够提升诊断治疗的智能化的水平。

四是融合化。未来的大健康产业将与文化、旅游深度融合。

五是国际化。国际合作与资源共享是未来医疗健康产业发展的趋势。通过“一带一路”大健康驿站建设，为中国与世界医疗健康产业合作搭建平台。

11.4.2　精准医疗日益得到普及

精准医疗，宏观上包括个性化诊断及个性化治疗。细分包括：基因测序、基因诊断、免疫诊断及基因治疗、干细胞治疗、免疫治疗等。精准医疗的兴起与发展，基于生物样本库和临床大数据等科技及网络信息技术的发展普及。

医院能够获得庞大的用户数据，而在此前，这些数据通常不能发挥太大的作用。随着互联网科技发展，大数据分析兴起，人工智能崭露头角，所有庞大的患者数据，都能通过计算机分析对比匹配，最终给予每个患者最贴近的个性化精准治疗，甚至预测出患者将来的病况及走向，制定最为科学可靠的防治方法。

精准医疗细分领域内的基因检测，同样得益于大数据分析的兴起。

基因检测是通过血液、其他体液、细胞对 DNA 进行检测的技术。通过分子生物学和分子遗传学的手段，结合已有的生物 DNA 样本库，检测出目标 DNA 分子结构水平或蛋白表达水平是否异常。

针对普通人群，它能检测我们身体中具有什么样的“疾病易感基因”，决定我们是不是高危人群，它为疾病高危人群的筛查，提供了更明确的标准和清晰的思路；针对已病患者如癌症患者，基因检测可针对标记物进行分析与鉴定，从而精确寻找到疾病的原因和治疗的靶点，指导靶向药选择，提高疾病诊治的效益。

目前，市面上精准医疗相关的机构公司鱼龙混杂，提供类似服务的机构公司已超过 3000 家，涉及的领域极多，但测试水准良莠不齐。不过不可否认，在不远的将来，基于大数据库的精准医疗将大放异彩。

11.4.3 大健康理念引导下的衍生产业全面发展

大健康产业范畴涉及各类与健康相关的产品，因此一切有可能涉及的领域都被囊括其中，无所不容。尤其是与人类健康密切相关的环境保护、健康食品、生态农业及医疗保险等，都在大健康的带动下获得长足发展。

大健康理念深入人心，催生了生态农业，有机果蔬，原生态农副土特产品，药食同源产品产业快速发展，引导农业最终走向健康自然。今天，让餐桌上的农产品更为绿色、健康，正在成为中国人对农产品共同的追求。连续几年的中央一号文件反复强调，深入推进农业供给侧结构性改革，要推行绿色生产方式，推进农业清洁生产。今后中国农业将更多向绿色可持续发展转型，唯有农业的绿色发展，才能为中国人的餐桌提供更多更健康的粮食、果蔬。

移动互联网浪潮及大健康理念共同催生的，还有铺天盖地的网上医疗保险产业链。受益于中国大健康产业2020年的8万亿元规模预算，健康险市场也进入全面增长，基本医疗保险制度存在显著缺陷，为商业健康险创造巨大空间。预计到2020年，我国商业健康保险保费有望达到5000亿元到7000亿元，成为与财险、寿险并列的三大业务板块。

11.5 “互联网+医疗”大健康产业的商业模式构建

“互联网+医疗”是以互联网为载体、以信息技术为手段（包括移动通信技术、云计算、物联网、大数据等），与传统医疗健康服务深度融合而形成的一种新型医疗健康服务业态的总称。

商业模式的构建基于就医价值链的分析框架。从宏观整体角度看，互联网医疗存在的基础是目前稀缺医疗资源低效配置，而互联网在医疗行业创造的新增价值在于三方面：（1）“连接”属性：通过高效连接，降低医疗资源的浪费，提高效率，从而产生价值。（2）“智能”属性：通过整个医疗环节产生的大数据，结合人工智能算法，基于数据为医生的诊断、治疗决策提供新的可靠支撑，从而创造价值。（3）在整个就医、行医的过程中改善各方体验，从而带来新增商业价值。

从消费者角度出发，依次将整个就医相关流程拆分为九个重要环节：健康管理、自诊、自我用药、导诊、候诊、诊断、治疗、院内康复、院外康复（慢性病管理）。这九个就医相关环节包含了消费者所有的诉求点，互联网医疗的商业模式可以，并且也只能从这些环节展开。

11.5.1　“互联网＋医疗” 为谁服务

（1） 为患者服务。

患者是整个互联网医疗服务链的核心。基于为患者服务的互联网医疗商业模式可以从患者就诊的各个环节的核心刚需诉求分析。

自诊环节和自我用药环节刚需较强，基于这两个环节的商业模式可行性高。在国内主要有好大夫在线、春雨医生等具有自诊、用药、简单医患互动功能的 APP。在此环节，患者的主要需求是获得可靠的信息，能便宜、便捷地获得解决方法，以及能得到专业医生的指导。另外自我用药环节，消费者的诉求是能知道最合理的用药方法，以及最快，最便捷地买到药。这部分的需求比较刚性，随着收入水平提升，“有病硬抗” 或随意吃药的消费者行为将逐渐减少。因此基于此环节的商业模式比较可行。

导诊环节也是刚需，商业模式有扩展空间。在这个环节，病人需要知道自己应该去什么医院，到什么科室，找什么医生。对于已经需要去医院治疗的患者来说，这部分需求非常刚性。

候诊和诊断环节，消费者主要诉求在于快捷、便利、省时。对一部分病患来说，这是刚需。支付宝和金蝶医疗已经在此环节布局，能够大幅简化候诊就诊流程，省时省力，并提供电子化的病例结果输出。但这一部分的商业模式需要与医院系统对接，是否具备较强的医院资源决定了能否涉足这种商业模式。

院内康复和院外康复环节，消费者也存在刚需，而且我们认为是非常刚性的需求。在治疗环节已经完成后，病患的主要花费已经支出，最终目的就是为了能快速、彻底治好病，而特别在院外康复阶段，患者存在与医生互动咨询康复进展的需求，基于这一部分可以有硬件（体征监测）以及软件（医患互动）的商业模式。

（2）为医生服务。

医生是互联网医疗服务链的必要参与者，在很多环节内如果缺乏医生的参与，则无法实现完整的商业模式。

医生的核心诉求主要体现在：增加合法收入；增加个人的品牌知名度；发表更多论文并评上更高职称；减少工作量。同时在整个诊疗环节，医生还存在需要病患准确病情信息、需要辅助决策信息、降低风险、持续跟踪病患（院外）病情并建立个人病历库等需求。

（3）为医院服务。

医院的方向，更多从医疗信息化角度考虑，对于互联网模式不过多讨论，也非互联网医疗的重点。在这方面，支付宝和金蝶软件等都在提高医院运行效率以及改善患者就医体验方面有所尝试。

目前面向医院的 IT 服务更多是传统软件公司运作模式。如何基于医院信息系统直接获取海量就医患者数据，是一个重要的向互联网思维转变的方向，也即 B2B2C 的模式，是传统医疗 IT 企业转型的一条重要路径。

11.5.2 互联网 + 医疗” 服务向谁收费

互联网医疗的商业模式核心是服务三个主体：患者、医生、医院，并且通过形成产业链条闭环，向五个对象：药企、商业保险机构、医生、患者、医院收费。

（1）向患者收费：市场空间大，盈利模式多样，创新点多。

向患者收费的商业模式存在的基础是满足消费者刚需。患者的刚需可以从整个就医流程环节拆解，收费的切入点非常多，医疗健康服务的九大环节，每个环节都存在痛点，都可以作为盈利的突破口。而无论哪种盈利模式，真正解决了患者就医痛点的服务都会获得盈利空间。患者的核心诉求无非是治好病、省钱、省时、便捷、互动。此外人性化机制也是我们反复强调的核心点。这两者可以判断向患者收费商业模式的可行性程度。另外，在切入方式上，对于原有就医环节的互联网化改善，胜过对消费者新习惯培养。

对消费者收费的具体收费方式大类上可分为：硬件销售模式和软件服务

模式。

硬件销售模式已经众所周知，但硬件出售模式在长期发展中可能面临挑战：渗透率提升后，更新需求非刚性。由于存在其他潜在衍生盈利模式，可以用来补贴硬件，因此可以判定硬件售价在长期应该会持续下降，硬件出售更多体现出获取用户入口功能，本身的盈利能力在长期会越来越难。但硬件销售本身的市场空间较大，例如血糖仪全球市场空间可达 200 亿美元，短期内依然可观。

软件服务模式，例如春雨医生等，以基础服务免费（获取流量和黏性），增值服务收费（刚需）的模式进行。

社群模式，这部分收费模式仍在探索之中，在互联网医疗行业尚不明显，但一定是趋势所在。

（2）向医生收费：市场空间不大，且盈利模式单一，难以成为主要模式。

向医生收费的切入点主要包括辅助诊疗以及预约平台，辅助诊疗层面的需求是持续的，基于此的盈利模式具有较大的发展空间。此外，预约平台类服务存在一定的需求，待我国医生多点执业政策进一步明确和放开后，会有较大的发展空间。

目前向医生收费的公司的具体收费方式主要是会员收费。在美国，医生独立执业，问诊相对自由，所以对医生的盈利模式非常多样，客源、诊断、诊后、用药、器械等都可以是盈利的切入点，而中国医疗体系对医生的限制非常多，所以针对医生的盈利模式还是限制在辅助诊断用药以及医生间交流的层面，而在预约平台上收费的模式目前发展较好，但存在着会受到政府监管的风险，未来发展并不乐观。目前针对医生收费的企业，例如 Epocrates、丁香园、杏树林等，对医生收费都不是其主要的盈利来源，积极开发其他盈利模式是现存公司的普遍特征。总之，针对医生的盈利的创新点较少，盈利空间也较小。

（3）向医院收费：市场空间大，盈利空间大，但盈利模式只能满足中短期发展。

向医院收费的切入点包括提高医院管理效率以及提高收入。在这两个层面，医院的需求较强，针对此产生的盈利模式都具有较大的盈利空间，但基本上与医疗信息化更相关，而非纯互联网模式。

目前向医院收费的公司盈利模式主要包括三类：一是软件销售以及维护运营收费；二是硬件销售；三是远程监测服务收费。

（4）向药企收费：市场空间大，盈利模式多样。

向药企收费的存在基础，是满足药企的营销、研发需求。药品的营销、产品的研发是药企发展的基本需求，而基于此产生的盈利模式市场空间大。向药企收费是目前软件类移动医疗公司最大的盈利来源，无论是针对医生、患者、医院哪个环节的服务，均可以依靠流量和数据采用向药企收费的盈利模式。

目前向药企收费的公司盈利模式主要包括三类：一是基于流量的广告收费；二是基于数据的精准化推送收费；三是研发数据收费。短期内，广告是向药企收费的主要盈利模式，而基于数据的精准化营销将在未来获得更大的市场空间。我们认为，向药企收费的公司是目前盈利模式切入点最好的公司，无论在短期还是长期，该盈利模式均有较大的发展空间。但是向药企收费是在产品获得流量以及数据基础上建立的盈利模式，存在一定的壁垒，一旦企业获得了足够的用户以及数据，跨越了盈利模式的壁垒，就能在移动医疗市场上占据一席之地。

（5）向保险公司收费：市场空间较小，盈利模式单一，处于探索阶段。

向保险公司收费的存在基础是能够帮助保险公司实现精准化定价和减少赔付支出。具体操作上的主要切入点来自于移动医疗在慢性病管理上的优势，移动医疗能够对慢性病进行长期监测，提供合理的健康指导，从长期上降低保险公司的赔率，所以衍生出了向保险公司收费的盈利模式。

目前向险企收费的公司盈利模式主要包括硬件销售以及远程监测服务。向保险公司收费的盈利模式来源于美国，美国商业保险发达，市场占比超过50%，与保险公司的合作为移动医疗公司开辟了新的市场与盈利模式。而中国商业保险覆盖人群不到2%，市场空间较小，一些公司例如九安医疗、中卫莱康试图与保险公司合作，开发新的盈利模式，但仍然处于探索阶段。我们认为，与保险公司合作的模式值得进一步探索，尤其是能否将移动医疗与社会医疗保险合作，如果能够打通社保市场，移动医疗行业将获得质的突变。

第 12 章　大环保产业

12.1　大环保产业进入整合时代

12.1.1　大环保产业的特点

近年来，中央将环保产业的发展提到了前所未有的高度，力度空前，“水十条”“大气十条”“土十条”的深入推进以及环保“十三五”规划、PPP 模式区域环境整治等政策相继出台，为扶振市场带来了巨大的推进力。作为政策导向驱动的环保产业，近年来一直保持 15% 以上增长，从 2012 年的 2.99 万亿元增加到 2015 年的 4.55 万亿元，2016 年超过 5 万亿元。我国环保产业呈现出大市场、大项目、大需求的趋势，环保产业正处在大并购、大整合的时代。具体表现为以下五个方面特征：

第一，PPP 时代，各路资本、“野蛮人”跑步进军环保。

越来越热的 PPP 模式，催生产业资本与金融资本的逐步融合。继业内熟悉的桑德环境、万邦达、东江环保等公司亦与清华系、九鼎投资等资本合作之后，盛运环保也与华融控股签署协议，设立 30 亿元产业基金拓展垃圾发电的固废产业。环保产业的持续向好，除了引得资本越发关注之外，更多外行企业也开始不断进入环保市场，业内人称它们为跨界而来的“野蛮人”，比如葛洲坝集团、中国石化、中冶集团、徐工集团、中国铁建、中国建投等企业。这些“野蛮人”或者具有强大的央企背景，或者拥有雄厚的资本实力，或者具备独特、全新的商业模式，它们的到来从某种程度上说，在弥补环保治理资金不足的同时，也加剧行业的集中度。

第二，环保产业的并购风起云涌，呈现大吃小、跨界并购以及海外并购三大态势。

如今，传统环保产业迈入成熟期，环保企业面临业绩和盈利能力增长的压力，亟须弥补产业链缺口、降低成本和跨区域发展，控股、并购、参股等方式成为当下所需。

自2016年以来，我国环保领域已经发生多起环保企业海外并购事件。北京控股以14.38亿欧元（折合人民币105.12亿元）收购德国废物能源利用公司EEW，环保并购金额再创新高。天翔环境公司收购德国贝尔芬格水处理技术有限公司100%股权。葛洲坝拟2亿美元收购巴西Andrade Gutierrez Engenharia S. A. 和Construes e Comércio Camargo Corrêa S. A. 两公司共同持有的巴西圣保罗圣诺伦索供水系统公司100%股权，以获取与巴西圣保罗圣诺伦索供水项目相关的特许经营权。

第三，环保产业不断涌现新的“增长点”。

近年来我国环境污染呈现出“污染源多样化、污染范围扩大化、污染影响持久化”特征，与之相对，环境治理的思路从初期粗放型模式逐渐延伸为以环境质量改善为目标的精细化治理，从单个点源污染治理扩展到区域、流域、面源的控制。催生出很多新的市场，如环境监测与监测、环卫一体化、土壤修复、VOC治理等。首当其冲应属环保监测与监测市场。尤其是环保税法实施以后，企业减排数据将是决定企业是否能够减税、缴纳以及需要缴纳多少税的关键，环境监测行业将迎爆发性需求增长。

第四，传统产业链逐渐拉长，诸多商业模式兴起。

当下环保产业环境产业链呈现出逐渐拉长的趋势。垃圾处理行业从末端焚烧业务延伸至前端废弃物收集、智慧环卫；污水处理行业由末端减排处理向管网收集业务拓展，并逐渐衍生了海绵城市、城市管廊等新理念；大气污染防治也由末端的脱硫脱硝除尘，延伸至前端能源的清洁化利用及节能控制。环保产业链的不断拉长和完善，催生众多商业市场模式出现。除了大热的第三方治理及PPP模式之外，在大气、污水及垃圾污染治理设施的投融资、工程建设，以及运营维护过程中，不仅应用了BOT、TOT、运营维护外包或设备租赁等多种商业模式，还有采用环境绩效合同服务方式开展综合环境服务等模式。

12.1.2 大环保产业机遇

改革开放 40 年，伴随我国社会经济和生态环境保护事业不断发展壮大，中国环保产业技术水平不断提升。近十年（2008—2017 年）在环境领域，中国发明专利申请量占全球发明专利申请量的 44.08%，领先排名第二的日本高达 30 多个百分点。中国环境领域发明专利申请量从 2008 年的 6349 件上升至 2017 年的 52245 件，增长了 8.23 倍，而我国同期发明专利申请量增长仅为 4.76 倍，环境技术研发热度空前。此外，我国企业申请专利量占我国环境领域专利申请总量的 65%，企业已经成为环境科技创新主体。我国环保企业和科研单位研发的大量优秀成果，为国家生态文明建设和污染防治攻坚战提供了坚实的科技基础，引领我国环保产业高质量发展。

在大气污染防治领域，打赢蓝天保卫战（包括蓝天保卫战和柴油货车污染治理两个标志性战役）投资需求约为 10178 亿元，投资直接用于购买环保产业的产品和服务约 2530 亿元。未来三年，大气污染防治领域环保业务收入平均每年将增加 843 亿元。

在水污染防治领域，打好碧水保卫战（包括水源地保护攻坚战、城市黑臭水体治理攻坚战、长江保护修复攻坚战、渤海综合治理攻坚战、农业农村污染治理攻坚战）投资约为 1.8 万亿元，环保产业的产品和服务需求约 9200 亿元。

在土壤污染防治领域，打好净土保卫战投资需求约为 6600 亿元，环保产业的产品和服务约 4158 亿元。

在固体废物污染防治领域，“十三五”期间，新增生活垃圾无害化处置能力 50.97 万吨/日，新增收运能力 44.22 万吨/日，实施存量治理项目 803 个，新增餐厨垃圾处理能力 3.44 万吨/日，进一步提升和合理配置危险废物安全处置能力。

在环境监测领域，预计“十三五”期间环境监测设备销售增速大约为 25%，市场空间超过 1000 亿元。

未来，环保产业仍将保持快速发展态势。采用环保投资拉动系数、产业贡献率、产业增长率三种方法预测 2020 年环保产业发展规模在 1.5 万亿 ~2.2

万亿元，对应年增长率区间为12.9%～20.0%。根据环境保护形势与环保产业发展趋势，按照年增长率16%计，2020年我国环保产业营业收入总额有望超过2万亿元。

12.2 国家的大环保产业政策

尽管国际形势复杂多变，国内经济下行压力大，部分环保企业发展也遭遇了暂时的困难，但我国环保产业仍处于大有可为的战略机遇期。

党的十九大和全国生态环境保护大会确定了到21世纪中叶的发展目标和路径。《中共中央国务院关于全面加强生态环境保护　坚决打好污染防治攻坚战的意见》针对重点领域，抓住薄弱环节，明确要求打好蓝天、碧水、净土三大保卫战，打赢蓝天保卫战，打好柴油货车污染治理、水源地保护、黑臭水体治理、长江保护修复、渤海综合治理、农业农村治理攻坚战七大标志性重大战役，着力解决一批民众反映强烈的突出生态环境问题。

环保产业发展的产业政策也在持续改善。国家发展改革委针对绿色发展中长期以来价格机制不够完善、相关收费付费低且没有体现环境成本和资源稀缺程度等问题，出台了《关于创新和完善促进绿色发展价格机制的意见》，要求完善污水处理收费政策、健全固体废物处理收费机制、建立有利于节约用水的价格机制、健全促进节能环保的电价机制。生态环境部印发了《关于生态环境领域进一步深化“放管服”改革，推动经济高质量发展的指导意见》，并召开了全国生态环境保护系统深化“放管服”改革转变政府职能视频会议，要求持续深化生态环境领域“放管服”改革，充分释放发展活力，激发有效投资空间，创造公平营商环境，积极探索用市场手段解决生态环境问题，加快推动环保产业发展，大力发展环境服务业，有效防止污水、垃圾处理设施建设等恶性低价中标，提高环保产业标准化水平。工信部、科技部发布了《国家鼓励发展的重大环保技术装备目录》，涵盖大气污染防治、水污染防治等环保技术，引导重大环保技术装备研发与产业化对接，加快新技术、新产品、新装备的推广应用。财政部也正在积极制定“环境污染第三方企业所得税优惠政策”。

上述政策及预期有力地支撑了市场对环保产业发展的判断，部分环保企业的债务危机开始逐步松动，一些企业获得政府基金、金融机构的融资支持，一些企业与国有企业达成并购重组协议或意向协议。各大投资机构也都对环保产业充满信心。在新的形势下，环保产业将去腐生肌，迎来一轮并购重组的高潮，恶性竞争等行为将得到一定程度遏制，新的发展格局正在酝酿。

在 2019 年中国北京世界园艺博览会开幕式上，习近平总书记说："现在，生态文明建设已经纳入中国国家发展总体布局，建设美丽中国已经成为中国人民心向往之的奋斗目标。中国生态文明建设进入了快车道，天更蓝、山更绿、水更清将不断展现在世人面前。"

12.3　大环保产业从高速发展向高质量发展转变

进入新时代，我国经济已经由高速增长阶段转向高质量发展阶段，正处于转变发展方式、优化经济结构、转换增长动力的攻关期。我国环保产业也已进入由高速发展向高质量发展转变的关键阶段，产业驱动力已经从政策、投资驱动向政策、市场、技术、资本四轮驱动转变。

我国环保产业经过 40 年发展，从最简单的消烟除尘、污水治理的简易设备制造和工程建设起步，发展到现在形成了比较完善的产业结构体系，能够较好地支撑和服务当前我国生态环境保护需要。我国环保产业走过了主要环保产业技术装备从引进消化吸收到基本实现国产化、主要领域与国际同步、部分领域领跑的华丽蜕变。目前，我国具有较强实力的环保企业不仅技术装备和工程建设走向国际市场，而且收购并购了国外污水处理、危险废物处理企业和监测仪器生产国际知名公司，我国环保产业初步具备了走向国际市场的能力。

推进蓝天、碧水、净土保卫战，是生态文明建设和生态环保事业发展史上具有重要里程碑意义的重大决策，是我国环保产业从高速发展向高质量发展转变的重要节点。

12.3.1　着力打好碧水保卫战，水环境质量趋向好转

在政府监管、企业跟进、社会组织和公众等多方面协作下，我国水污染

防治工作得到全面提升，水环境质量正趋向好转。随着农村污水和黑臭水体综合整治的开展，水污染治理行业市场总体仍呈上升趋势。

根据《“十三五”全国城镇污水处理及再生利用设施建设规划》，我国“十三五”的城镇污水处理能力将从2.17亿立方米/天提升至2.68亿立方米/天，新增污水处理设施所需投资金额也将达1500多亿元。新一轮污水处理提标改造正在路上，污泥处置工作也任重道远。虽然我国城镇污水处理厂基本实现了污泥的初步减量化，但距离实现污泥的稳定化、无害化和资源化处理处置要求尚有较大差距。

通过不断努力，我国逐步形成了政府为主导、企业为主体、社会组织和公众共同参与的水环境治理体系。产业发展也推动了技术进步。在水污染治理领域，活性污泥法及各类变形工艺以及膜生物反应器仍广泛应用于各类城镇和工业园区综合污水处理系统中；纳米技术、催化氧化技术、辐射技术等新兴技术也逐渐开始被市场接受和采纳。

12.3.2 全面推进蓝天保卫战，对产业发展提出高要求

为打赢蓝天保卫战，国家和地方陆续出台更为严格的环保政策和排放标准，加之中央环保督察回头看、强化督查等工作的开展，成为推动地方和企业的改造动力，也对环保产业提出了更高的要求，成为推动环保产业发展的重要力量。

近几年来，煤电超低排放改造持续推进。根据生态环境部的数据，截至2017年12月底，我国累计完成超低排放改造7.0亿千瓦，占全国煤电总装机容量的71%。2018年，全国煤电超低排放改造任务为4868万千瓦。以京津冀及周边地区、长三角地区、汾渭平原等区域为重点，持续开展大气污染防治行动，组织实施VOCs专项整治，着力补齐VOCs污染防治短板。目前，大部分地区已经出台了省市级行动计划，工业源挥发性有机物专项治理是中心工作之一。据悉，多项重点行业大气污染排放标准的制修订工作正在持续推进。多项政策措施的出台，成为行业发展的助推剂。

12.3.3 专项行动倒逼行业能力提升，固废处置行业发展火热

我国固体废物产生量大，利用不充分，非法转移、倾倒、处置事件仍呈

高发态势，成为全面建成小康社会的短板。2018 年 8 月，生态环境部办公厅发布《固体废物污染环境防治法（修订草案）（征求意见稿）》，文中提出统筹把握减量化、资源化和无害化关系，明确各方责任促进固体废物协同治理，为生态文明体制改革提供法律支撑，综合运用手段深化固体废物管理。

在新兴固体废物的处理处置方面，报废汽车、废旧电池回收市场潜力巨大。各地建立循环经济产业园区，实施“分散回收、集中拆解”；布局环保设施共享网络，引导行业向环保拆解和废物资源化再利用方向发展；并落实汽车生产者责任制，实施全生命周期管理。此外，随着城镇化的快速推进，以及各省市棚户区改造工程的大规模开展，国内建筑垃圾量逐年上升。随着国家层面建筑垃圾处理产业政策频出，建筑垃圾处理行业将迎来新的机遇与挑战。

12.3.4　土壤修复行业发展受瞩目

2018 年，国务院组建生态环境部，设立土壤生态环境司，负责全国土壤、地下水等污染防治和生态保护的监督管理，理顺了管理机制，进一步保障了我国土壤修复行业健康发展。《土壤污染防治法》是我国首部专门规范防治土壤污染的法律，也将逐步推动土壤污染防治产业结构调整和优化。2018 年土壤修复市场规模约 100 亿元，其中工业类污染场地修复工程仍占主要部分，合同额约 70 亿元，而且资金规模愈来愈集中于大项目，亿元以上大项目约占一半市场规模，土壤修复行业成为环保产业最受瞩目的细分行业之一。

近年来，在国家风险管控的思路指导下，污染场地修复和风险管控的技术组合正在兴起，有更多场地，特别是大型复合场地，根据地块使用功能和利用规划，采用修复和风险管控相结合的修复方案。随着修复工程经验的积累，修复也由单纯的技术和设备主导，向方案设计和工程设计主导转变，即“硬”技术向“软”技术发展，逐步摆脱“土方”工程的形象，与国际接轨。

12.3.5　监测、噪声、室内健康等细分行业市场需求巨大

环境监测是环境管理和科学决策的重要基础，是评价考核各级政府改善环境质量、治理环境污染成效的重要依据。监测设备的发展，在价格更低、易

于维护、运行稳定、适应恶劣环境等基础上，已经向自动化、智能化和网络化方向发展。环境监测网络，从省级到地级到县级逐步全面覆盖；监测领域，从空气、水向土壤倾斜；同时由较窄领域监测向全方位领域监测的方向发展，监测指标不断增加；监测空间不断扩大，从地面向空中和地下延伸，由单纯的地面环境监测向与遥感环境监测相结合的方向发展。

未来，环境要素监测、环境质量监测、生态系统监测及生态环境状况监测将融合发展。受益于环保政策与社会资本的青睐，环境监测行业也将迎来突飞猛进的发展，预计到2020年实现900亿~1000亿元的市场规模，五年复合增速约为20%。黑臭水体监测、小型化水质多参数自动监测、海洋监测、VOCs监测、恶臭气体监测、土壤环境监测等，都是未来的热点领域。

12.4 案例——北京朝阳循环经济产业园

北京市朝阳循环经济产业园位于朝阳区金盏乡南部，占地面积4636亩，园区于2002年开始建设。在“人文北京、科技北京、绿色北京”和“世界城市”目标的引领下，在循环经济理念和技术的指引和应用下，形成了自己的垃圾循环经济链条，凝练出独特的循环经济模式，承担着北京市1/4的垃圾处理任务，成为北京市唯一初具规模的生活垃圾综合利用循环经济产业园区。产业园项目定位为，以创建全国一流生态园区为目标，同舟共济、攻坚克难，实现跨越式发展，成为技术先进、管理规范、环境优美、文明和谐，集固废处理、再生资源循环利用、环保科教功能于一体的示范园区。

北京市朝阳区政府按照《北京市全面推进生活垃圾处理工作的意见》，统筹规划、优先划拨土地资源，在北京市率先组建朝阳循环经济产业园。北京市朝阳循环经济产业园有着得天独厚的发展优势，2009年被列为“北京市首批循环经济试点单位”，同年7月实现对社会公众开放，陆续成为“绿色北京新八景”“北京市科普教育基地”，清华、北大等重点高校的教育实习基地，2014年被国家发改委等四部委正式列为“国家循环经济教育示范基地”单位；荣获中国人居环境示范奖。

产业园已建设施包括：

高安屯电动汽车充换电站，投资 2.9 亿元，占地面积 1 公顷，于 2011 年建成运行，可服务于环卫车电动乘用车以及东东公交车，日服务能力最大可达 400 辆。

北京朝阳清洁焚烧中心：实现了“世界先进，国内一流”的建设目标。项目初设投资 11.18 亿元，占地面积 5.33 公顷，由市、区政府投资建设。

高安屯卫生填埋场：北京市第一家实现全密闭式作业的大型生活垃圾填埋场，投资 1.5 亿元，总占地面积 41.64 公顷，总库容量 892 万立方米，设计日处理能力 1000 吨，于 2002 年底投入使用。

北京高安屯垃圾焚烧发电厂：是北京市第一座现代化大型生活垃圾焚烧项目，也是目前亚洲单线处理规模最大的处理厂。总投资 10 亿元，占地面积 4.6 公顷，设计日处理生活垃圾 1600 吨，年额定发电量 2.2 亿度，相当于每年节约 7 万吨标准煤。

北京高安屯医疗废物处理厂：目前国内设计、建设标准较高的一座医疗废物安全处置设施，项目总投资 8000 多万元，占地 1.58 公顷，设计日处理能力 30 吨，于 2006 年 3 月投入使用。

北京高安屯餐厨垃圾处理厂：目前国内规模最大的餐厨废弃物资源化处理厂。总投资 1.3 亿元，占地 2.13 公顷，设计日处理能力 400 吨，于 2010 年 10 月试运行。采用高温好氧发酵生化处理技术制成微生物菌剂，用于有机农业。

产业园规划建设项目：

循环经济教育基地，预计投资 6000 万元，占地面积 1.68 公顷，由教育展览和科研示范区两部分组成，一是依托园区齐全的固废处理设施，建设环保教育展示场所，以“固废、环境、科技”为主题，通过互动、体验等方式，向广大市民和青少年普及固废处理及相关环保知识，在提高民众文明程度等方面发挥积极作用；二是建设固废处理科学研究平台，扩大与科研院所及高等院校技术合作，对固废处理技术、设备、工艺的改进和创新进行深入研究，推动固废处理行业发展。

建筑废弃物资源化利用中心，总投资 1.97 亿元，占地面积约 16.9 公顷。设计年处理能力 123 万吨，其中建筑废弃物 100 万吨/年，采用“厂内固定式＋厂外移动式”处理设施的组合工艺，建设内容包括建筑废弃物处理系统、焚烧炉渣处理系统、资源化产品生产系统及配套设施。

北京市朝阳生活垃圾综合处理厂生物处理中心试验项目，总投资440.8万元，占地面积693.39平方米，总建筑面积385.56平方米，设计日处理厨余垃圾5吨，其中项目采用“大件分拣＋生物水解＋挤压兑水”工艺，主要包括预处理系统、除尘除臭系统以及排水、电气、照明、采暖通风等配套系统。

北京市朝阳循环经济产业园主要成效：

（1）创造了垃圾处理行业的“四个之最”。

一是拥有最先实现膜下作业，实现原生垃圾零填埋的填埋场；二是拥有亚洲单线规模最大的焚烧厂；三是拥有世界上规模最大、服务能力最强的电动汽车充换电站；四是处理垃圾种类最多、设施最齐全、技术最先进、环境最优美的循环经济类园区。

（2）建立了独具特色的“垃圾”循环经济模式。

以垃圾为源头建立的循环链条，建设物质能量循环体系，通过水、电、气、热、渣循环利用将各设施链接起来，通过原料投入和产品生成，形成内部循环和外部循环，将垃圾处理转变为资源、能源再生过程，有效实现了节能减排，减轻资源消耗，降低环境压力。

（3）“科技创新”元素在园区模式中得以充分体现。

充分利用产学研结合形式对循环经济生态园区发展的促进作用，发起了与清华大学、北京大学、中国农业大学和中科院研究生院的联合，成为他们的教学科研实习基地，并努力使这种资源发挥作用，2010—2011年期间，园区先后与这些高校和科研单位开展了生活垃圾处理技术、渗沥液处理、环境监控和预测等方面的合作研究，涉及资金达240万元；2011年，园区申报的“一种创新填埋气收集工艺在高安屯填埋场异味治理工作中的应用”项目获得了“北京市科学技术奖”三等奖，开创了园区研发创新的新局面。

（4）取得了较好的经济效益。

收集到的填埋气全部利用，装机容量达4.5兆瓦，其中2兆瓦上网，剩余填埋气用于热水和采暖，每年可节约电费233万元；园区每年可节约标准煤约8万吨，为国家电网输送2亿多度电，直接产生经济效益可达1.2亿元以上；通过雨水工程和中水循环利用，每年可节约 170 万吨自来水，间接产生 680 万元的经济效益。

（5）社会效益明显。

通过发展循环经济所带来的社会效益显著，主要体现在以下几个方面：一是出色完成了垃圾处理任务，为社会经济健康有序发展提供了保障；二是园区运行设施对人员的需求为周边 3 个行政村村民的就业问题提供了出路；三是园区在垃圾分类、技术创新、管理理念等方面的先进性和示范性，带动了行业的整体发展，促进了循环经济的产业化和规模化；四是园区通过对外开放开展的垃圾处理和循环经济宣教活动和数据公开，提高了公众对垃圾处理工作的认知和支持度，提升了政府公信度，为下一步工作的顺利开展奠定了坚实基础。

（6）环境效益突出。

通过加强对运行设施的监管、对设备工艺的升级改造和环境的整治提升工作，严格控制设施污染物排放量，将标准从达标排放提高至力争零排放的高度，园区绿化面积达 3000 亩以上。如今园区及周边区域环境质量明显改善，园区空气清新、环境优美、干净整洁，是周边居民休闲活动的场所。同时，对二氧化碳减排效果明显，年减排二氧化碳可达 39 万吨，对应对全球气候变化做出了积极贡献。

北京市朝阳循环经济产业园的启示：

通过对朝阳循环经济产业园建设模式的调研，我们可以得出，循环经济产业园是垃圾处理行业的一种战略选择模式，是解决垃圾处理问题、提高区域承载力、实现经济社会可持续发展的必由之路。园区产业集中，易于集群，综合效益好，适合我国固废处理产业的现状。

（1）按照“布局优化、企业集群、产业成链、物质循环、集约发展”的要求，推进新建、搬迁企业和项目园区化、集聚化发展，推动各类产业园区实施循环化改造，构建循环经济产业链，实现企业、产业间的循环链接，提高产业关联度和循环化程度，促进园区绿色低碳循环发展。

（2）构建园区循环经济产业链。根据物质流和产业关联性，对园区进行功能分区，合理布局企业、产业、基础设施及生活区。推进园区改造提升传统产业，培育发展战略性新兴产业，促进产业结构优化升级。

（3）推进园区资源高效循环利用。实施清洁生产，促进源头减量。推动园区内企业废物交换利用、废水循环利用、能源梯级利用、土地节约集约利用。推进园区生活污水再生利用，建设雨水收集利用设施，鼓励有条件的地区发展海水淡化产业。大力发展清洁能源和可再生能源。鼓励专业化服务公司为园区废物管理提供“嵌入式”服务。

（4）推行园区基础设施绿色化。对园区内供水、供电、供热、道路、通信等公共基础设施实施绿色化改造，促进共建共享、集成优化。加快园区污染物集中治理设施建设及升级改造，创新环境服务模式，积极推进污水、垃圾处理设施建设和运行专业化、社会化。

第 13 章　大生态产业

13.1　大生态产业链

13.1.1　什么是大生态产业链

生态产业，简称 ECO（eco - industry），是继经济技术开发、技术产业开发发展的第三代产业。生态产业是包含工业、农业、居民区等的生态环境和生存状况的一个有机系统。通过自然生态系统形成物流和能量的转化，形成自然生态系统、人工生态系统、产业生态系统之间共生的网络。生态产业，横跨初级生产部门、次级生产部门、服务部门。

生态产业实质上是生态工程在各产业中的应用，从而形成生态农业、生态工业、生态第三产业等生态产业体系。生态工程是为了人类社会和自然双双受益，着眼于生态系统，特别是社会—经济—自然复合生态系统的可持续发展能力的整合工程技术。促进人与自然调谐，经济与环境协调发展，从追求一维的经济增长或自然保护，走向富裕（经济与生态资产的增长与积累）、健康（人的身心健康及生态系统服务功能与代谢过程的健康）、文明（物质、精神和生态文明）三位一体的复合生态繁荣。

生态产业是按生态经济原理和知识经济规律组织起来的基于生态系统承载力、具有高效的经济过程及和谐的生态功能的网络型进化型产业。它通过两个或两个以上的生产体系或环节之间的系统耦合，使物质、能量能多次利用、高效产出，资源环境能系统开发、持续利用。企业发展的多样性与优势度，开放度与自主度，力度与柔度，速度与稳定度达到有机结合，污染负效应变为正效益。

大生态产业链是指依据生态学的原理，以恢复和扩大自然资源存量为宗旨，为提高资源基本生产率和根据社会需要为主体，对两种以上产业的链接所进行的设计（或改造）并开创为一种新型的产业系统的系统创新活动。

大生态产业链概念的四个要素是：

（1）增大自然资源存量。

使自然资源存量增大，是生态产业链设计与开发活动的宗旨，即所设计与开发的生态产业链的最高目标是在求得经济发展的同时，推动生态系统的恢复和良性循环。使生态圈产生出更丰富的自然资源，不断提高和扩大自然生产力的水平与能力。

（2）提高资源生产率。

大生态产业链系统是为提高生产率而设计的，但这一生产率要用“资源基本生产率”的概念来评价，即从资源的原始投入对生态圈的作用算起，到产品退出使用、回到生态圈为止，全面和全过程地测度其生产率由于在生产转换过程中，人力资源的劳动生产率问题已得到广泛的注意，因此，它更侧重通过产业链的链接与转换过程的设计、开发和实施，使生态资源在原始投入和最终消费方面提高效率，进而从可持续发展的层面上，全面持久地提高生产率。

（3）社会性长期需要。

大生态产业链具备社会性，即它建立的是依社会长期需要为主体的商业秩序与环境，它在生产、交换、流通和消费过程中所建立的秩序既要使商家及产业链上各方获取利润，而且要与自然生态系统保持着长期的友善与协调。

（4）系统创新活动。

大生态产业链是一项系统创新工程，它要以技术创新为基础，以生态经济为约束，通过探讨各产业之间“链”的链接结构、运行模式、管理控制和制度创新等，找到产业链上生态经济形成的产业化机理和运行规律，并以此调整链上诸产业的“序”与“流”，建立其“产业链层面”的生态经济系统；再以该系统为牵动，在相关产业内部，调整其“流”与“序”，形成“产业层面”的生态经济系统；最终，生态产业链应该是这两个层面上系统的交集，它要通过链的设计、开发与实施，将技术创新、管理创新和制度创新有机地融为一体，开创一种新型的产业系统。

13.1.2　大生态产业链的构成

大生态产业链构成应该满足的几个基本要求：

第一，生态产业链设计与开发活动的宗旨是增大自然资源存量，把推动生态系统的恢复和良性循环提高和扩大自然生产力的水平与能力作为构造产业链的动力。

第二，生态产业链的设计充分考虑了资源的合理利用，使得产业链上某一产业的产出成为另一产业的供给。这样既提高了资源利用率，又通过在生产、交换、流通和消费过程中所建立的秩序使产业链上各环节都能获取利润，符合市场规律而具有持续性。

第三，生态产业链是一项系统创新工程，以技术创新为基础，以生态经济为约束，通过探讨各产业之间“链”的链接结构、运行模式、管理控制和制度创新等，找到产业链上生态经济形成的产业化机理和运行规律。

生态产业链又可细分为生态农业产业链、生态工业产业链、生态旅游产业链等多种形式。

13.1.3　大生态产业链与传统产业链的区别

生态产业链有别于传统产业链，传统产业链以高投入、高消耗、高排放为基础，是一种粗放型的产业内与产业间的对接。而生态产业链则着眼于经济系统与生态系统之间的和谐，着眼于如何通过对有限资源和能量的高效利用，以“减量化、再使用、再循环”为原则，减少进入生产和消费流程的投入量，强调多次利用以延长产品和服务的时间限度，把废弃物中的物质和能量再纳入生态经济系统。生态产业链是“循环经济”理论在生产过程中的具体体现，符合生态文明理念的“资源节约和环境保护”的基本原则，是在生态文明建设中进行产业结构优化的实现路径。

13.2　新时代的大生态战略：美丽中国建设

2015 年 4 月，中共中央、国务院发布《关于加快推进生态文明建设的意见》，指出：生态文明建设是中国特色社会主义事业的重要内容，关系人民福祉，关乎民族未来，事关“两个一百年”奋斗目标和中华民族伟大复兴中国梦的实现。党中央、国务院高度重视生态文明建设，先后出台了一系列重大决策部署，推动生态文明建设取得了重大进展和积极成效。但总体上看我国生态文明建设水平仍滞后于经济社会发展，资源约束趋紧，环境污染严重，生态系统退化，发展与人口资源环境之间的矛盾日益突出，已成为经济社会可持续发展的重大瓶颈制约。

加快推进生态文明建设是加快转变经济发展方式、提高发展质量和效益的内在要求，是坚持以人为本、促进社会和谐的必然选择，是全面建成小康社会、实现中华民族伟大复兴中国梦的时代抉择，是积极应对气候变化、维护全球生态安全的重大举措。要充分认识加快推进生态文明建设的极端重要性和紧迫性，切实增强责任感和使命感，牢固树立尊重自然、顺应自然、保护自然的理念，坚持绿水青山就是金山银山，动员全党、全社会积极行动、深入持久地推进生态文明建设，加快形成人与自然和谐发展的现代化建设新格局，开创社会主义生态文明新时代。

“绿水青山就是金山银山”。随着绿色发展理念逐步融入中国人的生产生活，经济发展与生态改善已经实现良性互动，生态中国、绿色中国新图景正在拉开帷幕。

13.2.1 大生态产业的战略意义

一部人类文明的发展史，就是一部人与自然的关系史。自然生态的变迁决定着人类文明的兴衰。当前，我国经济总量已跃升为全球第二位，人均 GDP 超过 5000 美元，面对生态问题日益突出的严峻形势，党中央、国务院把生态文明建设提到与经济建设、政治建设、文化建设、社会建设并列的位置，形成了中国特色社会主义五位一体的总体布局。这标志着我国开始走向社会主义生态文明新时代，也标志着中国特色社会主义理论体系更加成熟，中国特色社会主义事业总体布局更加完善。

生态文明建设和大生态产业对于国家而言，有四大意义：

（1）建设生态文明是实现中华民族伟大复兴的根本保障。

历史的教训告诉我们，一个国家、一个民族的崛起必须有良好的自然生态作保障。随着生态问题的日趋严峻，生存与生态从来没有像今天这样联系紧密。大力推进生态文明建设，实现人与自然和谐发展，已成为中华民族伟大复兴的基本支撑和根本保障。

（2）建设生态文明是发展中国特色社会主义的战略选择。

2015 年 9 月 11 日，中央政治局会议审议通过《生态文明体制改革总体方案》，从推进生态文明体制改革要树立和落实的正确理念到要坚持的“六个方面”，全面部署生态文明体制改革工作，细化搭建制度框架的顶层设计，进一步明确了改革的任务书、路线图，为加快推进生态文明体制改革提供了重要遵循和行动指南。生态文明建设不但要做好其本身的生态建设、环境保护、资源节约等，更重要的是要放在突出地位，融入经济建设、政治建设、文化建设、社会建设各方面和全过程。

（3）建设生态文明是推动经济社会科学发展的必由之路。

随着我国经济快速发展，资源约束趋紧、环境污染严重、生态系统退化的现象十分严峻，经济发展不平衡、不协调、不可持续的问题日益突出，要求我们必须树立尊重自然、顺应自然、保护自然的生态文明理念，把生态文明建设融合贯穿到经济、政治、文化、社会建设的各方面和全过程，大力保护和修复自然生态系统，建立科学合理的生态补偿机制，形成节约资源和保护环境的空间格局、产业结构、生产方式及生活方式，从源头上扭转生态环境恶化的趋势。

（4）建设生态文明是顺应人民群众新期待的迫切需要。

随着人们生活质量的不断提升，人们不仅期待安居、乐业、增收，更期待天蓝、地绿、水净；不仅期待殷实富庶的幸福生活，更期待山清水秀的美好家园。生态文明发展理念，强调尊重自然、顺应自然、保护自然；生态文明发展模式，注重绿色发展、循环发展、低碳发展。大力推进生态文明建设，正是为顺应人民群众新期待而作出的战略决策，也为子孙后代永享优美宜居的生活空间、山清水秀的生态空间提供了科学的世界观和方法论，顺应时代潮流，契合人民期待。

建设生态文明，昭示着人与自然的和谐相处，意味着生产方式、生活方式的根本改变，是关系人民福祉、关乎民族未来的长远大计，也是全党全国的一项重大战略任务。

13.2.2 建设美丽中国，推进人与自然和谐发展

美丽中国，不仅有自然之美，也有社会的包容、和谐和稳定。自然美，不仅有绿水青山，也有荒山秃岭；既包括了大自然鬼斧神工的杰作，以供人们观光、休闲、陶冶情操、休养生息，也包括戈壁大漠，以供人们探险、考验自己的胆量、锻炼自己的意志。自然界的多样性，给人们提供了生态服务的多样性。我们绝不能想当然，将不同的地理地貌景观都建设成绿水青山。

（1）尊重自然，利用自然。

建设美丽中国，必须尊重自然。我们的祖先就强调天人合一、尊重自然。古人讲："万物各得其和以生，各得其养以成。"人与自然是生命共同体，人类必须尊重自然、顺应自然、保护自然。人类只有遵循自然规律才能有效防止在开发利用自然上走弯路，人类对大自然的伤害最终会伤及人类自身，这是无法抗拒的规律。正如恩格斯早就告诫："我们不要过分陶醉于我们人类对自然界的胜利，对于每一次这样的胜利，自然界都对我们进行报复"。

（2）将资源优势转变成经济优势。

绿水青山就是金山银山，需要可持续的转化途径。对那些生态环境好、经济欠发达的地区而言，将资源优势转变成经济优势，将生态环境优势转变为发展优势，需要摒弃不可持续的自然资源开发利用方式，创新思路，积极探索，在自然资源和生态环境容量内发展经济。例如，大力发展富民的旅游产业，利用林区负氧离子多、好水多等特点，积极发展养生、养老等大健康产业；大力发展生态旅游，让游人自觉形成"除了照片什么也不要带走，除了脚印什么也不要留下"的好习惯；发展林下经济，开发有机农业和生态产品，满足人民日益增长的优美生态环境需要。

（3）创新制度安排。

将绿水青山就是金山银山的理念变成生态环境保护者的收益，需要加快自然资源及其产品的价格改革，在对水、森林、山岭、草原、荒地、滩涂等自然资源资产进行确权基础上，改革定价机制，以全面反映市场供求、资源

稀缺程度、生态环境损害成本和恢复修复效益。开征资源税，并由从量计征向从价计征转变。

（4）划定生态红线。

划定生态红线，加大森林禁伐和生态环境保护力度。将生态产品纳入政府采购清单，培育有机食品和生态产品市场，以留下一泓清水、保住一座座青山。设立绿色税收制度，在消费税中将导致环境污染的消费品列入征收范围，对严重污染环境的消费品实行高税率。通过治水、矿山复垦、治理大气污染等行动，还"天蓝地绿水清"的本来美景。引导居民退出那些按联合国有关指标评估不宜居住、生态脆弱的地区，以利生态系统自然恢复。逐步开征并不断完善二氧化碳排放税，先行试点，在积累经验的基础上逐步推广。

（5）减材去毒降碳。

美丽中国建设，离不开工业的绿色转型发展。从国际趋势看，减材去毒降碳是绿色发展的重要"标尺"。

减材，指在产出数量和质量不变的条件下减少物料投放强度，产品既要变轻变小变薄，又要经久耐用。这是提高资源利用效率的重要途径。

减毒物化，要求在产品生产和使用中尽可能减少或削减有毒有害物质的使用；这是清洁生产的重要内容，也是环境友好的应有内涵。通过法律法规、标准制定、公众意识、监督执行等措施，实现经济发展与环境保护的协调。

降碳，即降低国民经济的碳排放强度，用高新技术改造钢铁、水泥等传统产业，实现低碳转型。

生态文明建设功在当代、利在千秋。要将生态文明理念体现在每一个人的每一天的日常生活中，形成节约资源、保护环境的产业结构、生产方式和消费模式。有了社会主义生态文明观引领，有了政策调控，有了可持续的转化途径，有了广大民众的生态自觉，才能有人与自然和谐发展现代化建设新格局，也才能有绿水青山就是金山银山的现实。

13.3 案例——眉山市大生态产业①

眉山是四川省较早提出并建设大生态农业园区的市。早在2011年，市委、市政府就作出发展都市近郊型大生态现代农业的重大决策，在全市高标准规划建设“两城三园”现代农业示范园区，坚持“全域产业化、全域生态化、全域景区化”思路，引领发展生产生活生态、宜居宜业宜游、一二三产相融的都市现代农业。

13.3.1 高标准建设农业园区 打造都市大生态现代农业强市

以都市需求为导向、一二三产融合发展是眉山三农工作跨越发展的最佳出路。眉山以农业园区建设为引领，顺应产业融合趋势，瞄准成都1500万人“大市场”，深耕都市农业“大文章”，通过“送进去、请出来”战略，建设都市“菜篮子”和“后花园”。眉山优势特色农产品走进大都市闯出更大市场，越来越多大都市居民走进眉山体验农业观光和乡村旅游。

通过近五年的集中集约发展，中国泡菜城、中国竹艺城、岷江现代农业示范园区、四川省现代粮食产业仁寿示范园区、天府花海观光农业园区等“两城三园”已成为全市现代农业发展的示范和亮点。中国泡菜城创建国家现代农业产业园，岷江现代农业示范园区成为国家级农业产业化示范基地，东坡区成为国家级现代农业示范区……

眉山全域纳入成都大都市区规划建设后，眉山与成都融合发展的深度广度获得新提升。眉山在着力提升“两城三园”发展水平的同时，进一步规划建设“东坡味道美食城”和“中国樱花城”。出台系列举措，鼓励园区改革创新、先行先试，统一规划、整合资金、集中试点，打造农业发展和农村改革的“试验田”和“先行区”。

得益于农业园区的高品质建设推进，眉山现代农业产业发展取得长足进步，建成全国最大泡菜生产基地、全国晚熟柑橘优势区、10个“中国特色农副产品之乡”和全省一流的鲜奶、枇杷、葡萄、白茶、水产品生产基地。

---

① 本案例选自2017年8月2日《眉山日报》，作者：曾建军、汪泽君，记者：李勇军、张忠苹。

同时，着力打造休闲农业旅游目的地，加快建设农业观光旅游“金三角”和“岷江风情、森林康养、农园新景、浪漫花海、百果飘香”五大风情线，乡村旅游年接待游客近 1000 万人次。

13.3.2 “东坡味道”统揽 走出统筹城乡大生态眉山路径

食品产业是眉山市优势产业，通过以园区引领现代农业发展，泡菜、水果、乳制品等产业在全国全省形成知名品牌，具有较强的竞争力和市场前景。为让优质、生态、安全的特色产品摆上全国餐桌，走进千家万户，走向世界各地，致富农民、发展企业，实现共赢，眉山作出打造“东坡味道”千亿产业的决定。

近年来，眉山坚持“做严标准、做响品牌、做优基地、做强集群、做大市场”，打造从田间到餐桌的“东坡味道”千亿产业。以“东坡味道”统揽品牌营销，全市 13 类农产品主打“东坡牌”，抱团闯市场。实施“区域品牌 + 企业品牌”战略，创新“政府 + 企业 + 协会”模式，设立“东坡味道”研发营销团队。编制“东坡味道”产品名录，严格准入标准，实施动态管理。开展“东坡味道”全国行、全球行，鼓励企业创建知名品牌，设立线上、线下营销平台。2016 年，“东坡味道”销售收入 670 亿元，2020 年将达到 1000 亿元。

在园区发展引领下，眉山做到了农业增效、农民增收，同时，一系列农村改革也得以破冰推进。眉山以园区试点的“四步流转、三方受益”土地流转机制，建立土地流转三级服务平台，有效破解“农村土地规模集中难、价值评估难、抵押融资难、风险处置难”等问题。土地有序流转，土地经营权被放活，适度规模经营有序发展，目前，眉山农村土地流转率 40%，超全省 8 个百分点。

13.3.3 眉山大生态园区

（1）岷江现代农业示范园区。

岷江现代农业示范园区成立于 2012 年 12 月，围绕“送出去、引进来”战略和“宜业、宜居、宜游”目标，通过拓展农业多功能，发展城乡体验经济，园区耕地成片规模流转总面积达到5.3万亩，流转率达79.3%。4万多农村劳动力从传统农业向现代农业产业和二、三产业转移，园区农民年人均纯收入高于眉山其他区域农户30%以上。

（2）眉山“中国泡菜城”。

“中国泡菜城”位于眉山城区岷江东岸，2009年开始规划建设，2012年基本建成，以泡菜加工为龙头，原料基地、龙头企业、博览展销、文化旅游一体发展，园区实现六个“全国第一”：全国第一个规模最大、功能最全、工艺最新的泡菜产业园区，全国第一个国家级泡菜质量监督检验中心，全国第一个泡菜产业技术研究院，全国第一个中国泡菜博物馆，全国第一个泡菜行业标准，全国第一个泡菜行业4A级景区。2016年园区综合产值90亿元。

（3）四川省现代粮食产业仁寿示范园区。

四川省现代粮食产业仁寿示范园区于2013年初正式成立，园区位于眉山市仁寿县，规划区域为13个乡镇，面积280平方公里，园区交通条件发达，紧邻天府新区，北距成都市区30公里。园区以现代粮食生产及研发为主，开发农业观光旅游，创建高起点、高标准和高水平的都市现代粮食产业示范园区。

（4）眉山天府花海观光农业园区。

眉山天府花海观光农业园区于2012年7月成立，园区位于仁寿县西北部，地处天府新区视高经济开发区和黑龙滩风景区之间，距成都市区40公里。园区规划布局立足“全域产业化、全域生态化、全域景区化”，围绕天府花海主题，以现代花卉园林产业为鲜明特色，融观光、休闲、创意于一体，打造省内领先、国内一流的都市现代农业示范区。

第 14 章　大数据产业

14.1　大数据产业正走向成熟时代

随着国家大数据战略的实施与持续推进，我国大数据与实体经济进一步深度融合。我国大数据产业生态体系正迈入成熟完善阶段。不仅数据量年均增速超过 50%，而且在各地的机构改革中，设立大数据管理部门成为一大亮点。通过深耕大数据，我国制造业数字化、网络化、智能化转型步伐正不断加快。

2019 年春节，携程旅行网发布报告，预测旅游热门目的地和可供错峰游览的冷门目的地，其背后依据正是携程积累的海量数据。携程全平台 3 亿用户每天产生 50TB 以上海量数据。这些海量数据可通过人工智能技术深度挖掘，应用于精准匹配、个性化营销和定制化服务。为解决海量信息搜索难题，携程正结合人工智能、大数据技术，率先研发语音交互的智能导购机器人，提供一站式出行方案。

我国海量数据快速增长，数据量年均增速超过 50%，预计到 2020 年，数据总量全球占比将达到 20%，成为数据量最大、数据类型最丰富的国家之一。

当前，大数据广泛应用于旅游、交通等各领域。2018 年大数据核心产业规模突破 5700 亿元。同时，阿里、华为、百度、腾讯等企业的平台处理能力跻身世界前列。华为、联想等公司在数据存储、处理等软硬件设备市场优势逐渐巩固。创新创业企业发展势头正热，涌现出平安医保、商汤科技、旷视科技、云从科技、金山云等一批优秀企业。在巨大的市场需求与新一代信息技术双重推动下，我国大数据产业整体保持较高增速，增速维持在 30% 左右。

推动大数据产业发展已成为全国上下共识。在各地的机构改革中，设立大数据管理部门成为一大亮点。山东、福建、浙江、广西等省区新成立了省级大数据管理局；广东在原有大数据管理局基础上，新组建了省政务服务数据管理局；贵州大数据管理局等已设机构，级别也被提升至省政府直属机构。

以八大国家大数据综合试验区为引领的大数据产业发展格局已基本奠定。其中，京津冀地区着力打造大数据走廊格局，初步形成了大数据协同发展体系；以上海为核心的长三角地区，持续推进大数据与当地智慧城市建设；珠三角地区在大数据应用创新、产品研发及产业管理方面已颇有成效；贵州、重庆、河南、沈阳四个试验区成为大数据产业新增长极；位于内蒙古自治区的基础设施类综合试验区与东部、中西部产业合作不断增强，开始跨越式发展。各试验区大数据产业差异化发展特点愈发明显，推动当地经济转型升级不断加快。

14.2 互联网、大数据、人工智能的应用案例

14.2.1 大数据在政府管理中的应用

《促进大数据发展行动纲要》包括十大工程，涵盖政府数据资源共享开放、国家大数据资源统筹发展、政府治理、公共服务、工业和新兴产业、现代农业、万众创新、关键技术及产品研发与产业化、产业支撑能力、网络和安全保障等领域。无论哪一个领域，都不可能一竿子插到底。

因此，一方面，这十大工程既要在中央政府不同部委层面进行通力协作，更需要在地方政府层面，从十大工程涉及的不同领域，同时开展相应的探索，这就是“国家大数据综合试验区”的由来，也是国家战略落地之举。

国家级大数据综合试验区有贵州、京津冀、珠江三角洲、上海、河南、重庆、沈阳，一个大数据基础设施统筹发展类综合试验区（内蒙古）。

贵州将围绕数据资源管理与共享开放、数据中心整合、数据资源应用、数据要素流通、大数据产业集聚、大数据国际合作、大数据制度创新七大主要任务开展系统性试验，通过不断总结可借鉴、可复制、可推广的实践经验，最终形成试验区的辐射带动和示范引领效应。

京津冀将打造成为国家大数据产业创新中心、国家大数据应用先行区、国家大数据创新改革综合试验区、全球大数据产业创新高地。京津冀将立足三地各自特色和比较优势，其中北京强化创新和引导，天津强化带动和支撑，河北强化承接和转化，形成北京中关村 + 天津滨海新区、武清 + 河北张家口、廊坊、承德和秦皇岛“1 +2 +4”协同发展功能格局。

珠三角综合试验区将围绕落实国家区域发展战略，更加注重数据要素流通，以数据流引领技术流、资金流、人才流，支撑跨区域公共服务、社会治理和产业转移，促进区域一体化发展。广东将围绕加快推进政府数据整合共享开放，深化政务大数据应用，推进民生大数据应用，发展制造业大数据，开展大数据创业创新，推进大数据产业集聚发展六大任务。

上海将围绕科创中心和自贸区的建设来推动大数据发展。在技术上面，会进一步加大大数据技术创新。在数据开放上，围绕政府数据以及自贸区监管等政府治理方面，加大力度推进数据共享、开放和应用。同时，上海也考虑了长三角区域的辐射联动。

河南将着力打造“两区两基地”来支撑河南国家大数据综合试验区的建设。“两区两基地”分别是，国家交通物流大数据创新应用示范区、国家农业粮食大数据创新应用先行区、国家中部数据汇聚交互基地、全国重要的大数据创新创业基地。

沈阳进一步完善以大数据发展为主体、以传统产业转型升级和智慧城市建设为两翼的“一体两翼”大数据创新发展思路，推进大数据整合与开放、公共服务大数据、社会治理大数据、工业大数据、大数据产业等应用和发展；制定和完善支持大数据发展的若干政策，推动相关制度创新、管理创新、服务创新和协同创新。

内蒙古首要目标就是利用内蒙古在“云计算”产业的独有优势，进一步加强相关基础设施建设，为全国“大数据”产业的发展提供“能量”。

大数据的快速发展一个重要因素是基于各级政府的迫切需求。例如在环保工作中，内蒙古、福建、山东等地的环境大数据建设紧密贴合政府需求，能够有效实现监管精细化、环境决策科学化和公众服务的便民化，环境监测的模型化、精细化、准确化水平得到提升，对企业监管也可实现可视化、全程化、远程化，精准解决了环境保护痛点。在技术的支撑下，只有政府想不到，没有大数据做不到。

14.2.2 大数据在物流领域的应用

在过去很长一段时间里，中国的生产制造和物流行业都是粗放型经济。尤其是公路物流仍停留在散、小、乱、差的状态。从业人员的专业素养、行业的信息化水平都比较低，物流行业越来越成为了实体经济的一块短板。相关数据显示，在德国物流占企业生产成本的比例不到15%，而在中国这项数字平均超过了30%。

智慧物流的第一步是数字化。人、货、车等物理设施的增加必然导致成本等比例增长，但大数据和人工智能等先进技术却可以推动“人、车、货、场”的重构和升级，实现服务能力的跃升。近两年，以菜鸟网络、京东物流为代表的物流企业纷纷举起了“智能化”的大旗，加快了无人仓等先进技术的研发。传化智联的目标是将传化智联打造成一家技术驱动的数据公司。

智能的本质是计算，而计算的前提是数据。因此，数字化是实现智慧物流的第一步，也是最重要和艰难的一步。物流的数字化可以分成两类，一类是实体的数字化，即把人、车、货、场等实体映射到数字空间；另一类是事件的数字化，实时记录人、车、货、场的关系变化，比如某个人正在装卸货物等。

城市物流中心是物流网络的核心，它不仅要给司机提供车、货匹配服务，也是他们的消费、休闲和作业场所，这些场景都需要监控和分析。物流公司在公路港的入口部署了很多智能摄像头，车辆进入时它会自动拍照和识别车牌、车标、车长、车身颜色等信息，并关联业务系统，分析这辆车之前是否来过、属于哪家物流公司、上一次来是什么时候。基于这些信息，物流企业就可以对公路港的运营做很多优化和改进。

14.2.3 大数据在智能零售中的应用

当前，零售业正迎来新一轮革命浪潮，“新零售”“智慧零售”“无界零售”等新概念不断涌现，本质上都是运用信息技术和大数据重构零售业“人”

“货”“场”三要素，形成全渠道打通、线上线下深度融合的零售新业态，最终推动零售业实现智能化革命，即“智能零售”。

近年来，我国线下零售面临成本上升、消费升级、竞争激化等多重困境，传统商超企业都在谋求转型发展的新路径，智能零售蓬勃发展为传统零售业带来了新的生机。智能零售将线上资源和实体商业资源进行有机对接，以新技术打造新模式、新场景和新体验，充分激发群众消费潜力，是解决我国经济发展新动能、传统产业转型升级等迫切问题的有益探索和实践。

智能零售主要有三大方向。

一是传统门店升级改造。通过全渠道数据化改造，实现传统零售业效率提升。如强强联合模式，大型商超联手互联网巨头，如永辉超市与腾讯、京东进行深度合作共同构建智能销售网络，阿里入股百联、银泰、华联等商超企业整合线上线下资源。

二是融合业态探索创新。基于大数据分析营造全新消费场景，改善与消费者互动方式。如 O2O 融合大卖场模式，以阿里盒马鲜生、京东 7 FRESH 为代表，主打“超市餐饮 O2O”模式，以门店为核心打造社区会员网络，并提供快速送货上门服务。还有主题体验店模式，如小米打造的“米家”，以“智能家居”为主题，利用小米的品牌和平台效应，赋能数十家智能家居企业，建立起一系列产品矩阵。

三是无人零售前沿探索。利用人工智能、物联网等新技术实现无人零售。如高端人工智能模式，以 Amazon Go、阿里淘咖啡为代表，采用机器视觉、生物识别等技术识别用户消费行为，大幅改善消费体验，是未来零售发展的重要方向。物联网模式，主要采用物联网标签技术和二维码扫描，实现对货物的识别和自助支付，目前应用较为广泛。无人货架模式，国内创业的主要模式，消费者取货、扫码即可付款，主要应用在写字楼的办公区域，因其门槛低、可满足一定高频消费而得到资本追逐。

第 15 章　大金融产业

15.1　大金融的概念

“大金融”概念最早由我国著名经济学家黄达先生在 21 世纪初期首次提出，而后经中国金融理论与实务界十余年的共同推动与完善。2013 年，在中国人民大学校长兼央行货币委员会委员陈雨露与马勇博士共同撰写的《大金融论纲》中将”大金融”作为全球性命题正式提出，“大金融”框架系统基本建成。

大金融这一全球性金融框架概念于 2013 年度的 G20 国际峰会上正式提出，进而帮助实现会议所宣称的强劲、可持续、平衡的经济增长的“全球经济目标”。

“大金融”的“大”，在很大程度上是作为与过去的理论体系过于狭隘（“小”）的一种对比而出现的。过去的宏观经济理论基本不考虑金融体系的内生性影响，而传统的金融学理论也将研究对象局限于公司理财、资产定价等微观层面，这就造成了方法论上宏观和微观层面的深层断裂，从而最终导致了在理解金融体系和实际经济的上的思想断裂。因此，潜在的方法论问题不仅是理论问题的根本，同时也是实践问题的根源。所谓“大金融”，就是要通过构建宏微观相统一、金融和实体经济相统一的一般理论框架，真正建立起一个在理论和实践上具有一致性和科学性的方法论总纲。方法论意义上的改变是根本性和第一位的，这是“大金融”命题的核心和精髓。

“大金融”的“大”，不在于形式和数量上的大，而在于理念上的包容性、视野上的整体性以及方法论上的系统性。较之传统经济理论，“大金融”

突出强调了三个整体性：一是必须将整个金融体系视为一个统一的整体，而不是狭隘地考虑货币和信贷；二是必须将金融和实体经济视为一个统一的整体，而不是孤立地看待二者之间的关系；三是必须将中国和全球的金融发展视为一个统一的整体，而不是封闭和静态地看待国内的金融发展。具体而言，金融体系的稳定性、效率性和危机控制能力构成了我们分析现代金融体系运行规律的三大“基本支柱”，而金融和实体经济的结合则进一步实现了金融理论和宏观经济理论在更高层次上的对接。

“大金融”是一个具有普遍适用性的全球性命题，不仅适用于解释美国、欧洲和日本等发达经济体的金融发展趋势（包括经验教训），同时也适用于以中国为代表的新兴市场经济体和广大发展中国家。特别是 2008 年国际金融危机之后，在全球金融体系面临重构的背景下，立足于“大金融”命题的基本内涵，深入研究现代金融体系发展的基本规律和政策实践，不仅具有理论上的重要性和必要性，而且有助于中国在全球范围内率先制定正确的、有利于确立竞争优势的金融体系框架。

15.2　我国金融行业进入深化改革新时代

金融和实体经济从来都是共生共荣的关系，实体经济根深蒂固，金融才能枝繁叶茂；金融与实体经济循环通畅，实体经济才会活力四射。金融是现代经济的核心，金融活，经济活。为实体经济服务，满足经济社会发展需要，是金融的本分。

金融是国家重要的核心竞争力，金融改革是国家改革发展的重要内容。坚定不移地深化金融改革，对于加快转变金融发展方式，开创我国金融工作新局面，促进经济平稳健康发展，既有现实意义，也有长远意义。

党的十八大以来，我国金融改革有序前行，利率市场化改革持续深化，资本项目可兑换程度稳步提高，人民币汇率弹性不断增强，金融体系日渐完善，多层次资本市场体系建设有力推进，民营银行试点破冰，存款保险制度建立，人民币国际化和金融业双向开放取得新进展。

金融要发展，改革是动力。在我国金融业成长历程中，曾经遭遇种种影响和制约发展的难题，最终都是依靠改革成功化解。我国经济已进入新常态，金融业发展与创新步伐加快，金融体系复杂度、开放度越来越高，不少风险挑战也随之而来，迫切需要深化金融改革。推动金融更好地服务实体经济，有效防范和化解金融风险，关键是让金融改革沿着正确方向不懈推进。

党中央、国务院确立了新时代金融业发展的基本原则：

第一，回归本源，服从服务于经济社会发展。金融要把为实体经济服务作为出发点和落脚点，全面提升服务效率和水平，把更多金融资源配置到经济社会发展的重点领域和薄弱环节，更好满足人民群众和实体经济多样化的金融需求。

第二，优化结构，完善金融市场、金融机构、金融产品体系。要坚持质量优先，引导金融业发展同经济社会发展相协调，促进融资便利化、降低实体经济成本、提高资源配置效率、保障风险可控。

第三，强化监管，提高防范化解金融风险能力。要以强化金融监管为重点，以防范系统性金融风险为底线，加快相关法律法规建设，完善金融机构法人治理结构，加强宏观审慎管理制度建设，加强功能监管，更加重视行为监管。

第四，市场导向，发挥市场在金融资源配置中的决定性作用。坚持社会主义市场经济改革方向，处理好政府和市场关系，完善市场约束机制，提高金融资源配置效率。加强和改善政府宏观调控，健全市场规则，强化纪律性。

15.3 大金融产业资源聚集与整合

金融产业集聚是指一国的金融监管部门、金融中介机构、跨国金融企业、国内金融企业等具有总部功能的机构在地域上向特定区域集中，并与其他国际性（跨国）机构、跨国公司、国内大型企业总部之间存在密切往来联系的特殊产业空间结构。

在金融产业领域，从 20 世纪 70 年代开始，越来越多的金融机构开始采用企业间协调的方式来组织交易和生产活动，从最初的少数几家银行集中到金融控股公司的兴起，再到今天各种不同种类的金融机构的空间集聚，集群已经成为现代金融产业组织的基本形式。在世界范围内形成了以纽约、伦敦和东京为代表的三大国际金融集聚区，而在一些新兴的国家和地区也出现了明显的金融机构集聚趋势。新加坡在 20 世纪 90 年代就通过税收政策优惠、亚洲美元市场的建立和对证券期货市场予以支持等措施吸引大量的金融机构集聚。国内的金融机构集聚现象也是风起云涌，北京的金融街已经成为国内金融机构的集聚地，上海浦东金融机构聚集的趋势也十分明显。

随着国际资本加快流动，越来越多的金融机构采用企业间协调方式来组织交易和生产活动，即金融集聚现象，这种集聚目前已逐渐成为现代金融产业组织的基本形式之一。纵观全世界，以纽约、伦敦和东京为代表的三大金融中心聚集了大量的金融机构，2012 年 3 月的全球金融中心指数排行榜上，伦敦居于第一位，主要由于伦敦聚集了接近 180 多家外国公司，股票交易所上市的公司数量众多，全球约 1/3 的外汇收入在伦敦交易，因此，其金融聚集程度非常高。从中国来看，香港、北京、上海等城市的金融集聚程度也较高，如上海陆家嘴中心商务区聚集了国内外 600 多家金融企业。虽然金融集聚现象已逐渐显现，但其对金融产业到底是怎样的影响，是如何影响的，需要进行深入的探索。

15.3.1　我国金融集聚现状分析

（1）银行业集聚现状。

我国银行业金融机构网点共计约 20.9 万个，从业人员 356.7 万人，资产总额 140.2 万亿元。分区域来看，东部地区的银行机构数量最多，占比接近 40%，从业人数也最多，占比超过 40%，银行业资产总额占比也最高，高达 58.9%，其中广东、北京和江苏三个省市的银行业资产总额均超过了 10 万亿元。与此同时，全国共有法人性质外资银行达 44 家，分布在 9 个省市，其中有 43 家在东部地区。

（2）证券业集聚现状。

我国境内上市公司（A 股和 B 股）共计约 2489 家，其中创业板和中小企业板上市公司数量分别为 355 家和 701 家。分地区来看，东部、西部、中部和东北地区境内上市公司数量比重分别为 65.1%、14.7%、14.7% 和 5.5%，可见东部地区上市公司数量占全国的一半以上。债券市场发行规模逐步扩大，各类企业通过发行、配股等方式累计筹资3867亿元，其中中部和西部地区的A股筹资额占全国的比重比2012年高3个和6个百分点，东部和东北地区有所下降，分别下降9个和1个百分点。

（3）保险业集聚现状。

我国保险业从1980年恢复至今，一直保持着强劲的发展势头，其发展速度远远高于世界其他国家保险业的发展速度。全国保险法人公司167家，分支机构约1600家。从地区分布来看，东部地区的保费收入占比最高，为54.4%，西部地区保费收入同比增长最高，为13.6%。其中广东、山东、浙江和江苏四个省份的保费收入均超过了千亿元，占全国比重接近1/3。

15.3.2 金融集聚对金融产业的影响

（1）金融集聚促进金融产业市场化。

第一，形成规模经济。规模经济体现在金融机构之间的协作和对基础设施的共享上，通过集群中机构的共同发展及分工协作，从而促使集聚区的金融企业通过对比外部生产成本和市场交易费用的差距后，产生内部分工逐渐社会化及外部化，从而可以利用更多的社会资源扩大生产规模和降低成本，提高了资源的利用效率。有效降低了运营成本，从而促使金融产业的集聚形成了规模经济。

第二，汇集人力资源。金融业是技术含量高、人力资本高、附加值高的产业，而人力资本是金融业的核心生产要素。随着大量金融的集聚和发展，区域内的金融配套产业和相关中介服务业也得到迅速发展，如律师事务所、会计事务所等，这些机构为金融业的各种需求提供了专业的服务，而各种从业人员不断交流使得区域内的人力资源水平和效能快速提高，继而推动区域内金融市场的发展。

第三，增强信息的传播。金融信息主要来源于监管机构、商业金融机构等，其流动和传播主要依附于金融系统的相关组成。一般而言，区域金融业越发达，金融信息源就会越多，传播的金融信息量就会越大。因此，金融集聚能够促使区域内产生大量的金融创新，形成各种新的金融工具和金融交易形式，加快金融信息的传播，进而加强区域内金融机构的相互联系和沟通，降低了单个金融机构搜寻信息和达成交易的成本，因此可以提高区域内金融机构的整体收益。

（2）金融集聚加强金融竞争关系。

第一，降低交易成本。大量的金融企业集中到一个区域，会提高金融企业之间的竞争强度，而且会通过金融服务提供商的横向竞争降低客户的转换交易对象的成本。从客户的角度来看，客户转换金融机构的转换交易成本降低了，从金融机构的角度来看，金融机构之间的相互竞争增强了。此外，金融集聚会通过加强金融竞争从而优化区域的金融体系和环境。由于加强金融企业在市场的竞争，遏制了金融投机行为，维护了金融市场公平的市场竞争环境，保障了金融市场和机构稳定有序的发展。

第二，加快金融创新。金融集聚逐渐促使金融市场成为一个健康有序的市场，这样市场的利润将逐渐达到一个稳定新常态，区域内金融企业的利差会收窄，手续费也会降低。此外，由于集群内部的竞争压力远远大于与集群外部企业之间的竞争，竞争淘汰机制在集群内将会得到充分的体现，从而会对企业形成巨大的创新压力。在成本要求和竞争压力下，企业需要不断地创新以获得成功。因此，金融产业的集聚必然会推动金融机构改革和创新以寻求生存。

（3）金融集聚促进金融产业结构升级。

第一，技术外溢效应。在金融集聚区域内，企业之间能够学到彼此的最新技术，吸取竞争企业的优势，有利于实现区域内的经验共享。金融资源向周边区域的扩散和流动，能够提高技术信息的流动速度和距离，随着一些新技术流动到周边区域，直接带动了周边区域的技术进步，提高生产效率和技术创新能力，进而带动产业的技术进步和产业结构升级。

第二，产业转移。金融聚集区在产业不断调整过程中，重要的、具有强竞争力的金融资源会逐渐流入金融集聚区，而处于劣势的金融资源将会被边缘化。此时，金融资源将会以集聚区为中心呈现梯队结构扩散，使金融交易具有更为广阔的地域分布，大大提高了承担和处理流动性风险的能力，使得产业布局更加合理化。

第三，产业关联。由于缺乏竞争力，被排挤到边缘区的资源经常需要借助核心区域的优势才能最大化的发挥作用，因此，这些资源会在附近的边缘区集聚，集聚区域带动边缘区域发展，边缘区域的产业为核心区域提供的产业原材料和初级产品，两个区域的企业相互帮助，彼此的产业结构形成投入和产出互补关系，促使产业结构升级，并往合理化方向发展。

15.4 新时代大金融聚集形态：金融小镇和基金小镇①

金融集聚是国际金融业发展的重要形态，金融小镇是我国在经济新常态下打破以各类金融中心为代表的传统金融业发展路径的新探索，可以为供给侧结构性改革和创新驱动发展提供有效的金融资本支撑。

在浙江省已经公布的79个省级特色小镇中，金融小镇有7个，其中包括杭州玉皇山南基金小镇、余杭梦想小镇、梅山海洋金融小镇、南湖基金小镇、义乌丝路金融小镇、鄞州四明金融小镇等。金融小镇的建设和成长，将有力推动浙江省区域金融的发展和区域金融中心的形成，使浙江能够取得新一轮地方金融改革与发展的先发优势，并有效发挥区域金融对地方经济转型升级和创新驱动的有力支撑，有序实现经济新常态下供给侧结构性改革的主要目标。实际上，金融小镇的建设已经在全国形成气候，上海、江苏、北京、天津等地均纷纷提出各种类别的金融小镇建设。

（1）金融小镇的主要发展模式。

依据金融集聚度以及金融链与产业链衔接的紧密程度，将金融小镇的发展模式划分为理财金融小镇、创业投资金融小镇和特色产业金融小镇等三大类型。理财金融小镇是一种相对传统的金融小镇，其突出特点是大规模理财资本的高度集聚；创业投资金融小镇强调对科技型、初创型企业提供风险资金支持，通常与创新园区有着相当密切的关联；特色产业金融小镇往往依托于某一特殊领域或经营特色，重视对某一特殊产业的金融服务。

（2）浙江省金融小镇三大模式的发展现状。

---

① 本节内容选自：《中共浙江省委党校学报》2016年第6期《金融小镇：金融集聚模式的创新发展》，作者：孙雪芬、包海波、刘云华。

第一，传统理财金融小镇——杭州玉皇山南基金小镇。杭州玉皇山南基金小镇坐落在杭州市上城区，以美国格林尼治基金小镇为发展模板，以打造对冲基金生态圈和产业链为核心，致力于成为中国一流的对冲基金聚集区、对冲基金研究交流中心和金融创新培育基地。

玉皇山南基金小镇通过引进与培育各类私募资金，同时引进高端金融人才，并充分利用自身各项优势，如杭州作为浙江省区域中心所产生的巨大的资源集聚效应以及玉皇山南优美的自然人文环境，从而实现自身的快速发展。另外，小镇内还配有清新优雅的休闲娱乐设施，以提升小镇人文吸引力。目前，小镇已经形成了一定的产业基础，是浙江省和杭州市重点发展的金融业集聚区之一，累计入驻金融机构 920 家，资管规模已达 530 亿元。未来 3 ~ 5 年内，小镇将成为主动管理资产达 5000 亿元，总管理资产超 2 万亿元的国内一流私募基金小镇。

第二，创业投资金融小镇——杭州梦想小镇天使村。杭州梦想小镇致力于打造实现梦想的创业大舞台，分为两大部分，即互联网村和天使村。其中，天使村主要集聚天使投资基金、股权投资机构、财富管理机构，发展科技金融、互联网金融，着力构建覆盖企业生命周期各阶段的金融服务体系。天使村是支撑创业创新的资金源，是梦想小镇发展的资本动力，也是梦想小镇实现互联网产业与创投金融的关键结合点。

目前天使村落地基金总数已达 161 家，管理资本超过 335 亿元，形成了良好的集聚效应。一批上市公司也陆续进驻，万向信托、新湖投资、九洲药业、华数数字等已经在梦想小镇设立基金，总投资规模将达 100 亿元。尤其值得关注的是，“海归系”“浙大系”“阿里系”“浙商系”等创业投资团队与创业孵化器有机结合，加速了梦想小镇天使村与互联网村的良性互动，促进了“互联网 +”、节能环保等新兴领域初创企业的孵化、加速和产业化。

第三，特色产业金融小镇——宁波梅山海洋金融小镇。宁波梅山海洋金融小镇接力海洋经济发展，力图依托建设浙江宁波国际海洋生态科技城的契机，大力发展航运基金、航运保险等新兴特色海洋金融业态，探索设立海洋主题产业基金、海洋产权综合交易平台，构建多层次海洋金融支撑体系，在金融业服务“港口经济圈”建设中发挥更加重要的作用。

梅山海洋基金小镇的建设，有助于在宁波海洋经济实体与金融资本之间搭建桥梁。截至目前，梅山已经累计引进类金融企业 2128 家，注册资本 3291 亿元。代表高端金融发展方向的融资租赁业如船舶租赁等更是一枝独秀，企业数量占宁波全市近七成。在 240 平方公里的土地上聚集了如此多的金融机构，梅山海洋金融小镇已经成为全浙江资本高度集聚的地区之一。

第 16 章　大服务产业

16.1　大服务业的含义

大服务业包含广泛的传统服务业和现代服务业。在科技高速发展时代，尤其是互联网时代来临，服务业进入高端发展阶段，许多传统服务业已经进入移动互联网时代。所以，大服务业实质上是现代意义上的高端服务业。

通常高端服务业通常指智力化、资本化、专业化、效率化的服务业，其研究领域包括以下 17 大类：科技、教育、总部经济、金融、物流、休闲旅游业、医疗保健、文化娱乐、咨询信息、创意设计、节庆、展会、IT 资讯、订单采购、商务活动、企业服务业（智力资本、商务活动）、专业中介等。

由于各国统计口径不同，对高端服务业的解释是有区别的。相对统一的意见是：除了直接的工农业的生产制造部分，产品买卖以及物流运输外，高端服务业已成为经济的皇冠、发展的动力源和火车头。并且具有高智、高效、高资（本）、高收（益）、高时（尚）“五高”的特征。

高端服务业是传统服务业和现代服务业融合升级阶段。在中国人均收入超过 100 美元的今天，它已经成为经济发展的引擎，它对经济的带动作用通常比一般商业服务业高 10 ~ 30 倍。

16.2　中国大服务产业的发展

2017 年 6 月，国家发改委发布《服务业创新发展大纲（2017—2025 年）》，为我国大服务业发展制定了指导思想、基本原则、规划目标和重点发展方向。从国家战略层面对大服务业发展作出全面部署。

党的十九大报告中关于经济发展、关于服务业的各项论述，为我国现代服务业的发展营造了良好政策环境，将进一步激活我国现代服务产业的生产力，再造服务贸易的宏观环境，优化我国服务贸易整体产业链的市场环境。十九大报告充分展示了党和国家支持新兴服务业态发展的坚决意志，将有效地激发我国现代服务业、服务贸易的发展潜力和市场活力。

16.2.1 大服务业发展的国际背景

20世纪七八十年代以来，全球经济结构呈现出服务业主导的发展趋势，发达国家都经历了向服务业为主的经济结构转型和变革。在科技进步和经济全球化驱动下，服务业内涵更加丰富、分工更加细化、业态更加多样、模式不断创新，在产业升级中的作用更加突出，已经成为支撑发展的主要动能、价值创造的重要源泉和国际竞争的主战场。

新一轮科技革命引发服务业创新升级。新一代信息、人工智能等技术不断突破和广泛应用，加速服务内容、业态和商业模式创新，推动服务网络化、智慧化、平台化，知识密集型服务业比重快速提升。服务业转型升级正在推动新一轮产业变革和消费革命，使产业边界日渐模糊，融合发展态势更加明显，个性化、体验式、互动式等服务消费蓬勃兴起。

服务投资贸易全球化拓展服务业发展空间。服务全球化成为经济全球化进入新阶段的鲜明特征。服务业成为国际产业投资热点，制造业跨国布局带动生产性服务业全球化发展，跨国公司在全球范围内整合各类要素，资本、技术和自然人跨境流动更加便利，带动全球服务投资贸易快速增长。信息化大大提升服务可贸易性，数字服务贸易持续迅猛增长。

国际经贸规则重构推动全球服务分工格局深度调整。国际经贸新规则制定的焦点逐渐转向服务领域，多边和区域性投资贸易谈判正致力于推动服务贸易和跨境投资的自由化、便利化。服务投资贸易规则加快健全，将对全球服务业发展和国际分工格局产生深刻影响。

16.2.2 我国大服务业发展基础和条件

我国正处于实现“两个一百年”奋斗目标承上启下的历史阶段和从上中

等收入国家向高收入国家迈进的关键时期，经济发展进入新常态，结构优化、动能转换、方式转变的要求更加迫切，需要以服务业整体提升为重点，构建现代产业新体系，增强服务经济发展新动能，实现经济保持中高速增长、迈向中高端水平。

服务业发展站在新的历史起点上。“十二五”以来，我国服务业发展连续迈上新台阶，2011 年成为吸纳就业最多的产业，2012 年增加值超过第二产业，2015 年增加值占国内生产总值（GDP）比重超过 50%。服务领域不断拓宽，服务品种日益丰富，新业态、新模式竞相涌现，有力支撑了经济发展、就业扩大和民生改善。

服务业发展仍面临诸多矛盾和问题。我国服务业发展整体水平不高，产业创新能力和竞争力不强，质量和效益偏低。服务供给未能适应需求变化，生产性服务业发展明显滞后，生活性服务业供给不足。服务业增加值比重仍低于世界平均水平，整体上处于国际分工中低端环节，服务贸易逆差规模持续扩大。更为关键的是，服务业发展还面临思想观念转变相对滞后，体制机制束缚较多，统一开放、公平竞争的市场环境尚不完善等障碍。

服务业进入全面跃升的重要阶段。全面深化改革、全方位对外开放和全面依法治国正释放服务业发展新动力和新活力。城乡居民收入持续增长和消费升级，为服务业发展提供了巨大需求潜力。新型工业化、信息化、城镇化、农业现代化协同推进，极大地拓展了服务业发展广度和深度。生态、养老等服务业新领域也不断涌现。

综合判断，我国服务业发展正处于重要机遇期，应当顺应发展潮流，尊重规律，立足国情，转变观念，重点在深化改革开放、营造良好发展环境上下功夫，激发全社会推动服务业创新发展的动力和活力，引领产业升级、改善民生福祉、增强发展动能，阔步迈向服务经济新时代。

第一，中国的老百姓从不消费、很少消费，到更多的消费，尤其是下一代的“80 后”“90 后”没有经历过这个短缺时代，没有挨饿，所以愿意把挣的工资拿来消费，甚至是举债消费。过去除了买房用按揭和银行的杠杆之外，很少买别的东西用贷款，但是今天的“80 后”“90 后”买房子用贷款，买车用贷款，做美容甚至接受新东方的教育用贷款。未来是加杠杆，这是中国的服务业会大规模爆发。

第二，中国的服务业过去非常零散，发展严重不够。中国的互联网公司在市值上追平了美国的同行，把美国的上市公司摆出来前一千家，很多品类是缺失的，在美国做家政的有上市公司，做清洁的有上市公司，而中国没有。中国的服务业远远不只360行，可能有720行，一千行都可能出大的公司。中国的服务业过去是零散化的，人们对家政的了解是楼下的一个门市，非常分散，夫妻店，非常不品牌化。但是中国服务会慢慢品牌化、连锁化、正规化，出现全国性的品牌。

第三，中国服务业的崛起赶上IT和互联网的崛起，大服务业和互联网结合。大服务业IT化、信息化、品牌的打造也互联网化。中国人对服务的消费需求促进中国服务业的品牌化和连锁化，中国传统服务业和现代服务业都在与互联网结合，和AI智能机器人结合，正在推动大服务业的发展。

16.3 案例——美团故事①

2018年9月6日，美团点评在香港举办上市新闻发布会，联合创始人、董事长兼CEO王兴在会上说："全世界互联网行业就是O2O的历史，从线下到线上的过程。美团在需求侧，3.4亿年度消费用户，平均每4个中国人就有一个在美团上花过钱，和全国470万线下商户合作，已经完成对内地的各个地区覆盖，美团点评已经成为国内最大的服务业电子商务平台之一。截止到今年4月的过去12个月，美团点评平台上完成交易超过69亿笔，交易金额达到人民币4110亿元，为全国超过2800个县市3.4亿年度交易用户和470万年度活跃商家提供了服务。"

2018年3月4日，美团迎来8岁生日。经过八年风雨历练，美团已成长为连接6亿用户和500万商家的全球最大生活服务电子商务平台，成为国民最爱的超级APP。

从早年的"随时随地用美团，美团一次，美一次"，到"吃喝玩乐全都

① 本案例选自：2018年3月6日"中国经营网"文章《美团8周年：百万"金坚伙伴"展现8年成长与陪伴》。

有”，再到去年年底，美团以厨师、引导员、摄影师等生活服务各行业从业者作为代言人，表达“吃喝玩乐，尽在美团”的理念，美团正通过科技服务国民生活，践行“让大家吃得更好，生活更好”的使命。

八年来，随着更多的用户和商户选择美团。如今的美团点评集团估值超过 300 亿美元，2017 年全年平台交易额超过 3600 亿元，收入 330 亿元，外卖交易额 1710 亿元，入住间夜量突破 2 亿，门票出票量超 1 亿张，线上日订单量峰值超过 2700 万。

在美团的成长过程中，有一批用户和商家与美团始终相伴，八年来与美团共同成长，情比金坚，美团将他们称为“金坚伙伴”。八周年之际，美团根据从 2010 年注册一直活跃到现在的 743285 位用户和 127958 家商家的消费行为与成长故事，发布了《美团“金坚伙伴”洞察报告》。报告显示，美团八年来不断发挥互联网优势，致力于满足用户对美好生活的追求，陪伴用户经历人生重要时刻。

八年相随，陪伴用户经历人生重要时刻

八年前，“80 后”从 20 岁向 30 岁进发，“90 后”从少年开始向青年过渡。八年来，美团陪着所有用户不断长大，从满足大家的团购需求，到如今可以安排生活的方方面面。不仅吃喝玩乐全都有，越来越多的用户纷纷开始使用美团安排自己的旅行、健身、教育培训等，美团已经成为大家的生活必备。

《美团“金坚伙伴”洞察报告》显示，八年前年龄分布在 17～28 岁的金坚用户占据 73.31%，目前他们正处于 25～36 岁的黄金阶段，已成为社会的中流砥柱。美团平台上的婚庆服务、亲子服务、房屋服务、乔迁新居、爱车服务等，陪伴着他们走过人生的重要时刻。

随着美团一站式生活服务的不断升级，金坚用户在平台上享受过的品类已从 2010 年的 9 大类 53 个子类扩展为 2017 年的 20 大类 188 个子类，生活的内容不断充实、品质不断提升。

随着品类的不断增加，美团为消费者提供越来越丰富的生活选项。如今，美团上的服务品类已经超过 250 个，合作商家 500 万，覆盖超过 2800 个县市区。美团在自身不断发展壮大的同时，也陪伴着所有用户的成长。

与此同时，随着经济快速发展和消费不断升级，消费者不仅需要服务的多元化，对品质化的追求，推动美团从团购网站成长为全球最大的生活服务电子商务平台。

随着高星酒店、出境游、品质餐厅、自由行等品质化服务的不断增加，以及美团平台用户群体消费能力的逐步提升，美团和用户正在共享消费升级的成果和红利。

同心共赢，与商家共创供给侧全新价值

中国经济经历了40年的高速增长，中国互联网亦经历了近20年的高速发展，孕育了一批全球领先的“互联网+实体经济”科技公司，美团点评是其中最典型的一家，且在全球范围内开创了生活服务平台这一全新模式。

根据《美团“金坚伙伴”洞察报告》，八年来金坚商户都已成长为被市场高度认可的金牌商户，业绩提升明显高于平均水平，2013—2017年金坚商户在美团平台上营收的复合增速高达328%，远远高于社会消费品零售总额的复合增速11%。

同时，金坚商户的日均流水和日均订单量有了明显提升，日均流水复合增速高达198%，日均订单数的复合增速高达203%。其中，酒店、餐饮、休闲娱乐、丽人是高复合增速集中的领域。

在“互联网+”时代背景下，通过互联网与传统服务产业深度融合，美团在为消费者提供丰富的品质化服务的同时，始终在为数百万商家提供开拓客源、提高效率、强化品质、安全便捷的科技与金融赋能，在营销、运营、金融与支付、配送、IT系统、供应链、用户画像与数据分析，以及门店及会员体系管理等方面，助力传统线下产业加速转型。

在餐饮方面，以线下支付为例，美团智能支付从增量以及存量市场，均成为聚合支付餐饮行业第一名。一年多的时间，为50万餐饮商家经营赋能，让近2亿消费者享受到便捷的支付体验，实现了“支付+经营+营销”的餐饮闭环。

美团旅行为酒店商家设计了CD模式，即交叉销售和直销赋能，从时间维度上协助酒店实现客源管理、培育高潜用户，从空间维度上深度运营一二线城市并下沉覆盖三四线城市，从品类维度上联动美食、休闲娱乐等一站式消费，帮助酒店商家实现跨品类增长，提高综合收益。

践行责任，以科技服务国民更好生活

看电影可以线上选座，叫外卖 28 分钟到达……八年来，美团正在不断地改变着人们的生活方式。随着数字经济与实体经济逐步深度融合，以及消费侧和供给侧的不断升级，时代赋予美团点评“让大家吃得更好，生活更好”的机遇和使命。

美团点评 CEO 王兴在不久前的内部全员邮件中表示，越来越多的消费者通过美团点评来实现美好生活。对于“吃得更好”，“我们努力实现全国最多的餐厅覆盖，提供最丰富的餐厅服务，在手机上完成从餐馆发现、预订、支付、评价、分享的消费全过程。在吃的方式上，到餐厅吃、送餐到家、送原材料到家全覆盖。”

为了实现“生活更好”，美团正在满足消费者对于旅游、住宿、出行、电影、休闲娱乐、结婚、亲子、教育培训等所有生活服务的消费需求。

同时，美团始终在持续加大研发投入，增加科技人才储备，提升大数据、人工智能等技术水平，通过增强科技创新，为生活服务业高质量发展提供新动能，创造美好生活。

八年来，用户和商户的陪伴让美团成长为全球最大生活服务电子商务平台。未来，以互联网融合传统线下服务业的美团，将继续致力于改善和提升消费者的生活品质，通过科技和创新赋能传统产业。

第17章 大慈善产业

17.1 《慈善法》开创大慈善时代

2016年3月16日，第十二届全国人民代表大会第四次会议审议通过了《中华人民共和国慈善法》（以下简称《慈善法》），自2016年9月1日起施行。《慈善法》作为我国慈善领域的基础性、综合性法律，将党关于发展慈善事业的重要主张和人民意愿上升为国家意志，历史上第一次以国家立法形式确立了慈善的法定地位，为规范和促进慈善事业健康发展提供了可靠保障。

《慈善法》针对制约慈善事业发展的突出问题，以改革精神和创新思维，提出了一系列创新性、前瞻性举措，彰显了现代慈善新理念，为慈善事业的长远发展提供了更大空间和更多机遇。

第一，将慈善范围从扶贫济困拓展至教育、科学、文化、卫生、体育、环保等领域，使得慈善可以在社会生活的更大范围内发挥作用。

第二，降低了慈善组织的准入门槛，规定设立慈善组织可以直接向民政部门申请登记，便利了慈善组织申请登记和认定，适度放开公开募捐资格，有利于吸引更多社会组织从事慈善事业。

第三，明确了税费减免、金融支持、政府购买服务等促进措施，特别是规定企业慈善捐赠支出超过法律规定准予当年扣除的部分，允许在其后三年内结转扣除；规定捐赠人向慈善组织捐赠实物、有价证券、股权和知识产权的，免征权利转让的相关行政事业性费用。

第四，专门对慈善信托作出规定，明确了慈善信托的备案制度，确定了受托人范围，明确了受托人、监察人责任义务，为发展慈善信托提供了有力指引。

第五，突出了鼓励和支持扶贫济困类慈善活动的内容，有利于广泛汇聚社会帮扶资源，将更多的慈善资源引导、汇聚到扶贫济困这一重点领域，更好地引导各类扶贫济困慈善活动与精准扶贫、精准脱贫有效对接。

第六，《慈善法》鼓励个人和相关组织开展灵活多样的慈善活动，规定城乡社区组织、单位可以在本社区、单位内部开展群众性互助互济活动，慈善组织以外的其他组织可以开展力所能及的慈善活动，这既体现了《慈善法》的包容性、开放性，也为其他组织和城乡社区居民、单位员工开展慈善活动提供了法律空间。

在社会生产力不甚发达的状况下，社会价值从属于经济价值；而当社会经济发展到一定高度，现代社会必不可少的善经济形态得以形成，社会价值便反过来影响与决定经济价值。在善经济条件下，社会更加开放，生活方式更趋文明，人与人之间的相互关系更加多元，彼此的命运关注更加深切。慈善既代表了一种社会价值，亦能产生经济价值，成为两者完美的结合体。

社会经济的发达需要与之相匹的文化展示及制度体现，即从个人的独善其身向人人向善递进，从做一个好人的良好意愿向建立一个好人社会、好人体制过渡，由处于社会边缘的补充意义转化为处于社会中心地带的文化构建。中国慈善作为民族复兴蓝图上的一处亮色，正在按照中国社会的发展需求与人们的内心意愿被描绘出来。

由较为单一的扶贫助弱向着包括教育科技文化卫生体育环保等更高领域的价值层面拓展；由以往的临灾救险、临难相扶向着更为全面、完善的社会慈善体系进步。由“善时段”演进为“善时代”，由“善经济”转变为“善伦理”，由“小慈善”发展到“大慈善”，由“善文化”升级为“善文明”，正是《慈善法》所蕴含的巨大的现实能量与未来目标，它将在引领中国社会发展的大格局中起到不可估量的作用，对中国慈善及社会人心产生全面而深刻的影响。

17.2 大慈善时代特征

17.2.1 慈善业的新气象

（1）做慈善不再是专业慈善组织的“专利”，个人或几个朋友合伙发起和组织慈善活动蔚然成风，如多背一公斤、随手拍等。

（2）做慈善的企业越来越多，而且企业做的慈善也越来越精彩，如百胜餐饮集团的捐一元、腾讯的99公益日、阿里的淘宝公益宝贝计划等。

（3）媒体主持的慈善项目也是轰轰烈烈，如新华社的公益广告大赛、《公益时报》的中国公益年会等。

（4）慈善内涵日益多元，不仅关注传统的社会问题（如扶贫济困、教育、环保），小众的需求也受到关注（如罕见病群体），高端的需求同样受到关注（如健身、朗诵、合唱、临终关怀、科普、非遗保护）。

（5）慈善的方法和工具越来越丰富（如众筹、线上募捐、捐步数、光盘行动，绿色出行、冰桶挑战、时间银行）。

（6）慈善组织形式也越来越丰富，非正式组织（如越野E族、夕阳再晨团队）、网络型组织（如公益筹款人联盟、河流守望者网络）、基于互联网的平台（如腾讯公益、易宝公益圈）、虚拟组织（如米公益）纷纷涌现。

（7）围绕慈善的合作无处不在，慈善领域内部的合作蓬勃发展，跨界合作日益深化。比跨界合作更深刻的是融合，慈善领域吸纳其他领域的要素，其他领域亦吸收慈善要素（如今日头条寻人公益项目）。

17.2.2 慈善的跨界与融合

广泛而深入的跨界与融合带来了慈善的“弥散化”，慈善要素进入各个领域，慈善渗透个人和社会生活的方方面面。原有的各种界限被打破了，出现了一些难以辨识的行动和组织类型（如公益营销、社会企业、影响力投资），慈善活动与非慈善活动、慈善组织与非慈善组织的差别不再清晰可辨。慈善领域原有的清晰的宏观结构、运行机制、分工、等级、脉络、趋势也不再清晰可辨。大人物、大机构、大媒体、大资本的影响力下降了，崛起的新一代生力军主宰新兴的慈善。与新兴社会力量携手并进的是如日中天的“互联网 +”，它介入一切，改变一切，足迹无处不在，影响至深至远。原来的主流、中心、权威、秩序、逻辑都受到无情地挑战。慈善治理体系也受到挑战，尤其是政府管理方式受到严重挑战，面对扑面而来的新现象晕头转向、手足无措。

这些雨后春笋般喷涌而出的、令人目不暇接、眼花缭乱的新现象，不像是昙花一现的短期现象，也不像是出于偶然地聚在一起，相反，它们表现出鲜明的共性和趋势性，也许还预示了慈善的未来图景。

17.2.3　跳出慈善看慈善

要理解今日慈善的“聚变”，需要辽阔的视野，一方面，要超越慈善的范围，另一方面，要超越当下的局限。这意味着，不能就慈善论慈善，而要放宽视野，将慈善置于文明之中进行考察；不能就当下论当下，而要以历史的眼光考察慈善，将慈善置于人类文明历史之中。

慈善的本质是“利他”。与出于本能的利己不同，利他需要相应的价值观的支持。价值观决定了什么人的什么需求应该得到满足。这就决定了慈善活动的目的、内容和受益对象。

慈善要由人来做。做慈善的人或组织就是慈善行动主体。它可以是个人、群体、非正式组织、正式组织、实体组织、虚拟组织。

慈善需要资源，如各类利益相关者的信息、物资、专业技能、法律条件等。在市场社会中，最重要的资源是钱，因为绝大多数慈善所需的资源都可以用钱买到。资源不会自动来到“行动主体”手中，需要“动员”。这就需要开发和运用有效的“资源动员方式”。

有了目标，有了行动主体，有了所需的资源，还要有解决问题的方案，还要有方案的有效实施。这就是所谓的慈善项目及其执行。正是通过实施项目，慈善行动主体将各类资源转变为提供给受助者的服务或产品。

慈善是有组织的集体行动，也是受到管理的集体行动，包括慈善组织内部的管理、慈善部门内部的管理，也包括来自外部的政府和社会的管理。这一切统称为“治理”。

综上所述，慈善的“描述指标”包括：价值观、内容与受益对象；行动主体及其组织形式；资源及其动员方式；项目运作方式；治理。

慈善“镶嵌”在民族国家之中。民族国家构成了慈善的“环境”。全球化时代，还要把“国际局势”加入“环境”之中。

慈善文化是大文化的子系统。慈善文化受大文化的影响，大文化格局决定慈善文化格局。“文化格局”这一概念体现了文化的多源性及其融合。民族国家的文化格局决定了它的慈善文化格局。

技术对慈善的影响直接、广泛而又深远。前现代慈善、现代慈善、后现代慈善就是对应的技术体系的产物。经济结构对慈善的影响同样至深至广。产业结构通过影响就业结构塑造了社会结构，而社会结构直接影响慈善模式。第三次产业的发展，导致“白领”成为社会中坚力量，并成为今日慈善的“主力军”。

尽管慈善属于民间，但是它无法逃脱政治的影响。政府通过法律和政策影响慈善的治理结构和实际运行。在现代社会中，对于任何领域来说，绝对的自治都是不可能的。实际上，随着时间的推移，国家对慈善的影响越来越大。现代政府在慈善领域的“介入”主要表现为，规定慈善组织的治理结构，规定慈善组织的运行规则，对慈善组织的运行实施监管，为慈善组织提供各种实际支持。当然，慈善组织也会积极主动地影响政治和法律。

全球化时代，各国处于密集互动之中，相互影响无处不在。慈善自然不能例外。一国的文化不仅仅由本土的要素构成，还包含外部的要素。政治和法律也处于紧密互动之中。慈善组织之间的跨国互动亦极为发达。

综上所述，慈善的影响因素或“解释变量”包括：文化；技术、经济结构与社会结构；政治制度与法律体系；国际局势。

17.3 改革开放四十年给慈善事业带来的大变化

17.3.1 社会需求变量

经济社会发展对慈善的深远影响是一个社会需求的变量，可以从马斯洛需求理论上来分析。马斯洛把人的需求分为生理需求、安全需求、爱和归属感、尊重、自我实现五类。他指出，在多种需要未获满足前，首先满足迫切需要；该需要满足后，更高的需要才显示出激励作用。某一层次的需要相对满足了，就会向高一层次发展，追求更高一层次的需要就成为驱使行为的动力。同一时期，一个人可能有几种需要，但每一时期总有一种需要占支配地位，对行为起决定作用。各层次的需要相互依赖和重叠，高层次的需要发展后，低层次的需要仍然存在，只是对行为影响的程度大大减小。

马斯洛理论把个人需求和社会需求的当前关注重点与个人成长阶段和社会发展阶段关联起来——随着经济发展，收入提高，生活水平提升，教育发达，媒体发达，社会保障发达，人们的低级需求得到满足，高级需求涌现，社会归属感提高，社会责任感提升，爱人之心、利他之心亦随之高涨。

马斯洛理论告诉我们，人类发展过程就是低级需求不断满足的过程，就是需求层次不断提升的过程，就是利他精神逐步丰盈的过程，就是利他精神越来越有力地约束、征服利己之心的过程。

17.3.2　社会经济结构变化

改革开放四十年，经过持续的高速发展，中国的经济结构发生了重大变化，经济重心由制造业转变为服务业。相应地，从事服务业的“白领阶层”成为社会的主导阶层。他们主导需求结构，引领并塑造文化和生活方式的风尚、气质与演变方向。与此同时，卖方市场转变为买方市场，消费者掌握了市场主导权。这样一来，稳定的、均质化的消费需求被多变的、个性化的消费需求所取代，随之而来的是，大规模生产式微，以满足个性化需求、大规模定制、弹性生产为标志的“后福特”生产模式兴起。此所谓“后工业社会”，亦称为“高技术社会”“信息社会”“富裕社会”“发达社会”。

科技、经济结构、社会结构的变化带来了价值观、行为方式、生活方式、需求结构的深刻变化。由于白领阶层的基本需求（马斯洛所谓的低级需求）已经得到满足，于是高级需求被提上议事日程。又由于他们是主导阶层，所以在整体上马斯洛的高级需求被提上了社会议事日程。英格尔哈特所谓的“后物质主义文化”兴起，精神性追求上升。价值观个性化、多样化，主流道德、主流理论的主导性下降，道德相对主义盛行，相应地，社会的包容性提高。

白领崛起、富裕社会、高级需求上升，带来一系列深刻的后果。

17.3.3 慈善需求发生了变化

从受助者的需求来看。在后工业社会中，人们的基本需求“基本上”得到了满足。根据马斯洛的需求理论，低级需求满足之后将追求更高的需求，所以后工业社会追求高级需求的满足。需求等级越高，需求就越是个性化、多样化、小众化，而且不断变化。

从助人者的需求来看。以中产阶级为主体的助人者群体，价值观高度多元化，而且参与慈善的积极性很高，自主性很强，行动能力亦很强，并且拥有一定的资源。所以，他们定义的“慈善需求”也表现出高度的多元化，也具有个性化、小众化、随时变化的特征。

从民间与政府的分工来看。越是低级需求，刚性和同质性越强，满足此类需求的行动越是具有刚性、普遍、稳定、持续的特征，越是适于由政府予以满足。越是高级需求，弹性和差异性越强，个性化越突出，满足此类需求的行动越是具有弹性、小众、小规模、变动不居的特征，越是适于由非政府主体（个人、群体、慈善组织、企业）予以满足。随着社会的发展，此前未被满足的需求得到满足，越来越多的需求得到满足；越来越多的需求得到刚性的保障，被法律规定，由政府负责，进入公民权利清单；留给社会满足的需求，越来越高级，越来越多样化、小众化、个性化、富有弹性、随时变化，具有越来越鲜明的“后现代特征”。

人类的需求经历了这样一种演变过程：先是被无视、忽视，无人问津，得不到普遍满足被认为是天经地义、很正常、不是问题；然后是被认识，感到应该得到普遍满足，但是仅仅作为“道德诉求”，能满足更好，不能满足也可以接受；再就演变成为必须得到普遍满足的需求，刚性的要求，成为法律规定的政府必须予以保障的公民权利。

17.3.4 慈善的供给发生了变化

社会经济发展带来的后果之一就是全社会的道德水准提升，利他、助人、责任意识普遍提升。人人有慈善意识，各个部门也都有慈善意识。其结果就是慈善的行动主体剧增，一方面，人人参与慈善。普通人除了给慈善组织捐款、捐物、做志愿者，还可以发现问题、设计解决方案、筹集资源、组织实施。慈善不再是少数人的“职业”，而是成为大多数人的“业余活动”，成为个人生活的必不可少的组成部分。另一方面，各部门参与慈善。慈善不再是“慈善组织”“公益组织”“非营利组织”的“专利”了。所有部门都在“做公益”，慈善要素进入所有领域。围绕慈善的跨部门合作蔚然成分。此前的部门界限被打破了。行动主体的剧增又带来了“附加结果”——慈善创新能力暴涨，慈善发展日新月异。

另外，从受益方来看，权利意识提升了，能够更积极主动地提出诉求，而且能够直接采取行动解决自己的问题，也就是说，受益者成为自助者。

17.3.5　科技革命的推动

科技革命，尤其是“互联网革命”，给慈善带来了广泛而深刻的变化。

互联网的本质就是“连接”。强大的“连接”能力使得所有的人、事、物都能被瞬间触及，便捷、高效而且成本低廉。如今互联网已经成为真正的“公共基础设施”，任何个人和组织都可以自由使用，由此产生了广泛的“互联网+”。互联网可以“+”任何东西。慈善的各个环节——确定需求、资源动员，集体行动的组织协调，线上与线下的互动，资源提供者、传递者、受益者之间的各种资源的传递，由于互联网的存在，门槛降低了，成本降低了，效率提高了。

互联网降低了通讯成本和门槛。更为重要的是，互联网使越来越多的人能够发出自己的声音，打破了权力和金钱对大众传媒的垄断，带来了信息传播的自由化和民主化。普通个人不再是信息的被动获取者，而是信息的生产和发送者。互联网不但促进了单向的信息传播，也促进了人与人之间双向的信息交流。在此基础上，实体世界里的人与人的互动更加便捷。现在只要拥有一台电脑或者一部智能手机，任何人都可以接入互联网。无线网络的发展使得人们可以随时随地上网。智能手机的发展使其进入了“移动互联时代”。

作为一项集体行动，有效的慈善需要“共识”。慈善首先需要建立关于

“需求”的共识。建立需求共识需要发现客观存在的问题，再从众多的问题中筛选出要着手解决的问题。这都需要大量而频繁的信息交流。慈善需要有人来做，要有一个合格的团队，也就是说需要“聚人”。而“聚人”也需要大量而频繁的信息交流。只有人还不够，慈善还需要“筹款”。筹款需要向筹款对象发送信息，说服筹款对象使之同意捐款，同意捐款的人要把钱付给筹款者，筹款者还要给捐款者提供收据。这里不仅需要传递和交换信息，还需要传递货币和单据。有了目标，有了行动主体，有了所需的资源，还要有解决问题的方案，还要有方案的有效实施。项目设计及实施同样需要大量而频繁的信息交流。互联网帮助行动主体有效地克服了各种自然和人为的障碍，大幅度降低了信息传递成本，也大幅度降低了货币传递的成本（通过银行卡、移动支付）和单据传递的成本（通过电子单据），从而大幅度降低了慈善的成本。

互联网还引起了一场广泛而深刻的“组织革命”。确定需求、聚人、筹款和实施项目都需要“组织”（动词），而“组织”（动词）离不开“组织”（名词）。互联网打破了自然和人为的限制，使个体的力量得到前所未有的增长，组织方式和行动方式发生了巨变，集体行动广泛地发生，并深远地影响了人们的理念和思维方式。

互联网改变了实体组织的运行逻辑和组织结构。互联网的运用大幅度降低了组织内部的沟通成本，管理幅度增大，层级减少，组织趋于扁平化；同时，网络型协作更加普及，决策方式也更加分散，参与性更强。比改造实体组织更伟大的变革是创造虚拟组织。社交软件的出现是发生在互联网上的又一场伟大的组织革命。Facebook、微博、微信等社交网络，其本质是形式化的、通用的、开放的、人人可用的、触手可及的、简单的、免费的“组织”。它们是“组织的平台”。拥有一个自己的“组织”（名词），自发地“组织起来”（动词），不再是困难的事情，成本高昂的事情，难以企及的事情，而是简单的事情，廉价的事情，轻松愉快的事情。权力和金钱有效地垄断“组织”这种最重要的“资源”的时代结束了。

在传统慈善中，实体组织是“慈善组织化”的唯一载体。后工业社会与互联网叠加改变了这种局面。在后现代慈善中，个人可以出于兴趣和爱好，借助互联网快速找到一群志同道合的人，并发起集体行动。人们也可以借助互联网建立虚拟组织，从寻找组织成员到实施集体行动都可以在互联网上完成。借助互联网产生的组织（既是名词又是动词），自发、自主、分散，可以快速聚集，可以随环境变化而瞬间解散，也可以根据需要持续地生存下去。这样一来，个人或人们可以不再依赖于庞大的实体组织，不再需要跨越高不可攀的门槛，不再需要支付常人或小群体无力支付的成本，不再需要得到政府管理者的首肯，而是借助互联网自主地组织起来，酝酿、发起、实施并完成集体行动。可以说，互联网及虚拟组织，解除了个人对实体组织的依赖，个人不依靠实体组织也可以高效率地组织集体行动。

互联网使个人成为积极的“主角”，而不仅仅是消极的“配角”。依托互联网强大的“连接”功能，个人可以自主地发现问题，设计解决方案，向社会广而告之，募集各种资源，并组织实施。这就是后现代慈善中行动主体的“个体化”或“去组织化”。随之而来的，一方面是慈善的“业余化”“兼业化”“普遍化”；从另一方面看也就是“去职业化”“去专业化”。

在现代慈善中，专业慈善组织是唯一的、合法的“中介”。互联网打破了这种局面。借助互联网，助人者可以“越过”专业慈善组织与受助者“直接对接”；而受助者可以直接向社会求助，解决自己的问题，而不再求助于各种“中介”。这就是互联网的“去中介化”效应。

综上所述，互联网改变了慈善领域中的权力分配格局：大组织相对于小组织的优势下降了；实体组织相对于虚拟组织的优势下降了；组织相对于个人的优势下降了；助人者相对于受助者的优势下降了①。

17.4　大慈善产业的构建体系

17.4.1　新慈善家群体与价值观的构建

新一代的慈善家认为，现在就要解决困扰人类的很多问题，而不要等到以后再去解决。明天会有明天的危机，明天也会有明天的慈善家。

新慈善家们是正当盛年的企业界或成功职业人士，已经赚够了自己需要

---

① 第二、三节参见康晓光：《超慈善——中国慈善新时代的特征及其由来》。

的钱，现在想利用自己的财富、才能和技能为社会做点有益的事情。他们想改变和回馈社会，他们不必像大多数的社会企业家那样去筹集启动资金，征求外界的捐助，他们可以自己有能力去做慈善。他们想积极参与到慈善事业中，因为他们本身具有创新精神和商业才能，他们喜欢去填补空白，做别人忽略的事情。他们认为，如果你有才能、精力和金钱，你应该挺身而出。

他们是“新”慈善家，因为他们正当盛年，大都在40岁左右，这时的他们有目标、激情和梦想，还有精力去开拓一番新事业。他们不想在身故之后才把遗产用作慈善用途，他们想在有生之年看到自己的慈善基金发挥作用。

他们是“新”慈善家，因为他们远远超越了以往慈善家写支票的老模式，他们具有开拓和创新精神，选择并亲身参与自己的慈善项目。新慈善家都是成功人士，大多数来自商界，有很多人仍然保留着些许对商业的兴趣，他们喜欢用商业眼光看待自己的慈善项目。

他们是“新”慈善家，因为他们起了很重要的典范作用。他们的创新才能、敏锐的商业头脑不仅给社会企业带来了财富，还通过慈善事业，去帮助他人。

他们是“新”慈善家，因为他们中的许多人认为，“用自己赚的钱去资助我认为值得做的事情，是一大乐事”。这些慈善家们都对自己的慈善事业充满激情。他们奉献，不是为了追求社会地位，更不是为了获得个人利益。

这些新慈善家，他们来自不同的行业，网络、地产、金融、传统产业等等；这些新慈善家，他们可以是成功商人、成功企业家，也可以是知名人士、演艺明星。但是，他们也拥有共同点：他们都充满激情，具有持久力和合作精神。

17.4.2 慈善创投模式的构建

进入21世纪以来，无论欧美国家还是亚洲国家，都兴起了大规模的慈善捐助运动。这个浪潮在盖茨基金会和慈善家沃伦·巴菲特协力推动下，达到新的高峰。2006年6月，沃伦·巴菲特公开发布消息，将从7月起开始捐出85%的财富，其中多数将捐给全球首富，微软创办人比尔·盖茨以他和妻子为名创立的慈善组织“比尔暨梅琳达·盖茨基金会”。盖茨基金会迄今有310

亿美元的资金，加上沃伦的这笔资金，若干年后的盖茨－沃伦基金会将成为世界上名副其实的基金会“巨无霸”。巴菲特的慈善捐赠造成了如滚雪球般的效应。

新慈善家们提出了建设慈善市场必须具备的要素：首先是投资对象。类似企业投资只有选择了优秀企业作为投资对象才有可能获得高回报率那样，慈善市场也要选定最具有潜力的社会企业作为投资对象。类似具有企业家素质的优秀人才能创办优秀企业那样，社会企业也要有一批具有社会企业家素质的优秀人才才能建设起来。第二，需要建立慈善市场的基础结构，才能促成其规范地运作。类似于企业市场的运作离不开投资银行、项目计划、项目运营、研究机构、管理顾问、基本制度、基本结构和基本人才一样，规范的慈善市场也要有自己的基本制度、基本结构和基本人才。最后，才是谁来进行慈善投资。所有的捐款者都在进行自己的慈善投资，只是社会投资家是专业人士，他们更须重视投资的效益和效率而且要发展出一整套的方法。慈善市场的投资家要像经济市场的投资家那样，运用他们的财务资源来达到最高的社会投资报酬率，最大限度地扩大社会投资的收益。

将慈善事业建设成高效益和高效率的现代全球性事业，这就是未来 20 年慈善事业发展的重大目标，而一批新慈善家的目光正在瞄准这个目标，他们带来的不仅仅是资金，而是多角化、多元化、多样化的慈善投入。由他们率先发动，而后各种社会力量集成的资源包括金钱、时间、专业技术、媒体、行销人才，以及社会关系等等，通过慈善的渠道和号召来改变世界。新一代慈善家正在创造慈善捐赠的新形态、新方式，这与近百年来已经固化的公司捐赠大不相同。新慈善时代的慈善创投，已经不同于以往的慈善。现代慈善要以投资来解决根本问题，透过慈善投资的方式，可以摆脱以往的只给予的老方式，更能突显自由、个人价值以及企业精神。

日本环境学家铃木教授曾经这样形容我们现在居住的世界，它是一张生命之网，任何事物都是相互联系相互影响的，当你和你获取财富的社会对立起来的时候，你就把自己从自己生存的环境中孤立了出来，你的财富也无法延续。把热心公益事业的人们联合起来，让他们再去影响其他人，这样的事业将会在更长的时间内对所有人的生活带来影响。

如今，富裕起来的中国开始走向世界，中国的新慈善时代正在来临。如何让慈善成为企业家自觉的行为，让慈善成为企业家的追求，让慈善成为企业家的决策习惯，让慈善成为企业界的新时尚，这是我们正在思考的问题。

17.5 陈禹嘉的慈善历程：从起步到大胆创新①

17.5.1 陈禹嘉的慈善理念

陈先生出生于香港，在非洲长大并在欧美接受教育，是一位具备国际视野的创投慈善家，他所涉及的慈善领域颇为丰富。他的家族基金会——陈一心家族基金会发起儿童早期阅读项目和国际运动“看见”。“看见”旨在通过和来自创新者、初创企业、政府、NGO 共同携手合作，为目前全球尚被视力问题所困扰的高达 25 亿人提供帮助。

陈禹嘉说：“所有的慈善工作并不仅仅是给予资金上的资助，更多的是愿景，并且舍得投入自己的时间和精力。我父亲的公益慈善的精神，一直激励着我，每一天都激励着我。”

他说：“在我踏上大胆创新公益慈善独立的第一步的时候，当时我是怀揣着我们基金会新的目的和使命，那就是要去实现图书馆再兴、振兴，给它带来新的生命，能够培养出新的，在大中华地区一个新的文化。能够实现改变，让这个世界变得更好，这也就意味着说我们要愿意承担风险，要有愿景、要有战略、要有规划，要做好教育创新和实践的工作。不管我们需要什么样的才能，不管是我们需要多少资本去实现这样的变化，使这个世界变得更好，我们都愿意付出，这对我来说，这就是公益慈善的核心，我觉得越大胆创新越好！”

陈禹嘉认为“慈善理念的契合会决定项目的成败。”“理事会并不是一个盖章过程。”“尽职调查永远是最重要的，也是工作的第一步。”

陈禹嘉说：“成立家族慈善基金的好处是，我们比其他机构投资者或者捐

---

① 本案例根据 2018 年 3 月 6 日《公益时报》文章《陈禹嘉：慈善理念的契合会决定项目的成败》（作者：王勇）及《中国慈善家》2018 年第 4 期文章《陈禹嘉：看见世界，看见未来》（作者：王筱）整理。

赠者能承担更大的风险，可尝试创新的概念，以促成改变。”“即使在慈善之路上遭遇到意想不到的挑战，也要保持着自己的初心，充满耐心，才能确保以项目长期发展的目标来解决问题。”

陈禹嘉强调：“基金会认识到以下三大原则是非常重要的：投入时间；建立自身专业领域；与能推动事业的伙伴进行合作。”

17.5.2　陈禹嘉的慈善基金会

陈禹嘉先生是其家族企业华亨集团的第三代成员和主席。他将单一家族办公室的概念引进亚洲，并创办了家族办公室 Legacy Advisors Ltd。他也是亚洲首批采用公益创投概念的慈善家，并以此建立了陈一心家族慈善基金。该基金会的策略重点为早期儿童阅读、图书馆发展和教育资助。基金会成立于 2003 年，至今已支助了接近 200 个中国内地、香港和西非的项目。

家族基金会成立后，陈禹嘉开始着手梳理与管理父亲捐建的慈善项目。陈禹嘉先生与夫人李淑慧女士于 2006 年创办了推广家庭亲子阅读的公益机构——书伴我行（香港）基金会，并于 2006 年创立首个全球认可的中文儿童图画书奖项——丰子恺儿童图画书奖。

17.5.3　陈一心基金会的管理

从一开始，陈一心家族慈善基金给自己定下的宗旨就是，宁愿走得慢一些，但每一步都要专业且扎实。2002 年筹备基金会时，陈一心家族邀请了毕业于多伦多大学公共社会学专业，在公益领域有着 30 多年工作经验的辛西娅（Cynthia D’Anjou Brown）担任咨询顾问，主导设计家族基金会的规章制度与治理体系。辛西娅历时一年设计出一本指导手册，详细地阐明了基金会的管理结构、运作流程、岗位职责，以及 NGO 的项目评审标准等。

陈一心基金会设有独立的执行总监，执行总监须向由三位家族成员和四位非家族成员组成的理事会报告。每位理事都有相同的投票权。自 2017 年起，陈禹嘉担任了基金会的主席。

基金会按照当初建立架构和工作方式时的协议，每年从陈氏家族获得一笔资助。只要所提出的项目或计划符合基金会的条件和审批程序，并获理事会支持，便会获得资助。

所有的家族成员理事与非家族成员理事都需要共同遵循基金会治理的指导手册，这本手册列明了基金会管理结构，理事们的职责，基金会运作流程及 NGO 的项目审批标准。基金会遵循集体决议原则，每名理事都只有一票投票权，且投票独立。申请的资助项目与理事会成员有官方联系，该名理事可以参与项目审批讨论，但不能参与投票。

对资助项目，执行层在递交申请书到理事会阶段前，要做到尽职调查，根据基金会审批的标准，详细了解机构与项目设计及目标，并提供审批建议。执行层由于比较了解特定领域的需求和挑战，对战略规划以及策略也会提出方向。

当基金会执行团队收到项目申请意向书，会首先看是否符合基金会资助的范围以及项目理念。如果符合，基金会将邀请机构填写项目申请书，里面的问题需要机构详细阐述，包括：项目的设计，项目的管理，资助结束后如何继续延续项目影响等。概括来说，问题涵盖三个方面：项目的有效性，资源管理，以及机构的领导和治理。

基金会执行团队不仅在项目层面与机构进行交流，同时也需要了解机构的运作。如果有机会，在项目审批前，执行团队会去机构项目点，考察机构运作项目的方法。

在决定基金会策略方向时，无论何种分歧，最终都需要围绕基金会的使命及愿景去讨论，这是基金会发展的方向标。同时，对不同观点和文化予以尊重和开放接纳的态度能够为所有人提供更大的启发，并提高决策的正确性。

另外，基金会一直在积极寻找且鼓励合作伙伴去尝试充满创新的项目，虽然这样的项目存在风险及可能导致失败的结果，但基金会一直秉承对比风险，如果能够有系统的改变，满足服务人群的需求，那么风险就值得一试。对这些价值观的共识，使理事们在制定策略方向时，有一些共同的原则和想法。

第 18 章　大文旅产业

18.1　大文旅产业迈进新时代

大文旅产业是指文化产业和旅游产业的融合。低碳经济时代，文化和旅游两大产业逐渐成为世界主要国家优先发展的“绿色朝阳产业”。党中央提出“要推动文化产业与旅游、体育、信息、物流、建筑等产业融合发展”。作为我国大力扶持发展的第三产业新模式，文化与旅游两大产业的融合发展对促进整个国民经济的发展升级和结构转型有着重要意义。

18.1.1　文旅产业上升到国家战略发展新高度

随着旅游业对国民经济的影响力越来越大，旅游产业在国民经济中的地位不断上升，产业性质从最初的“经济型产业”“国民经济新增长点”“国民经济重要产业”上升到“国民经济的战略性支柱产业”。近十年来，全国旅游总收入从 2007 年的 1.01 万亿元增长到 2017 年的 5.4 万亿元，增长了 5 倍，而且除 2008 年以外，各年度旅游业收入增速均高于 GDP 增速；如今，随着机构改革的深入推进，旅游进一步发挥其在文化传承、传播、交流的平台作用，推动社会主义文化强国建设。文旅融合成为建设文化强国、提升文化自信、推动文化“走出去”的重要路径和载体，旅游被赋予新的历史使命和责任。

18.1.2　产业投资主体呈现竞争新格局

2017 年我国旅游直接投资超过 1.5 万亿元，同比增长 16%。目前，全国各地已经组建了100多个文旅集团，各类文旅基金数量达到100余家，规模上百亿的已经超过10家以上。可以预测，未来三年，各类国家级的文旅产业基金将如雨后春笋般诞生，不断为产业注入发展新动力。实际上在投资端已经形成了跨行跨界的新格局，根据《2018中国文旅产业投资发展趋势》报告，以京津冀地区为例，在106个重点旅游投资项目中，旅游企业投资商仅有27个，占比26.7%，其余非旅企业投资商占比73.3%。大型非旅企业通过投资、并购加速进军文旅产业，推动产业格局的大整合、大调整。

18.1.3 消费升级倒逼供给侧创新产品新形态

随着大众旅游时代的到来，旅游成为常态化的生活选项。据统计，从1984年到2017年，国民人均出游次数从0.2次增长到3.7次，增长了18.5倍，国内游客数量从2亿人次扩大到50亿人次，增长了25倍。在产业规模持续扩大的同时，我们更应该关注游客多元化与个性化需求的转变。人们出行的目的不再是简单的观光游览，还衍生了亲子、医疗、体育、休闲度假等各方面的个性化需求。以陪伴互联网成长起来的“90后”和“00后”年轻族群为例，他们不论是对实物消费，还是文化娱乐消遣，都追求精致化和个性化，所以消费升级带来的品质追求和个性化需求，是进一步发展文旅产业应面对的新课题。

18.2 大文旅产业发展趋势和机遇

中国文旅强化发展的时代已然到来，吸引各行各业的资本进入。中国国旅、港中旅、携程、华侨城、中青旅等旅游企业近六年来投资1500亿元，旅游跨界投资互联网企业前10位中9家投资旅游，5年累计350亿元，房地产企业前5位全部投资旅游1.7万亿元，风投企业前10位中8家投资旅游，山西省煤炭企业215家投资旅游、累计320亿元，国美、苏宁、中粮等传统企业纷纷试水旅游。作为一项综合性、带动性强的新兴产业，文化旅游已明显呈现出多领域、多产业融合式发展的势头。

18.2.1　创意创新驱动力更强，文创成为文旅产业的重要支撑

文化创意，成为文化旅游的重点发展方向。文化创意产业被称为 21 世纪全球最有前途的产业之一，全世界创意经济每天创造产值达 220 亿美元，并以 5% 的年增长速度递增。如今，文化创意产业已经成为许多国家和地区经济发展的支柱产业。

文化创意产业在旅游领域的拓展和延伸，成为旅游发展的新引擎，反过来，旅游的发展也为文化创意产业的繁荣创造了新机遇、新动力。在旅游产业集群化发展及文化创意产品特点的背景下，文化创意旅游已经成为旅游景区、旅游企业及相关部门共同参与的新领域、新热点。北京怀柔影视基地、横店影视基地等一大批文化创意产业园区，不但提升了休闲经济时代下的传统旅游产品和文化活动，而且开始成为各大城市旅游经济发展的新引擎。

18.2.2　文旅融合度越来越高

文旅融合运营逻辑已成国家思维，文旅融合发展，有利于更快更好推进文化产品创新开发与文化产业规模化发展。目前全国人均国内旅游次数已达 3 次/年以上，文化旅游成为国内最大的文化消费市场。因此，文化旅游已经成为文化产品开发和文化产业发展最大的市场基础。

18.2.3　资本运作更加频繁

中国国旅并入港中旅，成为最大的旅游央企，锦江集团收购维也纳精品连锁酒店和店和百岁村餐饮连锁酒店，华侨城和云南世博集团进行重组。为完善产业链为目的并购重组不断加剧，围绕渠道短和资源端的整合性投资最为突出，首都航空向途牛投资 5 亿美元，成为最大股东，携程投资中国东方航空成立久栖精品连锁客栈，以及同程旅游和万达旅业合并重组，为万达集团旗下的北京万达旅业投资有限公司。

18.2.4　IP 打造成为主要任务

文旅产业的核心竞争力是 IP：客人心向往之的地方迪士尼就是一个很好

的例子。各大文旅产业集团充分认识到IP的重要性，纷纷自行打造，或重金并购。IP是新的交易入口，能为企业带来源源不断的生意，是除了传统硬件、软件之外最值得投入的一项新的资源，是文旅新的核心竞争力。除了迪士尼，另一个例子就是赌城拉斯维加斯。那个地方，是个沙漠。谁会去沙漠旅游？可因为有了赌城这个大IP，世界各地的人们趋之若鹜。

18.2.5 文旅产业融合发展的新机遇

一是政策机遇。近年来，国家采取了一系列举措推动文旅产业的融合。除了颁布《关于促进文化和旅游结合发展的指导意见》《国务院关于推进文化创意和设计服务与相关产业融合发展的若干意见》等系列政策外，"一带一路"战略布局、各经济区整合划分以及大城市群的规划建立等经济空间布局都有利于文旅产业资源整合与市场扩容。

二是市场机遇。我国文化产业进入蓬勃发展时期。过去5年，产业增加值年均增长13%以上；《国家"十三五"时期文化发展改革规划纲要》也明确提出，到"十三五"末，文化产业将成为国民经济的支柱型产业。旅游产业则将从高速增长阶段转向优质发展阶段。根据《2018年全国旅游工作报告》预测，到2020年，旅游市场总规模将达到67亿人次，旅游投资总额2万亿元，旅游业总收入达到7万亿元。这将是一个巨大的体量。

三是地区机遇。京津冀一直是投资的重点区域。尤其是2017年4月，党中央、国务院公布设立河北雄安新区，作为北京非首都功能疏解的集中承载地，再加之冬奥会、第二机场、通武廊等政策的发酵，京津冀地区更是成为了市场追捧的热点。从大区域看，近两年东部地区依然是投资重点，实际完成投资额约占全国的50%；西部地区投资洼地效益逐步显现，不仅地区投资增速最快，而且实际完成投资额已超过中部地区。

四是业态机遇。"旅游+""文化+"战略的实施将进一步推动文旅产业突破传统行业的限制，与新型工业化、城镇化、信息化和农业现代化紧密结合，不断催生新业态、新产品。

除了文旅小镇、美丽乡村等新业态外，回归健康生活、回归体验互动、回归文化创意的旅游康养、主题公园、文化旅游综合体类产品同样迎来新的发展机遇。随着社会主要矛盾的转变，“美好生活”已经成为当下及未来最大的刚需，追求更高品质的文化生活以及幸福感、获得感、体验感已逐步取代过往对物质的需求。同时，我们应该看到，文旅产业融合发展背后更深刻的含义是人们需求层次的提升，是经济发展到一定阶段后的社会变革，需要全行业、全产业、全领域一起在新时代背景下，开创文旅产业融合发展的新局面！

18.3　新时代的大文旅产业融合

国家文旅部在《关于促进文化与旅游结合发展的指导意见》中确定五大文旅融合发展思路，着力推进文化产业和旅游业融合发展。总的思路是，坚持“宜融则融、能融尽融”，找准文化和旅游工作的最大公约数、最佳连接点，各领域、多方位、全链条深度融合，实现资源共享、优势互补、协同并进，形成发展新优势。

18.3.1　着力推进理念融合

文化是旅游的灵魂，旅游是文化的重要载体。加强文化和旅游的深度结合，有助于推进文化体制改革，加快文化产业发展，促进旅游产业转型升级，满足人民群众的消费需求；有助于推动中华文化遗产的传承保护，扩大中华文化的影响，提升国家软实力，促进社会和谐发展。各地要从构建社会主义和谐社会的高度，以“树形象、提品质、增效益”为目标，采取积极措施加强文化与旅游结合，切实推动社会主义文化大发展大繁荣。

思想是行动的先导。要把理念融合放在首要位置，从思想深处打牢文化和旅游融合发展的基础，推动文化和旅游深融合、真融合。

18.3.2　着力推进产业融合

要积极寻找文化和旅游产业链条各环节的对接点，发挥各自优势、形成新增长点。实施“文化＋旅游＋战略”，推动文化、旅游及相关产业融合发展，不断培育新业态。深入实施“互联网＋”战略，推动文化、旅游与科技融合发展。统筹推进文化生态保护区和全域旅游发展，推动传统技艺、表演艺术等门类非遗项目进重点旅游景区、旅游度假区。推进红色旅游、旅游演艺、文化遗产旅游、主题公园、文化主题酒店等已有融合发展业态提质升级。

18.3.3 着力推进市场融合

统一有序、供给有效、富有活力的市场是文化和旅游融合发展的重要基础。要以文化市场综合执法改革为契机，推动文化和旅游市场培育监管工作一体部署、一体推进。鼓励文化机构和旅游企业对接合作，支持文化和旅游跨业企业做优做强，推动形成一批以文化和旅游为主业、以融合发展为特色、具有较强竞争力的领军企业、骨干企业。优化营商环境，促进创新创业平台和众创空间服务升级，为文化和旅游领域小微企业、民营企业融合发展营造良好政策环境。

18.3.4 着力推进服务融合

协同推进公共文化服务和旅游公共服务、为居民服务和为游客服务，发挥好综合效益，是深化文化和旅游融合发展的重要内容。

（1）统筹公共服务设施管理。

探索建设、改造一批文化和旅游综合服务设施，推动公共文化设施和旅游景区的厕所同标准规划、建设、管理。

（2）统筹公共服务机构功能设置。

在旅游公共服务设施修建、改造中，增加文化内涵、彰显地方特色。利用公共文化机构平台，加大文明旅游宣传力度。

（3）统筹公共服务资源配置。

推动公共服务进旅游景区、旅游度假区。构建主客共享的文化和旅游新空间。在游客聚集区积极引入影院、剧场、书店等文化设施。统筹实施一批文化和旅游服务惠民项目。

18.3.5 着力推进交流融合

文化和旅游都是推动文明交流互鉴、传播先进文化、增进人民友谊的桥梁，文化和旅游融合发展必须在交流融合方面下大力气、作大文章。

（1）工作层面。

进一步整合对外和对港澳台文化和旅游交流工作力量，整合海外文化和旅游工作机构，统筹安排交流项目和活动，同步推进文化传播和旅游推广。

（2）渠道方面。

要发挥好博物馆、美术馆等文化机构和旅游景区景点、旅行社、旅游饭店在传播中国特色社会主义文化方面的重要作用，引导各类导游、讲解员和亿万游客成为中国故事的生动讲述者、自觉传播者。

（3）载体方面。

要综合发挥文化和旅游各自优势，推动更多优秀文化产品、优质旅游产品走向海外，进入主流市场、影响主流人群，把中华优秀传统文化精神标识展示好，把当代中国发展进步和中国人精彩生活表达好，为提高国家文化软实力和中华文化影响力作出贡献。

18.4　案例——宁夏深挖民族文化特色促进大文旅产业发展①

宁夏历史悠久，地域文化资源富集，民族特色鲜明。为充分挖掘保护和开发利用宁夏文化资源，大力发展文化产业，将宁夏丰富多彩的文化资源优势转化为特色文化产业优势，自治区党委政府决定打造“宁夏之礼”文化旅游产业品牌。

18.4.1　提升文化产业整体实力

宁夏举办自治区文化创意设计大赛，提供展示机会，扩大品牌影响，鼓励各类人才大胆创意、创造和创新，推进文化创意设计服务成果转化和市场推广。发挥 801 文化创意产业园、西夏文化创意产业园等文化产业园区基地的孵化、服务功能，培育一批具有较强创意创新能力和发展潜力的中小微文

① 本案例根据 2016 年 1 月 14 日《中国经济网》文章《宁夏：深挖民族文化特色　促进文创及相关产业融合发展》及 2018 年 8 月 1 日新华网报道《宁夏着力打造“宁夏之礼”文化旅游产业品牌》等整理。

化企业和创客空间，落实国家扶持小微企业、创客空间发展的政策措施，引导和帮助各类小微文化企业、创客空间增强盈利能力和发展后劲。立足悠久厚重的黄河文化、风情浓郁的回族文化、走向胜利的红色文化、神秘独特的西夏文化，坚持正确的文化产品创作生产方向，推出一批原创文化产品和服务。加大文化产业项目建设力度，积极推进西夏陵国家遗址公园、华夏河图文化园、中华回乡文化园等重点项目建设，为构建现代文化产业体系、打造中阿人文合作交流示范区、传播中华文明、推动宁夏文化产业有机融入国际、国内文化产业链提供载体支撑。

18.4.2 挖掘旅游发展文化潜力

宁夏深度挖掘自治区民族区域特色文化资源，把创意元素融入旅游景区规划、旅游产品与线路开发、旅游节庆策划、旅游市场推广等各个领域，把设计理念融入旅游“吃住行游购娱”等各个环节，推动文化旅游资源向多元化的旅游产品转化。宁夏建设中卫旅游经济开发试验区、六盘山旅游扶贫试验区、贺兰山东麓葡萄文化旅游长廊、黄河金岸文化旅游廊道，以知名景区为龙头、以历史文化为主线、以地文景观为核心，整合资源、整合线路、整合产品，建设富有文化魅力的精品景区。形成“黄河文化”“回乡风情”“西夏探秘”“红色之旅”“塞上江南”“大漠风光”“丝路古韵”等国际旅游产品体系，开发具有宁夏特色的标志性旅游产品。

18.4.3 提升人居环境质量

宁夏提升城乡规划创意设计水平，深入挖掘和提炼彰显地区特色的建筑元素，大力培育优秀规划设计单位和人才。提升城市建设创意设计水平，全面开展城市设计工作，优化城市空间布局，完善城市设施功能，打造特色街区，建设特色城市。提升建筑创意设计水平，着力推进建筑设计理念和建筑技术传承创新，特别要贯彻节能、节地、节水、节材的要求，加快新工艺、新技术、新设备、新材料推广应用，积极发展绿色建筑，推动装饰产品和材料升级，创造舒适优美的个性化家居环境。提升新农村建设创意设计水平，融合村镇人文历史、地域特色、自然景观、民俗习惯，加快推进美丽乡村建设，努力打造一批田园美、生态美、生活美的特色文化村镇。强化重点文物单位、历史文化建筑及传统村落民居保护，做好历史文化名城名镇名村保护工作，为把我区打造成丝绸之路经济带战略支点提供支持。

18.4.4　做强特色优势农业

宁夏鼓励文化创意和设计服务企业为种养大户、专业合作社、家庭农场、农业企业等新型经营主体开展多种形式的创意设计，延伸现代农业产业链，提升农产品附加值。实施品牌文化战略，整合农业文化资源，加快培育特色农产品品牌，扶持地理标志产品发展，做大贺兰山东麓葡萄酒、中宁枸杞、盐池滩羊、香山硒砂瓜、六盘山马铃薯、宁夏供港菜等一批区域品牌，做强一批企业和产品知名品牌。丰富农产品特别是清真农产品向国际化发展，鼓励建设一批农产品专业市场、特色农产品展览展示场地、特色农产品观光走廊，推进特色农业文化宣传交流。创新营销模式，加快建设宁夏绿色农产品电子商务物流平台，发展农产品电子商务，强化创意设计和包装策划，大力开展推介活动，不断拓宽特色农产品销售渠道。充分挖掘农业文化内涵，不断丰富农业产品、农事景观、乡土文化等创意设计，培育集农耕体验、田园观光、休闲度假、教育展示、文化传承于一体的创意休闲农业集群，推进农业与文化、科技、生态、旅游融合发展。

18.4.5　拓展体育产业发展空间

宁夏加快发展体育产业，支持各地依托自然人文、生态旅游资源，开发沙漠、水上、山地等运动休闲项目，建设体育服务业为主体、户外休闲运动产业为重点的体育产业体系。建设一批便民利民的中小型体育场馆、全民健身活动中心、户外多功能球场等设施，打造城市社区 15 分钟健身圈。加大体育场馆免费低收费开放力度，支持学校体育场馆向社会开放。鼓励大众参与健身锻炼，倡导每天健身 1 小时。运用市场机制，引导支持社会力量策划、引进和举办体育赛事。举办中国—阿拉伯国家体育赛事。推动建设国家级沙漠体育运动基地、航空飞行基地，打造大漠、湖泊、山地等富有宁夏特色、具有国际国内影响力的品牌赛事。巩固和深化“一市一品牌”办赛模式。发展多形式、多层次体育协会和中介组织，支持体育社会组织承担适合的体育公共服务。鼓励文化企业研究开发科技含量高、拥有自主知识产权的体育产品，创意设计体育衍生品。积极培育体育健身市场，扩大大众体育消费。

第 19 章　大物联网产业

19.1　物联网产业与物联网世界

19.1.1　物联网

物联网（The Internet of Things）起源于传媒领域，是信息科学技术产业的第三次革命。物联网是基于互联网、广播电视网、传统电信网等信息承载体，让所有能够被独立寻址的普通物理对象实现互联互通的网络。

物联网的内涵是机器与机器（即 M2M，Machine To Machine）、机器与人之间的远程通信，应用在诸多行业中，基于特定的终端，以短消息/分组数据业务（如 GPRS、LTE 4G）等为接入手段，满足客户对生产监控、指挥调度、远程数据采集和远程诊断等方面的信息化需求。

物联网的实现需要给每个物体分配唯一的标识或地址。最早的可定址性想法是基于 RFID 标签和电子产品唯一编码来实现的。下一代互联网将使用 IPv6 协议，它拥有极大数量的地址资源，使用 IPv6 的程序能够和几乎所有接入设备进行通信。这个系统将能够识别任何一种物品。

在供给侧和需求侧的双重推动下，物联网进入以基础性行业和规模消费为代表的第三次发展浪潮，5G、低功耗广域网等基础设施加速构建，数以万亿计的新设备将接入网络并产生海量数据，人工智能、边缘计算、区块链等新技术加速与物联网结合，应用热点迭起，物联网迎来跨界融合、集成创新和规模化发展的新阶段。

19.1.2　物联网与人工智能的区别和联系

有很多人认为物联网和人工智能所代表的东西是相同的，这显然是一种误解。物联网（IoT）使用信息传感设备在某些网络协议下将任何项目连接到互联网，从而实现物联网。人工智能是不同的。人工智能是人类智能的延伸。它是信息处理的高级中介。人工智能属于计算机的分支。从这两个概念的分析来看，这两个概念与信息有关。它背后的意义是大数据的时代。可以说这两个概念是大数据的重要环节。

在大数据时代，物联网可以通过商品和互联网的连接收集大量信息。然后将这些收集的信息移交给人工智能进行处理和分析，以使数据更加清晰明确。这两种技术现在是分开的，但从这两种技术的未来发展来看，信息收集与信息分析之间的联系当然是不可分割的，因此这两种技术在概念上是不同的。但是，未来的角色是紧密结合的。

19.1.3 物联网世界

如果物联网再搭上互联网这个桥梁通过物联网域名，在世界任何一个地方我们都可以即时获取万事万物的信息。可以这么说，物联网加上互联网等于智慧地球。物联网用途广泛，可运用于城市公共安全、工业安全生产、环境监控、智能交通、智能家居、公共卫生、健康监测等多个领域，让人们享受到更加安全轻松的生活。

例如，从成都开车到重庆，上车后，只要设置好目的地便可随意睡觉、看电影，车载系统会通过路面接收到的信号智能行驶；不住在医院，只要通过一个小小的仪器，医生就能24小时监控病人的体温、血压、脉搏；下班了，只要用手机发出一个指令，家里的电饭煲就会自动加热做饭，空调开始降温……

这不是科幻电影中的场景，通过“物联网”的逐步实现和提升，每个人的生活都将向此靠拢。所谓物联网，在中国也称为传感网，指的是将各种信息传感设备与互联网结合起来而形成的一个巨大网络。

具体来说，就是通过安装信息传感设备，如射频识别（RFID）装置、红外感应器、全球定位系统、激光扫描器等，将所有的物品都与网络连接在一起，方便识别和管理。电视、洗衣机、空调甚至自行车、门锁和血压计上都能使用。

未来十年内，物联网就可能大规模普及，将广泛运用于智能交通、环境保护、政府工作、公共安全、平安家居、智能消防、工业监测、老人护理、个人健康等多个领域，一个上万亿元规模的高科技市场就此诞生。如果物联网顺利普及，就意味着几乎所有的电器、家居用品、汽车制造都急需更新换代。

在实际运用中，上海浦东国际机场防入侵系统铺设了 3 万多个传感节点，覆盖了地面、栅栏和低空探测。多种传感手段组成一个协同系统后，可以防止人员的翻越、偷渡、恐怖袭击等攻击性入侵。国家航总局正式发文要求，全国民用机场都要采用国产传感网防入侵系统。

19.2 国家大力推动物联网产业

19.2.1 国家支持物联网产业发展

2010 年 10 月 18 日，《国务院关于加快培育和发展战略性新兴产业的决定》中，物联网作为新一代信息技术里面的重要一项被列为其中，成为国家首批加快培育的七个战略性新兴产业。这标志着物联网被列入国家发展战略，对中国物联网的发展具有里程碑的重要意义。

2011 年 3 月 16 日，《国家“十二五”规划纲要》提出要推动重点领域跨越发展，大力发展节能环保、新一代信息技术、新能源、新材料等战略性新兴产业。物联网是新一代信息技术的高度集成和综合运用，已被国务院作为战略性新兴产业上升为国家发展战略。

2012 年 2 月 14 日，《“十二五”物联网发展规划》提出，到 2015 年，中国要在物联网核心技术研发与产业化、关键标准研究与制定、产业链条建立与完善、重大应用示范与推广等方面取得显著成效，初步形成创新驱动、应用牵引、协同发展、安全可控的物联网发展格局。

2013 年 2 月 5 日，《国务院关于推进物联网有序健康发展的指导意见》提出，到 2015 年，我国要实现物联网在经济社会重要领域的规模示范应用，突破一批核心技术，培育一批创新型中小企业，打造较完善的物联网产业链，初步形成满足物联网规模应用和产业化需求的标准体系，并建立健全物联网安全测评、风险评估、安全防范、应急处置等机制。意见指出，将建立健全有利于物联网应用推广、创新激励、有序竞争的政策体系，抓紧推动制定完善信息安全与隐私保护等方面的法律法规。建立鼓励多元资本公平进入的市场准入机制。加快物联网相关标准、检测、认证等公共服务平台建设，完善支撑服务体系。加强知识产权保护，加快推进物联网相关专利布局，从而推动物联网健康有序的发展。

2013 年 9 月 17 日，国家发展改革委、工业和信息化部、科技部、教育部、国家标准委等联合制定《物联网发展专项行动计划（2013—2015 年）》。计划包含了顶层设计、标准制定、技术研发、应用推广、产业支撑、商业模式、安全保障、政府扶持、法律法规、人才培养十个专项行动计划。各个专项计划从各自角度，对 2015 年物联网行业将要达到的总体目标作出了规定。

2014 年 7 月，国家发展改革委、工业和信息化部、科技部、教育部、国家标准委联合物联网发展部际联席会议相关成员单位制定了十个物联网发展专项行动计划，要求各地根据各专项行动计划的指导思想、总体目标、重点任务、分工与进度、保障措施等，尽快细化本地区的具体措施，加强沟通协调，务实推进相关工作。

2017 年 1 月，工信部发布的《物联网“十三五”规划》则明确了物联网产业“十三五”的发展目标：完善技术创新体系，构建完善标准体系，推动物联网规模应用，完善公共服务体系，提升安全保障能力等具体任务。同年 6 月，工信部办公厅下发了《关于全面推进移动物联网（NB - IoT）建设发展》的通知。要求全面推进广覆盖、大连接、低功耗移动物联网（NB - IoT）建设，2020 年 NB - IoT 网络实现对于全国的普遍覆盖以及深度覆盖。

19. 2. 2　大物联网产业发展的战略意义

16 世纪以来，世界发生了多次科技革命，每一次都深刻影响了世界力量格局，进入 21 世纪以来，新一轮科技革命和产业变革正在孕育兴起，全球科技创新呈现出新的发展态势和特征。科技实力往往决定着世界政治经济力量对比的变化，也决定着各国各民族的前途命运。

历史经验显示，国家的成功和繁荣与科技革命和产业革命有着紧密关系。那些抓住科技革命和产业革命历史机遇的国家，很容易成为发达国家或世界强国，如英国、德国和美国；忽视科技革命和产业革命所带来机遇的国家，国际地位有可能下降，如葡萄牙、西班牙、阿根廷。

世界正处于新一轮技术创新浪潮引发的新一轮工业革命的开端。以移动互联网、物联网、云计算、大数据等为代表的新一代信息通信技术（ICT）创新活跃，发展迅猛，正在全球范围内掀起新一轮科技革命和产业变革。此时带来的创新机会，也将带来创造领先的机会和赶超的机会。这些新机会包括互联网、物联网、无线网、大数据、云计算、量子通信等在内的新一代信息技术，以及信息技术在经济和社会领域的渗透和应用，包括智能化和绿色化的先进制造、机器人、智慧城市、智能交通、智能电网、可再生能源和绿色技术等。目前，第五次科技革命进入第三阶段，智能化、绿色化、网络化和全球化互相交织，正改变着世界经济和人类社会。20 世纪末的一系列新兴市场遭受金融危机的冲击后，诞生了互联网这一新兴行业；十余年后，在一次人类历史上数一数二的金融危机余波未了的时候，物联网产生。物联网的出现，一方面是由于进入新世纪以来，全球经济危机的推动以及政策的驱动；另一方面，成熟的传感技术、发达的网络以及高速的信息处理能力也为之提供了坚实的基础。

作为信息通信技术的突破方向，物联网蕴含巨大的增长潜能，是重要的战略性新兴产业，是继计算机、互联网和移动通信之后的新一轮信息技术革命，正成为推动信息技术在各行各业更深入应用的新一轮信息化浪潮。物联网的提出体现了大融合理念，突破了将物理基础设施和信息基础设施分开的传统思维，具有重要的战略意义。

物联网已成为各国综合国力竞争的重要因素，各个国家政府纷纷进行物联网战略布局，瞄准重大融合创新技术的研发与应用，寻求把握未来国际经济科技竞争主动权。我国亟须抓住新一轮的科技革命和产业革命的重要机遇，加快战略部署和专项行动计划实施，推动技术和应用创新，释放物联网潜力，深化物联网应用，推动物联网的健康可持续发展。

19.3　物联网与智慧城市

智慧城市成为物联网应用的主要阵地。当今世界，一半以上的人口生活在城市，目前城市化已经成为全球最显著的经济特征之一，而不断衍生出的“城市病”，如交通拥堵、能源短缺、环境污染等也进一步催化了智慧城市概念的产生。智慧城市是数字城市的延续和提升，是人类为了解决一系列城市问题想出的一条可行之路。2014 年，国务院八部委联合印发的《关于促进智慧城市健康发展的指导意见》提出，“智慧城市是运用物联网、云计算、大数据、空间地理信息集成等新一代信息技术，促进城市规划、建设、管理和服务智慧化的新理念和新模式”。智慧城市是工业化、城镇化、信息化在特定历史时刻交汇的产物，也是调整经济结构的必然要求。

智慧城市建设，必须引入新一代的信息技术，包括物联网、大数据、云计算、三网融合等，其中物联网是智慧城市建设的重要途径，实现智慧城市是长远目标。智慧城市建设需要新一代信息技术做支撑，物联网为智慧城市服务，一个是目标，一个是途径。物联网是技术支撑，是途径；智慧城市有效运行的基础在于密布于城市各个方位的传感设备，其具备的智能感知、分析能力，配合数据高效传输，能实现无须人为干预的物与物之间协同工作，为提供准确、翔实的数据和具有预测功能的分析报告打下坚实基础，而这种基础能力的获取有赖于物联网技术的充分应用和蓬勃发展。

物联网应用于智慧城市的方方面面。在医疗方面，物联网通过实现医疗资源的互联互通，打造惠民可及的健康服务，让任何人在任何时间、任何地点都能获得各种医疗健康服务，为分级诊疗和远程医疗的实现提供强有力的支撑。在智慧社区建设方面，物联网助力基层服务模式创新，各地出现的“智慧民安”养老社区、“服务零距离”社区、“一刻钟社区服务圈”，有效提高了社区居民生活的便利性。在公共安全方面，物联网实现实时动态监测、监控和预警，时刻保障民众生活环境的安全，“电梯运行安全监测信息平台物联网应用示范工程”利用感知技术将电梯监察、维保管理、安全预警、应急处置有机整合，重塑了电梯安全管理理念；还有“电动自行车物联网防盗项目”已推广至我国 16 个省市。在城市管理方面，规模化部署的物联网设备大幅提升了城市运行监测能力；如北京市实现了对水、电、燃气消耗等 12 个方面 316 项城市运营日常信息的监测和数据分析，提升了城市管理精细化水平。在交通领域，物联网实现对运营车辆全程定位跟踪，有力支撑路况实时播报、拥堵预测预警和交通指挥调度，北京市 65% 的公交车、近 7 万辆出租车、客运车以及危化品运输车全部安装了卫星定位设备，实现了各类交通运营车辆的智能管理。此外，济南市通过深化城市网格化管理，初步建成发现、分析、协调、处置、监察“五位一体”的城市物联网管理平台，并且作为全国首个国家防震减灾示范城市项目试点通过了我国地震局组织的现场验收。

第 20 章　乡村振兴与城乡融合

20.1　党中央作出乡村振兴重大战略决策

党的十九大报告指出，“中国特色社会主义进入新时代，我国社会主要矛盾已经转化为人民日益增长的美好生活需要和不平衡不充分的发展之间的矛盾”，我国最大的发展不平衡是城乡发展不平衡，最大的发展不充分是农村发展不充分。乡村振兴战略，正是党中央着眼“两个一百年”奋斗目标和农业农村短板的问题作出的战略安排。乡村振兴战略就是要坚持农业农村优先发展，进一步调整理顺工农城乡关系，在要素配置上优先满足，在资源条件上优先保障，在公共服务上优先安排，加快农业农村经济发展，加快补齐农村公共服务、基础设施和信息流通等方面短板，显著缩小城乡差距。

2018 年 1 月 2 日，《中共中央　国务院关于实施乡村振兴战略的意见》由中共中央、国务院发布，要求按照“产业兴旺、生态宜居、乡风文明、治理有效、生活富裕”的总要求，建立健全城乡融合发展体制机制和政策体系，统筹推进农村经济建设、政治建设、文化建设、社会建设、生态文明建设和党的建设，加快推进乡村治理体系和治理能力现代化，加快推进农业农村现代化，走中国特色社会主义乡村振兴道路，让农业成为有奔头的产业，让农民成为有吸引力的职业，让农村成为安居乐业的美丽家园。

2018 年 9 月 27 日，中共中央、国务院印发了《乡村振兴战略规划（2018—2022 年）》。这是我国出台的第一个全面推进乡村振兴战略的五年规划，是统筹谋划和科学推进乡村振兴战略这篇大文章的行动纲领。该规划坚持乡村振兴与新型城镇化双轮驱动，对如何统筹城乡发展空间、优化乡村发展布局、打好精准脱贫攻坚战提出了要求，并按照集聚提升、城郊融合、特色保护、搬迁撤并四种类型，明确了分类推进乡村振兴的方法和步骤。

该规划坚持乡村全面振兴。按照产业兴旺、生态宜居、乡风文明、治理有效、生活富裕的总要求，围绕推动乡村产业、人才、文化、生态和组织振兴，抓重点、补短板、强弱项，对加快农业现代化步伐、发展壮大乡村产业、建设生态宜居的美丽乡村、繁荣发展乡村文化、健全现代乡村治理体系、保障和改善农村民生等作了明确安排，部署了 82 项重大工程、重大计划、重大行动。围绕乡村振兴“人、地、钱”等要素供给，提出了推动城乡融合发展、加快城乡基础设施互联互通、推进城乡基本公共服务均等化的政策举措。

为确保该目标任务落实落地，该规划从落实各方责任、强化法治保障、动员社会参与、开展评估考核等方面提出了明确要求。同时，从聚焦阶段任务、把握节奏力度等方面，对梯次推进乡村振兴作了部署，强调既尽力而为、又量力而行，有序实现乡村振兴。

20.1.1　乡村与乡村振兴

乡村是具有自然、社会、经济特征的地域综合体，兼具生产、生活、生态、文化等多重功能，与城镇互促互进、共生共存，共同构成人类活动的主要空间。

乡村振兴战略含义是，实现乡村“产业兴旺、生态宜居、治理有效、生活富裕、乡风文明”。

乡村振兴战略是社会主义新农村建设的升级版。其中，以“产业兴旺”替代“生产发展”，是强调要在发展生产的基础上培育新产业，新业态和完善产业体系，使农村经济更加繁荣；以“生态宜居”替代“村容整洁”，是强调要在治理村庄环境脏乱差的基础上发展绿色经济、治理农村污染和进行少量搬迁，使农业生产环境、农民生活环境和农村生态环境更加舒适；以“治理有效”替代“管理民主”，是强调要在处理好干群关系的基础上协调好其他各种利益关系，使农村治理体系更加齐全，治理内容更加完整，治理过程更加有效；以“生活富裕”替代“生活宽裕”，是强调农民生活状态要由全面小康水平跃迁为发达社会水平，使农民生活更加美满；乡风文明四个字没有变化，但它的具体内容会随着上述四方面的演进而相应提升。同新农村建设相比，乡村振兴战略把实际上的生活环境治理拓展到生产、生活、生态环境综合治理，把实际上的村庄土地治理拓展到村域土地治理，把实际上的局部推进拓展到全域推进，包含的内容更为充实，从经济建设、生态建设、文明建设、社会建设到福祉建设，五方面的逻辑递进关系也更加清晰了。

20.1.2 乡村系统与整合体系

乡村地域系统，也即乡村综合体，是由人文、经济、资源与环境相互联系、相互作用下构成的、具有一定结构、功能和区际联系的乡村空间体系，具有复杂性、综合性、动态性、开放性特点。相对于“城”而言，“乡”是一个区域，包括城市建成区之外的广大乡土地域。“村”是一种空间聚落类型，是县域之内的村镇集合，呈现出乡土地域不同规模和等级水平的多层次聚落空间，包含城关镇、中心镇、集镇、中心村（社区）、行政村及自然村，形成以乡村山水林田湖草为景观基础的村镇有机体及其居业协同体，在功能上分异出村镇社区、农业、工业等不同类型乡村发展区。乡土是乡村的本质特征，乡村孕育了城市、支撑了城镇化。

村镇是乡村综合体要素集聚、空间组织的重要载体，村镇建设格局是乡村地域系统空间重构、组织重建、产业重塑的形态表征，其核心是优化乡村地区县城、重点镇、中心镇、中心村（社区）的空间布局、等级关系及其治理体系。通常以迁村并居、撤乡设镇、园区建设、空间集聚为特征，通过明确村镇地位、调整空间结构、强化中心功能，实现城镇与村庄的空间融合、功能契合，促进人居空间整洁化、田园化，产业空间集约化、园区化，生态空间文明化、优美化，文化空间地域化、多样化。针对当前乡村地区存在的“镇弱村空”现实状况，乡村振兴亟须统筹规划、因地制宜、重点突破，基于城乡融合体，以完善城乡基础网为抓手，凸显不同乡村发展区特色，强化中心社区与重点村镇优势，加快培育“三生”（生产、生活、生态）结合的村镇有机体、居业协同体，做强村镇空间场、做实乡村振兴极，推进形成城镇—中心社区—村庄空间协调、等级合理、宜居高效的城镇村体系，夯实就地城镇化、要素乡村化的村镇空间基础。

20.1.3　国际化的乡村振兴实践及其在中国的发展

城乡关系是人类社会进入现代以来最基本的经济社会关系。城乡问题研究一直受到国内外学术界的广泛关注。尽管世界各国的乡村发展进程不同、问题有别，但都经历过诸如农村基础设施薄弱、农业经济地位下降、青壮年人口持续外流、环境污染和资源短缺等共性问题。Nature《振兴世界乡村》一文强调，随着全球化、城市化的持续推进，无论是发达国家，还是发展中国家，都探索实施过适合本国国情的应对措施，以促进农村振兴、乡村重构和社区建设，更好地支撑城市建设和城镇化的健康发展。英国、美国等先行工业化国家是在基本实现工业化、城镇化后，为解决城市发展中出现的诸如市区人口密度过高、交通拥堵等“城市病”问题而推行乡村建设。如 20 世纪 60 年代美国的新城镇开发建设、英国的农村中心村建设、法国的“农村振兴计划”等。这些国家通过创新机制，大幅推进农村社区基础设施建设，盘活利用农村土地资源与资产，有效改善农村生产与生活条件，并采取补贴政策和吸引人口回到农村，从而改变农村日益凋敝的状况。以日本、韩国为代表的工业化后发国家，在其工业化、城市化进程中出现过农村资源快速流入非农产业集聚的城市地区，导致农业与农村衰退、城乡发展差距日益扩大等突出问题，而在具备一定经济实力时，这些国家及时推行了农村振兴与建设运动，如 20 世纪 70 年代韩国的“新农村运动”、日本的“村镇综合建设示范工程”等，均有一定的借鉴意义。

中国人口众多，农村底子薄、农业基础差、城乡差距大。进入 21 世纪以来，旨在破解“三农”问题、缩小城乡差距，中国相继实施了统筹城乡发展、新农村建设、城乡一体化和新型城镇化等宏观战略，但总体进展和成效仍不明显，有些矛盾和问题仍在加剧。党的十九大审时度势，创新地提出中国特色社会主义进入新时代，中国社会主要矛盾转化为人民日益增长的美好生活需要和不平衡不充分的发展之间的矛盾，强调“实施乡村振兴战略”，其核心是着力破解城乡发展不平衡、农村发展不充分等突出问题，弥补全面建成小康社会的乡村短板。中国乡村振兴不可能照搬发达国家完全依赖强大财政供给或者农村剩余劳动力全部转移的转型发展道路，同时也应避免陷入城市贫困与农村衰败并存、社会矛盾凸显的“陷阱”局面。因此，在借鉴国外成功经验的同时，必须立足乡村实际，走出一条具有时代特点的乡村振兴与城乡融合发展之路。

20.2 城乡融合的含义

20.2.1 城乡融合的基本含义

城乡融合主要是指城乡一体化。我国在改革开放后，特别是在20世纪80年代末期，由于历史上形成的城乡之间隔离发展，各种经济社会矛盾出现，城乡融合思想逐渐受到重视。近年来，许多学者对城乡融合的概念和内涵进行了研究，但由于城乡融合方面涉及社会经济、生态环境、文化生活、空间景观等多方面，人们对城乡融合的理解有所不同。

社会学和人类学界从城乡关系的角度出发，认为城乡融合是指相对发达的城市和相对落后的农村，打破相互分割的壁垒，逐步实现生产要素的合理流动和优化组合，促使生产力在城市和乡村之间合理分布，城乡经济和社会生活紧密结合与协调发展，逐步缩小直至消灭城乡之间的基本差别，从而使城市和乡村融为一体。

经济学界则从经济发展规律和生产力合理布局角度出发，认为城乡一体化是现代经济中农业和工业联系日益增强的客观要求，是指统一布局城乡经济，加强城乡之间的经济交流与协作，使城乡生产力优化分工，合理布局、协调发展，以取得最佳的经济效益。

规划学者是从空间的角度对城乡接合部做出统一的规划，即对具有一定内在关联的城乡物质和精神要素进行系统安排。

生态、环境学者是从生态环境的角度，认为城乡融合是对城乡生态环境的有机结合，保证自然生态过程畅通有序，促进城乡健康、协调发展。

其实，城乡融合是城市和乡村在社会、经济、产业、规划、环境、文明等方面的综合发展、协调发展、融合发展、共享发展。

20.2.2 城乡融合系统与整合

系统是由相互影响、相互作用的要素，按照一定结构组成的具有特定功能的有机整体。按照城乡分异格局与形态，城乡融合系统包含地域、市域、县域“三域”层次，它们通过城乡基础网相联通、相融合。城市群区域、城市连绵区和城市化新区属于地域系统，呈现出以都市区为主体形态的城乡地域格局；特大超大城市、大城市和中小城市属于市域系统，呈现为以建成区为中心、城乡平等的区域格局；县域及其中心镇、农村社区属于县域系统，呈现为以大乡村为特征、城乡一体的地区格局。城市和乡村是一个有机体，只有两者都可持续发展，才能相互支撑。融合包含着融洽、渗透之意，是不同对象事物相互交叉、相互渗透、融为一体的状态。城乡融合体就是由城镇地域系统和乡村地域系统相互交叉、渗透、融合而成的一个城乡交错系统，具体由中小城市、小城镇、城郊社区及乡村空间等构成。当前“城市病”“乡村病”两病并发，致使城乡失衡、城进村衰、城乡差距巨大。因此，研究构建可持续的城乡融合系统和城乡融合体，既是推进新型城镇化、城乡发展一体化的基本前提，也是发挥地理学综合优势、服务国家战略需求的重要课题。

20.3　乡村振兴与城乡融合的关系

20.3.1　人地关系地域系统

人地关系地域系统是以地球表层一定地域为基础的人地关系系统，是由人类社会和地理环境两个子系统在特定的地域中交错构成的一种动态结构。依据该理论延展而来的城乡融合系统、乡村地域系统，是全新认知现代城乡关系、透视乡村发展问题的基本依据。

20.3.2　城市和乡村是资源整合的统一体

城市与乡村是一个有机体，只有二者可持续发展，才能相互支撑。依据人地关系地域系统学说，城乡融合系统、乡村地域系统是全新认知和理解城乡关系的理论依据。针对日益严峻的“乡村病”问题，全面实施乡村振兴，既是推进城乡融合与乡村持续发展的重大战略，也是破解“三农”问题，决胜全面建成小康社会的必然要求。

城乡融合与乡村振兴的对象是一个乡村地域多体系统，包括城乡融合体、乡村综合体、村镇有机体、居业协同体，乡村振兴重在推进城乡融合系统优化重构，加快建设城乡基础网、乡村发展区、村镇空间场、乡村振兴极等所构成的多级目标体系。

中国“三农”问题本质上是一个乡村地域系统可持续发展问题，当前乡村发展正面临主要农业生产要素高速非农化、农村社会主体过快老弱化、村庄建设用地日益空废化、农村水土环境严重污损化和乡村贫困片区深度贫困化“五化”难题。

乡村是经济社会发展的重要基础，城乡融合与乡村振兴战略相辅相成，乡村振兴应致力于创建城乡融合体制机制，推进乡村极化发展，按照产业兴旺、生态宜居、乡风文明、治理有效、生活富裕的要求，构建乡村地域系统转型—重构—创新发展综合体系。

城市和乡村是空间镶嵌、结构互补、功能耦合、相互作用的复杂地域系统。城乡关系反映一个国家或地区的城市与乡村二元社会经济结构的基本关系。乡村是经济社会发展的重要基础，在快速城镇化进程中，乡村发展是不断缩小城乡差距，逐步实现城乡一体化的过程。

城乡融合发展的要义在于强化城乡地域系统极化作用的基础上充分发挥扩散效应，构筑城乡命运共同体，形成城乡发展的立体空间和网格结构。乡村振兴战略着眼于乡村地域多体系统，由外到内主要包含城乡融合体、乡村综合体、村镇有机体、居业协同体等“四体”系统，具有层次性、地域性和动态性。城乡融合系统是实施乡村振兴的重要前提，乡村综合体是乡村振兴的根本基础，村镇有机体是乡村振兴的重要载体和支撑，居业协同体是村镇人居业融合的高级形态，是乡村振兴的战略支点与重要增长极。实施乡村振兴战略，重在实现乡村振兴多级目标，即从边缘到中心由城乡基础网、乡村发展区、村镇空间场、乡村振兴极所构成的“网—区—场—极”多级目标体系。

20.4 乡村振兴——新时代的蓝海

乡村振兴、城乡融合发展是新时代经济发展的主旋律，是新时代市场经济的一片具有广阔空间的蓝海。在神州大地的广袤乡村，沉睡着海量的资源，农村土地、农业产品、生态环境、乡风文化……

当沉睡的资源与资本、与消费结合，构成乡村振兴城乡融合大产业，就形成区域经济的新价值、新动能、新机遇。乡村振兴大产业在新时代的蓝海上扬帆远航。

20.4.1　产业兴旺是乡村振兴的重点

城乡发展不平衡、农村发展不充分，是新时代我国社会主要矛盾的突出表现。当前农业农村经济发展不平衡不充分的问题，主要体现在农产品供给的数量和质量不平衡，农业的质量发展不充分；农业生产的规模与效益不平衡，农业的效益实现不充分；农业的生产与生态功能不平衡，农业的生态功能发挥不充分等，这些问题如果解决不好，乡村振兴就不能顺利实现。所以，产业兴旺是乡村振兴的重点。乡村振兴大产业是整合时代的一大特征。

产业兴旺是乡村振兴战略最基本的内容。其中现代农业又是产业兴旺最重要的内容。它通过产品、技术、制度、组织和管理创新，提高良种化、机械化、科技化、信息化、标准化、制度化和组织化水平，推动农业、林业、牧业、渔业和农产品加工业转型升级。它一方面构建以新型职业农民、适度规模经营、作业外包服务和绿色农业为主体，质量高、效益好、竞争力强、可保障国家粮食安全、产品质量安全和国家生态安全的现代农业；另一方面推进二、三产业发展、农业产业链延伸和一、二、三产业融合，提升农村产业体系为农民创造出更充分的就业和增收机会。

作为一个拥有 14 亿人的人口大国，中国必须打造一个微观经营组织具有自生能力、就业具有产业竞争力，产品具有国际竞争力的现代农业。只有这样，农业方能成为体面的职业农村方能成为农民安居乐业的家园。最近 20 年我国政府对农业提供了大量财政补贴，但中国市场上出售的农产品是按质论价的，价格信号并没有扭曲，这意味着我国提升农业自生能力的外部压力依然存在。我国正在采用测土配方施肥、水肥一体化等技术措施、加快土地流转等制度措施、发展农民合作等组织措施，并具有大宗农产品主要产区南北跨度大的大陆国家比较优势和农地集体所有易于农地调换、流转和整治的制度比较优势，这意味着我国提升农业自生能力的内部动力依然存在。我们要充分利用把农业做强的外部压力和内部动力促进现代农业发展，并通过工业化、城镇化的推进，进一步增强农业生产要素供给和农业劳动力剩余吸纳，拉动现代农业发展。

20.4.2 构建农村一、二、三产业融合发展体系

近年来，我国农村产业融合发展取得了显著成效。农产品加工业稳中向好，2017 年农产品加工企业主营业务收入超过 22 万亿元，与农业总产值之比由 2012 年的 1.9∶1 提高到 2.3∶1；休闲农业和乡村旅游蓬勃发展，2017 年接待游客 28 亿人次，营业收入 7400 亿元；农村创业创新活力迸发，2017 年返乡下乡双创人员累计达到 740 万人，农村本地非农自营人员 3140 万人；农村一、二、三产业融合发展态势形成良好局面，农村产业融合使订单生产农户的比例达到 45%，经营收入增加了 67%。

推进乡村产业振兴，要把农村一、二、三产业融合发展作为根本途径，把加工业和休闲旅游作为融合的重点产业，把创业创新作为融合的强大动能，统筹推进农村一、二、三产业融合发展。

农业强、农村美、农民富，以农民富为基础和着力点，大力开发农业多种功能，延长产业链、提升价值链、完善利益链，通过保底分红、股份合作、利润返还等多种形式，让农民合理分享全产业链增值收益。实施农产品加工业提升行动，鼓励企业兼并重组，淘汰落后产能，支持主产区农产品就地加工转化增值。重点解决农产品销售中的突出问题，加强农产品产后分级、包装、营销，建设现代化农产品冷链仓储物流体系，打造农产品销售公共服务平台，支持供销、邮政及各类企业把服务网点延伸到乡村，健全农产品产销稳定衔接机制，大力建设具有广泛性的促进农村电子商务发展的基础设施，鼓励支持各类市场主体创新发展基于互联网的新型农业产业模式，深入实施电子商务进农村综合示范，加快推进农村流通现代化。实施休闲农业和乡村旅游精品工程，建设一批设施完备、功能多样的休闲观光园区、森林人家、康养基地、乡村民宿、特色小镇。对利用闲置农房发展民宿等项目，研究出台消防、特种行业经营等领域便利市场准入、加强事中事后监管的管理办法。

发展乡村共享经济、创意农业、特色文化产业。

20.5 案例——柳中辉和浔龙河村的故事①

20.5.1 故事的主人公：柳中辉

历史无数次展示：同一件事，同一个地方，在不同的人手上，就会产生不一样的变化。只要仔细了解，认真剖析，那些创造与别人不一样成就的人，其实也是凡人，只不过其追求的目标更高、感恩的情怀更重、投入的精力更多、作出的牺牲更大而已。

柳中辉就是这样一位凡人。

"我可以继续远行，但母亲不愿离乡"

浔龙河现在的名气可大了，不仅每逢节假日前去游玩的人络绎不绝，而且从中央到地方，各路调研考察的领导、专家也频频光顾，还被作为乡村振兴的典型多次在北京、上海的全国性会议上受到推介。谁会想到，9 年前，这里还是个省级贫困村。

这一非同寻常的变化，是在柳中辉手上实现的。

43 年前，柳中辉就出生在浔龙河。那时的浔龙河叫双河村，隶属长沙县果园镇。20 世纪 90 年代，不到 20 岁的柳中辉走出山村，从推销员做起，深圳、珠海……10 多年的摸爬滚打，个人资产积累到数亿元，成为当地有名的民营企业家。

正当他的事业如日中天的时候，2009 年，父亲突然患病去世。"父亲才 60 多岁，正是享福的好年华。我徒有数亿资产，救不了父亲的性命。"每当提起那段往事，柳中辉就眼眶湿润。安置了父亲的后事，他跟母亲商量，想把落单的老人接到城里去住。然而，母亲态度坚决："我哪也不去，我就守在这里！"他跟弟弟商量，父亲走了，不能再有愧于母亲，不能让母亲孤单地守在老屋。

---

① 本节内容根据 2018 年 9 月 29 日《湖南日报》文章《"打造乡村振兴的全国样板"——长沙县果园镇浔龙河村党支部第一书记柳中辉侧记》（记者 周云武）、长沙县政府文章《浔龙河生态小镇建设初探》及 2018 年 12 月 6 日《中国名牌》文章《柳中辉：深掘浔龙河的文化之魂》（作者：杨洋）等整理。

“我可以继续远行，但母亲不愿离乡。”一天早上，屋外细雨蒙蒙，柳中辉叫来弟弟，双双跪在母亲面前，声泪俱下，“妈，您不走，我和弟弟轮流回来陪您!”

“我是有钱了，但乡亲们还不富裕”

柳中辉陪伴母亲的那一段时间里，晚上陪母亲说话，白天到乡亲们家串门。贫困村就是贫困村的样子：出门是泥巴路，到处猪粪臭；乡亲们的房屋，大多低矮破烂，椅子坐上去满是灰尘；洗澡还是原始的脚盆和木桶……

柳中辉开始苦苦沉思：这是生我养我的地方，这是父母亲永远不愿离开的地方，现在还是这个样子，我要这么多钱干什么，财富的真正意义在哪里?

“我是有钱了，但乡亲们还不富裕。”他叫回弟弟，一起到村里走了一遍。经过深思熟虑后，兄弟俩决定：回乡创业。得知了他们的想法，县里和镇里领导都找上门来，鼓励他们回乡创业，并介绍当地政府许多支持回乡创业的优惠政策。

2009 年 9 月，柳中辉带着他的团队，回到了长沙县果园镇浔龙河村。年底，他全票当选为村党支部书记。

“财富是自由了，但梦想还远远没有实现”

浔龙河村有 1 万多亩土地，但耕地只有 1000 余亩，要养活 1700 多名居民，按传统的种植产业，当然富不了。柳中辉想：如果要改变山村面貌，光修路、捐款都不行，更不用说让乡亲们富起来。

怎么办? 乡村除了土地，几乎一无所有。破题，就从土地开始。

所有的资产，如果不动，就是死的，一动，就活了，活了，就能产生效益。土地也是如此。柳中辉和村民一道，反复研究国家关于农村的土地政策。耕地，一分也不能少，但可以集中流转，动起来了。宅基地、空闲地等，可以置换，也动起来了。这一动，便动出了效益：传统农业部分退出，新型高效农业入驻，不仅有收入了，游人也来了；农户集中安置，不仅居住环境改善了，像城里一样的配套设施有了，村民出租门面和部分住房，有了固定收入，参与接待游客等经商活动，浮动收入也如芝麻开花。

创业何其艰难，为了找到突破口，柳中辉 3 个月跑遍了全国许多典型村，还多次跑到东南亚和欧洲取经。那段日子，他沉迷于浔龙河的发展思考，寝食不安，走路常常走神，有时还自言自语，后有人传他得了神经病。

一天，他在医院体检，忽然接到老同学电话，问："你在哪里?"

柳中辉说："我在医院。"

对方惊呼："你真的得了神经病?!"

柳中辉无言以答，只能苦笑。

伴随着"神经病"传开，浔龙河却从土地改革入手，神奇地盘活了农村山、水、林、地、宅等资源，吸引大量工商资本下乡，培育和发展了生态、文化、教育、康养、旅游 5 大支柱产业。

9 年来，浔龙河村集体经济增长 90 多倍，村民人均收入增长了 13 倍多。总结浔龙河的成功经验，柳中辉是这样概括的：在盘活资源中发展产业，在保护生态中推进建设，在加强党建中治理乡村，在资产运作中保障民生。

如今的浔龙河，固定收入年年增长，按村民们自己的话说：基本实现了财富自由。柳中辉却说："财富是自由了，但梦想还远远没有实现。"

问及他的梦想，他说："打造乡村振兴的全国样板!"

20.5.2　浔龙河村的乡村振兴实践

浔龙河生态小镇位于长沙县果园镇双河村，现有土地总面积 11584 亩，其中耕地 1177 亩、林地 6645 亩、水塘 197 亩、宅基地 573 亩、公共道路 512 亩、其他 2472.95 亩；有 13 个村民小组、472 户，户籍人口 1562 人。该村地形地貌独特，整体呈现出"两多两少"的特点，即"山多、水多、田少、人少"。

村内自然资源丰富，山清水秀，大片竹林、树林层岚叠嶂；水系尤其发达，浔龙河、金井河、麻林河三条河流交织环绕，与典型的江南丘陵地形地貌互为映衬。区位优势明显，接近长沙市三环，处在长沙县"一心三片"中经济核心区东北部，距长沙县城 10 分钟车程，距市区 25 分钟车程，距黄花国际机场 25 分钟车程。同时，拥有众多源远流传的民间传说和古迹如关帝庙、拖刀石、义云亭、华佗庙等，历史文化资源丰富。

浔龙河生态小镇项目在企业、政府和村民群众共同推动下，完善发展思路，建立运作机制，分步骤开展实施，项目成效初显。主要做法和成效是：

（1）明确发展定位。

为确保项目运行方向准确，操作内容具体可行，项目开发企业，在准确把握中央、省、市关于三农以及开展城乡一体化试点的政策文件精神，深入调研本村发展实际积极借鉴外地先进理念和成功做法的基础上，确定了一个以农村土地流转、农民集中居住为切入点，以推进农业产业化、提高农民收入、建设生态小城镇等为目标，开发建设集农业生产及农产品深加工、生态观光旅游、城市资本集中下乡、农民实用技术培训、小城镇建设于一体的浔龙河生态小镇，逐步实现人口集中居住、产业集中发展、资源集约利用的城乡一体化发展新思路。最终达到农民满意、政府满意、企业满意的目标。

围绕思路和目标，提升规划，形成“三基三主导”“一中心两园两区”的发展格局，包括生态宜居、绿色农业、艺术园林三大基础产业和休闲农业与乡村旅游、生态养生、生态休闲商务三大主导产业；“一中心两园两区”功能布局指一个生态小镇、华佗生态养生园及田汉艺术文化创意园、休闲农业与乡村旅游区和休闲商务度假区。完成了13500亩总体规划，并通过审查；1570亩小城镇建设详规、5780亩现代农庄及乡村旅游修建性详规等完成设计。

（2）创新运作模式。

项目推进过程，是各方利益博弈过程。通过一系列复杂、细致的工作，项目逐步形成了由企业为主投资建设、政府主导推动、基层组织参与决策、农民意愿充分表达的“四轮驱动”模式。

一是市场主体投资：改变以往由政府为主体投资、市场参与建设的模式，由公司作为投资主体，政府主导推动，将政府与市场的资源优势有机整合，形成项目建设推动力。为确保项目建设期间资金运行安全、充足，公司制定了一整套科学稳健的投融资计划，拟以自筹资金和部分银行贷款作为项目建设启动资金，以土地增减挂钩、土地异地置换所产生的收益作为中期运转资金，以六大产业效益作为项目建设长期发展资金。

二是政府主导推动：长沙县政府先后四次组织召开现场办公会议，专题研究浔龙河生态小镇建设问题，在用地及水、电、路、气、网等基础设施配套上给予了很大的政策支持，并对建设过程中遇到的困难给予及时解决。浔龙河生态小镇被确定为省两型示范创建项目；省“三个一”重点工程；省国土厅土地增减挂钩置换试点项目；湖南省电力局电气化试点项目；长沙市2012年重点工程；长沙市重点招商项目及市农业产业化龙头企业；长沙市2012年中小河流治理重点项目。政府对水、电、气、有线电视等公共配套服务建设和道路、水利等基础设施建设投入近1亿元；企业在土地整理、项目建设、农业开发等方面已累计投入资金达1.8亿元。

三是农民意愿充分表达：项目最初决策由村干部提出意见，村民代表大会表决通过，村委会向上级党委政府写出申请报告，并最终获得批准实施。建设过程中的重大事项，均举行村民代表大会，由全体村民公投形成决议。

2010年9月19日，村支两委和公司联合组织召开了申请城乡一体化试点村民公投大会，全村村民支持率为97.2%；11月24日，召开村民集中居住地选址公投大会，村民投票通过率达到98%。

同时，投资公司、村委会经常性向村民代表大会汇报工作，确保村民的知情权、参与权。项目建设以来，组织村干部和村民代表召开会议多达52次，充分了解群众想法，达成共识，为项目顺利推进打下了良好的群众基础。

四是基层组织参与决策：实行村企合一，成立浔龙河生态小镇协调管理委员会，设主任一名，由企业董事长、双河村第一书记担任，下设副主任两名，分别负责管理村集体和企业事务。同时，打破村级管理现有模式，建立经济管理中心、公共服务中心和文化发展中心。

其中经济管理中心主要负责土地合作社管理，重点对农村土地资源进行经营管理；公共服务中心主要负责社会治安、计划生育、就业指导等，为农民提供日常所需的管理服务；文化发展中心主要负责全村的精神文明建设和文化活动的开展。企业按照市场经济原则，负责浔龙河生态小镇的综合开发。

秉持“团队、创新、品牌”的企业核心价值观，打造专业团队，开发团队拥有正式员工100多人，其中高层管理18人，专业技术人才36人。通过协调管理委员会搭建桥梁，既能充分发挥村企双方在项目建设中的作用，又能做到有分有合确保健康发展。

（3）做活土地文章。

土地是民生之本、发展之基、财富之母。在统筹城乡发展过程中，土地问题是核心问题之一。为做好土地文章，项目一方面积极推动土地流转，实现土地规模经营，发展现代农业；另一方面推进农民集中居住，开展土地增减挂钩和异地置换工作，通过土地节约集约利用换取产业和资本支撑。为盘活土地资源，集中开展四个方面的工作：

一是开展土地权属定界：2010 年由双河村委会组织的双河村土地确权工作小组，在浔龙河生态小镇综合开发公司支持下，开展宅基地使用权、耕地承包经营权、山林地使用权以及塘坝、河流、道路等集体土地权益调查，明晰集体土地产权，重点解决人口与土地分配不协调、林地分配不公、宅基地权属不明等问题，使村、组、农民对土地的所有权、使用权更明晰，为减少土地收益分配矛盾、推进土地全面开发利用奠定基础。出台了《双河村土地权属调查报告》。

二是成立土地合作社：明确土地合作社组织机构，全体村民以土地入股成为合作市股东，由村民选举产生 50 名村民代表为股东代表，股东代表选举产生监事会和理事会，负责土地合作社的运营管理。合作社采取企业化运作模式，与政府、企业一起分配土地流转、出让所产生的效益，强化农民对集体土地所有权的认知，按照政府 50%、企业 30%、合作社 20% 的分配原则，使农民能持续分享土地增值带来的收益。

三是开展土地集中流转：根据依法、自愿、有偿原则进行土地流转，价格由公司和农户双方约定，按市场价格计算；凡改变土地性质转为建设用地，按土地征用政策执行，核减相应土地流转数量；实施土地综合整治后，按相应类别土地流转费标准执行；以村民小组为单位流转土地，各村民小组根据村民自治法自行决定分配方案。

四是推动农民集中居住：为集约节约用土，提高土地使用效率，促进城镇化建设，改善居住条件，在尊重民意基础上，分步骤实施农民集中居住。制定了集中居住的具体实施方案和操作办法，解决农民永久宅基地置换新房和住房分配问题。

①农民永久宅基地置换新房。置换标准参照长沙市政府第 103 号令《长沙市征地补偿实施办法》计算（按照拆迁货币安置区农户房屋的合法面积认定标准）。全村 472 户、1562 人搬迁费用约需 22248 万元。在永久性宅基地置

换新房后，节约下来的宅基地根据增减挂钩和异地置换政策，将其中一部分置换到星沙或暮云，县级及县级以下土地收益部分用于小城镇基础设施建设，全面改善农民居住环境。

②农民住房分配。按照长发〔2010〕1 号第一部分第 2 条规定执行，基本原则是：1～3 人户按 210m^{2}建筑面积的基准分配，每增加 1 人增加 70m^{2}建筑面积；原基户主户口已迁出，未享受国家房改政策的，可以参与住房分配；夫妻一方为农村农业人员，另一方为非农户口未享受房改政策的，可以参与住房分配；凡符合独生子女条件的，按政策认定可享受增加一人建筑面积（70m^2）的优惠待遇；经批准的五保户可统一安排住房；要求退保的，列入监护人户合并安置。

按照绿色环保、生态宜居原则，高标准建设农民集中居住用房，户型分为花园洋房、电梯洋房和联排别墅，购买价格为建筑成本价（花园洋房和电梯洋房 800 元/平方米左右、联排别墅 1300 元/平方米左右），村民可根据实际情况自主选择。

以四口之家为例，按 103 号令，一户四口之家可获置换货币 50 万元左右。在住房分配上，可获得 280m^{2}建筑面积的住房分配指标。如果其购买联排别墅，需支付新房购房款约 36 万元，购房后，置换货币还剩约 14 万元，这笔款按中等标准可将新房装修好，实现了新房换旧房住进崭新的别墅。

如果其购买花园洋房或电梯洋房，其可以买一套 120m^{2}三房两厅、两套 80m^{2}的两房两厅，其需支付新购房款约 22 万元，购房后置换货币还剩约 28 万元，其可以用约 10 万元以较高标准将三房两厅装修好，作为自住房，另两套两房两厅可以作为自持物业出租或出售，也可以以约 15 万元一套（按 1800 元/m^{2}计算）由企业回购。这样，农民新房换旧房后，其不仅自主拥有了一套洋房，还留下了近 20 万元存款和两套可以出租出售洋房。

（4）突出产业支撑。

培育壮大产业，逐步形成成熟产业，是项目的活力所在。浔龙河生态小镇着力打造农业、农产品加工业、旅游业、小城镇建设等多产业形态，推动区域内产业融合，形成复合型多元化产业结构，实现互动互促，融合发展。

现代高效农业。采用先进的科技手段和信息技术，建设生态、优质、高效、安全的蔬菜、花卉苗木、观光果园等基地。流转3600多亩土地，对部分土地进行了综合整理，形成了优质稻1100亩、绿色蔬菜600亩、花卉苗木300亩的“一片两线三亮点”的产业格局。基地建设累计投资5000万元，2012年投资6000万元。

生态休闲旅游业。依托当地得天独厚的山水资源及人文景观优势，打造充满自然生态、返璞归真、让人身心放松的心灵目的地。片区内旅游产品包括：依托浔龙岛打造现实版开心农场、生态酒店、生态餐厅和农耕文化长廊；依托丰富的山水资源打造山水游乐区；依托华佗庙打造华佗药膳园；依托宋水线和大塘冲等打造艺术精品苗木园与珍稀植物园。

推进旅游项目基础设施建设，开展河流生态治理，游乐设施设备以及绿化、景观设施建设，观光大棚、接待中心、管理中心也正在建设之中。小城镇建设。在黄兴大道两厢建一个集居住、商业、旅游为一体的村民安置的新型城镇。投入资金2亿元，启动农民安置区及生活配套区、商业配套中心、污水厂等建设工作。

乡村旅游地产。依托项目区内独特的江南丘陵山水风貌、优越的交通区位优势及巨大的工业城区市场消费资源，承接城市资本下乡，致力发展“休闲、商务、养生”为主题的开发模式。

着力打造华佗生态养生园、商务度假休闲区、高级老年公寓区、田汉文化艺术创意园等主题地产。绿色农业产业。主要包括绿色蔬菜产业园、体验式租赁区。体验式租赁区将提供时尚流行的菜地租赁，依托绿色蔬菜产业园生产优质绿色农产品，并整合多样化农产品资源，打造从种植、加工、配送、到电子商务及营养顾问的服务一体化、产品一站式商业模式。艺术园林产业。承接园林建设、绿化工程和名贵花草、苗圃经营，形成浔龙河特色。

（5）改善民本民生。

民本民生问题是牵一线而动全身的问题，因此项目着重要解决的就是民本民生问题。紧紧围绕这个问题，项目精心展开设计并稳步付诸实施，保障农民利益从眼前到长远、从物质到精神全方位实现。具体来说是以下几方面：

一是改善农民居住环境。通过永久宅基地置换新房、农民集中居住住房分配、小城镇开发建设、基础设施建设以及生活居住配套设施完善等举措，农民居住和生活条件提升。

二是实现土地资源增收：土地专业合作社统一管理、经营全村集体土地，其土地收益由合作社统一分配。村民年底可得到两部分收入：一部分是土地流转费，即为“保底”，另一部分是企业通过土地经营创造的价值中按村民流入土地份额所分配利润，即为“分红”。

公司流转村民土地共计约 11000 亩，村民每年可获得土地流转费共计约 200 万元，不但大大提高了土地的利用效益，也使部分农民获得了稳定的土地收入。土地集中流转前后收益情况比较：除去耕地成本、收插成本、种子成本、化肥农药成本等，1 亩田 1 年最多可产生 400 元利润（其中不含劳动力成本）。流转前，除去耕地以外的其他土地均未得到有效开发（水塘数量少，忽略不计），平均每人土地收益几乎为零。流转后，村民人均每年可获得土地流转费 1194 元（1864959. 5 ÷1562 =1194）。

三是促进就业增收：引进品牌培训机构，在小镇范围内办一所实用技术培训学校，为工业企业和蔬菜花木种植、农产品精深加工等农业产业以及旅游、物业管理等服务业培训输送人才。成立浔龙河农民就业服务中心，依托本村产业发展吸纳农民就业，真正实现农民向产业工人转变。

四是完善养老保险：将全体村民纳入新农保范畴，并适当提高参保金额和保障力度。凡将土地进行流转的村民，可每年直接领取土地流转费，也可用土地流转费置换养老保险参保费用。参保村民到退休年龄后，每月可领取养老保险金。

五是丰富精神文化生活：以村级文化建设为着力点，高标准建设各类文化阵地，成立浔龙河文化艺术团，开展各类文化娱乐活动，构建浔龙河生态小镇良好人文环境。

同时，企业通过产业发展，实现投资合理回报；政府找到解决三农问题的新途径，为城乡一体化发展探索新道路，多方共赢，共享发展成果，真正实现“三个满意”。

20. 5. 3 深掘浔龙河的文化之魂

浔龙河小镇是依托长沙县优美的原生山水资源打造而成的都市近郊型特

色小镇。具有“山美、水美、人文美”三大特色。这里河流纵横、水系发达，浔龙河、金井河、麻林河交织环绕。举目望去，江南丘陵风貌尽收眼底，竹林、树林层峦叠嶂，阡陌交错、绿树掩映。

山水之美都是来自于自然的馈赠，柳中辉为浔龙河小镇落位于这山美水美之处而兴奋、欣慰，但他更希望小镇能够有属于自己的个性，因为文化是一个地界的魂。人文之美是柳中辉希望赋予浔龙河小镇的独特魅力符号。

柳中辉围绕五大体系塑造浔龙河小镇的人文之美，它们分别是湘中民俗文化、田汉文化、亲子文化、家国文化以及十大文化工程。

浔龙河小镇“湘中民俗文化”的打造围绕浔龙河村当地既有的建筑文化、民俗文化、饮食文化、传统文化展开。

白墙黛瓦是湖南建筑特有的风格，浔龙河小镇建筑的打造以这一特色为基础，同时引进了国际先进建筑景观设计元素，在沿用湖湘本土明清时期建筑风格的基础上，打造了灰瓦白墙、干栏式、街衢式建筑群，徜徉于小镇街道，可见“上有天、下有地、前有院落、后有铺，旁有菜园”的宜然之景。彰显了湘人浪漫的建筑情怀与和谐的人文理想。

伴随历史的沉淀，湖南累积了厚重的民俗文化。浔龙河小镇将优秀的本土民俗继续发扬传承下去。小镇自落成后，就成立了民间文化艺术团，并以长篇小说、电视剧、文化作品、戏剧展示等形式持续传播着植根于当地的特色文化。

在饮食文化方面，浔龙河小镇以风味特色小吃享誉三湘的火宫殿为示范点，汇聚湖湘特色美食于此。而在传统文化打造方面，小镇则引进了湖南日报集团、联合利国文化产权交易所、长沙收藏协会等份量级集团与机构，以打造湖湘文化民间博物馆集群。

孩子是未来的希望，浔龙河村深刻地认识到培养下一代文化素养的重要意义，也将孩子视为浔龙河小镇传统文化传承示范工程的重要体验者、参与者。为此，他们将打造亲子文化作为小镇文化体系建设中的重要一环。浔龙河小镇引进金鹰卡通频道等优秀儿童频道的丰富节目 IP，并成为湖南金鹰卡通卫视热点节目《运动不一样》《疯狂的麦咕》等热播卡通节目的拍摄录制基地。以“卡通”为起点，开启小朋友们对动画、对文化的兴趣，不仅仅停留于“观看”，更重要的是参与其中。

浔龙河小镇是我国近代著名剧作家、戏曲作家、国歌《义勇军进行曲》词作者田汉先生的故乡。为深掘田汉文化宝藏，浔龙河小镇特引进北京星光集团，建设田汉文化产业园与田汉国际戏剧文化小镇。小镇一期规划建设有田汉艺术城堡、戏剧培训基地、戏剧影视大乐园、戏剧主题酒店等；二期规划建设国内外戏剧活态体验馆、星光音乐电竞演播厅、戏剧文化体验街、戏剧民俗等。同时，还开展以“田汉—戏剧”为主题的国家级青少年戏曲戏剧教育实践基地，打造中华优秀传统文化传承示范工程。

在打造田汉文化的基础上，浔龙河小镇还加强了“爱家爱国”文明建设，小镇以家园文化为核心，通过开展当地居民孝心家庭评选、家风家训评选等活动，倡导“和谐、孝顺、道德”的优秀传统家庭文化。小镇同时制定了《村规民约》，并使之成为村民的日常规范。同时倡导“国歌精神”，成立了村民国歌护卫队，定期开展升国旗、唱国歌活动，以此进一步弘扬田汉文化。

柳中辉说“文运同国运相牵，文脉同国脉相连。追随浔龙河的文化脉络，将浔龙河小镇打造成为我国示范性小镇，让更多的百姓在这里寻找到浔龙河的根。当代中国人梦想中的家园，一定是在城市文明和乡村文明融合的地方，依照我们的田园想象，形成新的生活居住，新的空间。希望我们浔龙河能够成为这样的一个地方，让‘老家’成为一个留得住乡愁的地方。”

20.5.4　浔龙河村特色小镇的典型经验

（1）“三个满意”是基石。

项目能否持续发展，关键看能否满足参与各方利益，调动各方积极性。浔龙河生态小镇项目准确把握农民当前生存发展现状和需要，深刻领会党和政府发展三农的着力点以及相关政策体系，正确衡量自身追求，提出了要让农民满意、政府满意、企业满意的三满意原则，三者相互相生，缺一不可。“三个满意”的实现是项目价值体现，是项目存在的基石，失去这“三个满意”，项目犹如镜中月，水中花。

（2）社会参与是动力。

由于项目建设投入大，如果单靠政府财政投入，势必造成相当压力，甚至难以为继。浔龙河项目以企业为主投资建设，充分发挥市场作用，探索市场运作模式，融资与建设合一。成立了投融资建设公司作为项目建设投融资主体，动员社会力量参与，按照市场化原则，具体负责项目投融资、建设开发、土地整理的运营。这样，项目不仅获得持久资金动力来源，资金利用效率也大大提高。

（3）产业发展是核心。

只有产业发展有了一定的基础，特别是现代农业发展到一定程度，有一定的规模，才能为土地流转搭建一个好的平台；才能使农民充分就业，调动广大农民参与积极性；才能带动商业发展，聚集人气。浔龙河村通过建设浔龙河生态艺术小镇项目，成功引进了棕榈股份、湖南浔龙河投资控股、泰禾集团、星光集团、嘉兆国际集团等企业，大力发展农村综合产业，使乡村资源实现了资产化和资本化，让“绿水青山”真正变成了“金山银山”。特色小镇形成了教育产业为核心、生态产业为基础、文化产业为灵魂、康养产业为配套、旅游产业为抓手的产业体系。其中康养产业的健康管理中心有检测中心、健康管理中心、养生酒店、会议中心，向产业人群提供高质量医疗服务，包括产业园区普通从业者、办公楼高级工作者，提供体检服务、医疗咨询服务、慢病管理服务、健康筛查服务、海外就医咨询等。旅游产业以旅游聚人气，以旅游促发展，建设湖南研学旅游综合体，面向全龄游客规划、开发以湖湘文化为特色的“吃、住、玩、学、购”系列产业和产品，打造完整的研学旅游目的地产品体系和研学旅游体验。正是产业兴旺带动特色小镇持续发展，越来越兴旺。

（4）惠及民生是根本。

富裕农民，增加农民可支配收入，改善农村民生，是党和政府推进城乡一体化发展的最终目的。只有农民的切身利益得到有效保障，企业才能良性发展，也才能获得投资回报。所以，项目自始至终都将保障农民利益放在首位，围绕农民利益实现，开展各项工作。

下篇

整合时代谋略

- 平台·思路·模式·系统
- 整合时代策略十步

第 21 章　平台·思路·模式·系统

任何一个项目，本质上都是搭建平台、创新思路、形成模式、构建系统。这是项目管理学在项目实践中的应用，也是传统项目管理学在整合时代的创新成果。建立一个项目管理链条，就可以避免信息收集的碎片化、防止思维逻辑的碎片化、纠正项目部署中的忙乱、杂乱和混乱状态，稳步扎实的推进项目，实现预期的目标。

21.1　平台

平台，在整合时代出现频率最高的词汇之一，已经构成了一个时代的象征性元素。人们经常讲的是"我需要一个平台""我要构建自己的创业平台""我要在某某平台上发展"等。平台战略，是整合时代的一个重要战略。

无论是一个企业刚成立还是一个项目刚启动，首先要布局，搭建平台至关重要。每个项目的运作，都需要自己的组织架构、岗位职责、运作流程，尤其是要有一个支撑项目运作的平台，要整合人力资源和社会资源，形成科学、合理、高效的运作平台。项目管理体制的合理化和团队战斗力的强弱，取决于各岗位人员作用是否能发挥到最大化。

除了团队组合、管理机制、资源整合这些硬件平台，还需要搭建软件平台，这就是在企业或项目运作团队内部，建立起一种文化氛围，不是管理机制和办法，而是形成管理的理念；不是人际关系，而是人际关系的反映状态；不是工作状态，而是这种工作状态所蕴含的对工作的感情；不是服务态度，而是服务态度中所体现的精神境界。这种文化渗透于企业或项目的一切活动之中，而又流溢于一切活动之外，是搭建与支撑平台的软实力。

对于每一个人来讲，都有表现自己的欲望，都想有一个属于自己的舞台，又有多少人为了展示自我而不停更换舞台，又有多少人由于在舞台上的表现不够出色而被淘汰。能不能展示自我，展示的好坏与否，最关键的是我们用怎样的一种状态，怎样的一种心情，来搭建自己的平台，在属于自己的平台上展现自己。

21.1.1 搭建五个平台

一是政策交流平台。及时了解掌握最新的项目信息、国家政策信息和国内外相关的行业发展动态。

二是管理机制平台。项目管理团队是指本着共同的目标、为了保障项目的有效协调实施而建立起来的管理组织，一般由项目经理和团队成员组成。项目管理团队建设是项目经理和项目管理团队成员的共同职责，团队建设过程中应创造一种开放和自信的气氛，使全体团队成员有统一感和使命感。团队成员的社会化将会促进团队建设，而且团队成员之间相互了解越深入，团队建设就越出色。项目管理平台要确保团队成员间保持相互交流沟通，并为促进团队成员间的社会化创造条件。团队成员也要主动地创造条件加强沟通和融合。

三是联合发展平台。通过跨地区、跨界整合，形成多种形式的合作平台，促进项目的发展。例如一个乡村振兴项目，涉及地方政府、集体经济组织、村民、投资运营商、投资机构等。通过合理的合作模式与股权机制，搭建联合开发、建设的平台，涵盖基金、技术、产业聚积、金融服务等完整的平台合作生态圈。

四是行业协会组织平台。借助行业协会等社团组织提升政府和各级有关部门对项目的关注、支持力度。一个项目的启动和立项，往往需要专家论证，地方政府审批。利用专业的行业协会资源，组织国家级的专家、权威和国家有关部委领导，深入项目实地考察，召开高端的项目论证会，在一个更大的平台上展示项目，对于促进项目的快速启动和发展具有重要意义，会收到事半功倍的效果。

五是利益共享保障平台。平台机制首先是利益共享权益得到保障的。平台相关各方要首先建立利益机制，并且通过合作协议等法律方式保障各自的权益。

21.1.2 建立平台载体

平台的意义很广泛，不同人从事不同行业甚至在同一行业从事不同的方向对平台的认识和理解可能都会不同。但总体来说，平台也是有共性的，通常的理解是指一种基础的可用于衍生其他产品的环境，这种环境可能只用于产生其他的产品，也有可能在产生其他产品的之后还会是这些衍生产品生存的环境。

平台，最原始的意义是指供使用者生活或工作的水平的开放式建筑空间或建筑体。如景观观赏平台、屋顶平台、晾晒平台等，多为木制、混凝土、金属、合成材料、有机材料、石材等建造。进入计算机时代，平台指计算机硬件或软件的操作环境，指将一个完整的软件研发和部署平台，包括应用设计、应用开发、应用测试和应用托管，都作为一种服务提供给客户。在这种服务模式中，客户不需要购买硬件和软件，只需要利用 PaaS 平台，就能够创建、测试和部署应用和服务。如互联网平台、云平台、移动服务平台等。

在资源整合的时代，平台一词有了更为广泛的内涵。它是一个舞台，是汇聚多种资源的基础，又是整合多种资源构建的机构、组织，是人们进行交流、交易、学习的具有很强互动性质的舞台。如信息平台、交流平台、发展平台等。

适应社会的需求，近年来涌现了大批的平台型企业。这些企业一般都是搭建一个信息的生产、浏览、互动的平台，通常提供免费的基础服务，以增值服务和广告为营收点的企业，我们称为平台型企业。

平台型组织有三种，即资源型平台公司、流程型平台公司、产品型平台公司。

资源型平台公司：它能为创业期或成长期的组织提供发展过程中不可或缺的必要资源条件，降低各种形式的准入门槛，如资金、时间、渠道、品牌、人才等等。很多对外开放的实验室也是一种资源型平台公司。

流程型平台公司：相对于资源型平台，流程型平台是更高段位的平台型组织，也涵盖了资源型平台的一般内容。流程型平台公司不是凭空臆想出来的，往往是这类公司在商业实践中的成功运作造成同行们对其高效流程的认可。

产品型平台公司：是一种产品型平台组织，在各种资源中发现同道中人，遵循一些既定的流程，也不断创建新的流程。这是一种有机组织。

21.2 思路

思路指思想的门径，思维的条理脉络。人们常说：思路决定出路，思路清晰远比卖力苦干重要。

思路是与人的理想、信念、观念、价值观等紧密联系的。信念改变思维，思维改变心态，心态改变行动，行动改变习惯，习惯改变性格，性格改变命运。要确立正确的思路，首先要树立坚定的信念。

观念改变并未改变事物本身，改变的只是对事物的认识，但观念可以改变人，人可以改变世界。做人最重要的是品格、态度、思想观念和人生价值观。

改变观念，就是改变可以改变的一切，适应不能改变的一切。改变观念，就是推陈出新，解放思想。

要想事情改变，首先自己改变，只有自己改变，才可改变世界。人最大的敌人不是别人，而是自己，只有战胜自己，才能战胜困难。

无法改变世界，可以改变观念；无法改变事情，可以改变心情；无法改变别人的看法，可以改变自己的想法。思路一通，百脉就通，有思路就有出路，没思路就死路一条，所以我们要不断梳理我们的思路。

这些都是讲的思路问题。

思路在一个项目的构思、策划、运作、管理过程中，发挥着重要的作用，思路错了，往往导致项目的失败。

21.2.1 理清工作思路是做好项目的前提

在各种会议、报刊、网络上，“思路”一词的使用频率越来越高，这与当代经济和社会发展面临着更复杂的情况，需要进一步提高项目运作水平有密切的关系。作为项目策划者特别是高端策划和项目的决策者，必须对所领导的项目和工作，有清晰、正确的思路，这是能否作出正确决策、能否有作为的基础。因此，研究创新思路问题是十分必要的。

所谓工作思路，就是领导者对一定时期、一定范围工作的战略目标、任务、格局、方针理性思考的路子，是项目工作前进的方向。大到一个全国性项目或工作，小到一个地、县乃至一个基层单位、部门、企业；工作思路极其重要。新思路开辟新道路，有新思路就能创造新业绩。反之，没有思路就没有出路，没有作为，没有前途。

思路是工作的导向，在一定范围和时间会产生全局性的效应。思路正确，全局工作就举重若轻，破浪前行，事半功倍。反之，就举步维艰，跌跌撞撞，甚至遭受严重损失。经验告诉我们，思路是纲，纲举目张。有无清晰、正确的工作思路，是检验领导者能力强弱，领导水平高低，领导工作有无作为的重要标志。

鉴于工作思路十分重要，我们始终都要自觉地想想自己的工作思路问题，比如自己有没有工作思路；工作思路是否清晰、正确；怎样调整、完善自己的工作思路等。总之，在不同时期，工作的不同发展阶段，都要有一个清晰、正确的工作思路，做到不断有新的奋斗目标鼓舞人，不断有正确的方针、政策引导群众，并充分显示出领导者有较强的领导能力和较高的领导水平，不断增强团队的凝聚力和战斗力，从而率领他们齐心协力、步调一致地实现工作或项目的目标。

21.2.2　理清工作思路应把握的重要原则

要使自己提出的思路方向正确、依据充分、指导性强、能够落实，应该做到：一是符合党和国家的大局、大政方针；二是符合本地或本部门的实际；三是符合群众的根本利益和长远利益；四是符合科学规律；五是符合时务，即落实的主客观条件都具备。

那么，怎样才能理出清晰、正确的工作思路，应从以下几个方面去努力：

第一，坚持正确的思想路线。正确的思路，是领导者主观认识对于客观存在的正确反映。要确保思路的正确性和科学性，领导者不仅要进行战略思维，更重要的是必须坚持正确的思想路线。只有坚持解放思想，实事求是，与时俱进，才能使思想和实际相符合，使主观和客观相符合，真正认识事物的本质和发展规律，才能发现新事物，研究新情况，解决新问题，提出正确的工作思路，确定正确的方针、方法和措施。因此，在研究工作思路时，既要有打破一切陈旧思想观念和主观偏见的束缚，敢于追随历史的步伐，超越前人、别人和自己，开辟出新路子的胆略，又要有一切从实际出发、实事求是、遵循客观规律的科学态度。总之，要善于把主观和客观，理论与实际，知和行统一起来，运筹帷幄，把握全局，抓住主要矛盾，统筹兼顾各个方面，提出具有开创性突破的新的工作目标、任务、重点和方针；要使自己的工作既能快速向前推进，有能始终立于不败之地。

第二，吃透党中央、国务院有关项目方面的文件精神。应认真学习研究中央提出的近期、中期、远期的目标及大政方针和政策。不但要弄清其含义，而且要弄清其形成的历史背景和实践基础，特别是要把中央提出的目标和重大举措结合起来理解，融会贯通，吃透精神实质，准确地把握当代中国经济社会发展的脉搏。在此前提下，思考本地或本部门全局性、根本性、长远性的问题，明确前进的方向。特别要深入研究中央出台的大政方针和政策给本地本部门带来的机遇，以便不失时机地跟进，及时提出具体的工作目标、任务、重点和方针。同时，还要注意研究本地本部门上一级机关的重大决策和部署，避免矛盾和冲突。在这样的基础上理出的思路，与中央的目标和大政方针合拍，与上级的任务和部署一致，就能沿着正确的方向顺利前进。

第三，认清发展趋势。在经济全球化的今天，国内外的政治、经济、科技、社会、外交等都与经济和社会的发展存在着直接和间接的联系，对国家乃至一个地区、部门和某一个项目都会发生或大或小的影响。因此，在理清工作思路时，要有全球意识和国际视野，认清当今世界发展的规律性趋势。在研究所处的国内环境的同时，还要认真分析世界发展的新形势，综合预测未来国内外发展的大趋势，从中找出与本地、和项目实际工作的关系，特别是要认清给本地本部门发展带来的挑战和机遇、有利和不利因素，抓住机遇，沉着应对挑战，趋利避害，扬长避短，把增强竞争能力、发展自己的思路建立在更可靠的立足点上。

第四，要从本地实际出发。“按照实际情况决定工作方针”，这是最基本最正确的工作方法。任何工作思路的提出，既要以党和国家统一的目标和部署为依据，又必须从本地本部门和项目发展的实际情况出发，不能照抄中央的指示，生搬别地的模式。要全面掌握实情，最主要的是理解实际的情况、经验和要求。为此，要深入实际、深入基层、深入调查研究，运用现代各种科学技术手段，获取全方位的充分的准确的信息；要通过直接、间接的调查，比较准确地掌握本地本部门以及项目工作的历史、现状和未来；要了解事物的各个部分、系统、层次及其相互之间的关系，本着有所为、有所不为的原则，提出新的工作思路。这种在吃透下情的前提下提出的工作思路，就能避免主观主义和教条主义，既能防止工作思路落后于客观实际又能防止工作思路超越客观现实，确保切实可行。

第五，准确表述工作思路。要把上述各方面的信息融为一体，精心研究，认真提炼，反复推敲，充分论证，准确表述，形成文案、文件。一般要求语言贴切，概括精练，铿锵有力，鼓动性强，好记上口，使之能更好地起到动员群众、凝聚人心、统一思想和行动的效果，为落实工作思路创造有利条件。

21.2.3 要把工作思路落到实处

理出清晰、正确的工作思路是重要的，但更重要的是落实，把思路变为现实。为此，在理出思路后，应按照决策的理论、程序和方法，认真进行谋划和决策。要进一步把必要性和可能性结合起来，把短期的、中期的、长期的目标统一起来，正确处理好全局与局部、长远与当前、历史与现实、重点与一般的关系；要使思路中确定的目标、任务、重点等都具体化，尤其要具体到相应的项目特别是大项目、大工程、战略重点的规划和计划上。但不能有短期行为，搞政绩工程，一定要防止盲目扩大投资，搞低水平的重复建设。总之，要尽可能考虑得周到、全面，避免想得好，实现不了；顾了当前，忘了长远；抓了长远，丢了眼前，结果顾此失彼，收不到预期的效果。

由于工作思路的时限有长期的、中期的、短期的，所以应当相应地把不同时限的工作思路，转化为长期的、中期的、短期的决策，并相应地作出远景规划、中期规划和短期工作计划。规划、计划要本着远期的粗、中期的详、近期的细的原则来制定。要特别主眼使长期、中期、短期战略规划环环相扣，紧密联系，迈第一步时，对第二步要有周密的思考，对第三步也应有所考虑。

有了落实工作思路的决策，就应精心设计实施方案，并采取切实有力的落实措施，特别是要实行一套行之有效的运行机制和方法。做到实施方案严密，制度规范、组织保证、行政手段一起上，所需的人、财、物同步到位等等。一旦作出实施决策的部署，就应咬定青山不放松，认准目标不动摇，把最主要的力量放到最主要的工作环节上去。要善于克服前进中遇到的各种困难，敢于排除来自各方面的干扰，坚韧不拔，一往无前。

21.2.4 适时调整创新思路，不断促进发展

项目决策者者把握全局，必须善于把握战略重点及其发展变化，并随着战略任务的完成、大局的变化，使战略重点也适时的随之有所转移。总之，工作思路应当随着情况的变化、工作的进展、认识的深化适时进行调整。要不断学习党和国家新的大政方针精神，不断掌握本地本部门和项目发展的新情况，研究新问题，适时提出或调整工作思路。调整工作思路时，要注意既要保持与过去思路的连续性，又要突出一个“新”字，有所前进，有所发展。在调整工作思路时，要遵循事物的发展总是“承前启后”的客观规律，认真总结过去，正确分析现在，科学预见未来，处理好坚持连续性与坚持向前发展的关系，使之既不落后于时代，又不超越阶段，既巩固已取得的成绩，又确保工作不断健康地先前推进。

提出思路，落实思路，调整思路的过程，也就是实践，认识，再实践，再认识的过程。不论是提出思路，落实思路，调整思路，都要有一个好的精神状态。要有不断为建立新功的雄心斗志。只有这样，才可能提出好的思路，落实好思路，调整好思路，一步一个脚印地前进，不断在自己的岗位上，作出实实在在的新贡献。

21.3 模式

模式是主体行为的一般方式，包括科学实验模式、经济发展模式、企业

盈利模式等，是理论和实践之间的中介环节，具有一般性、简单性、重复性、结构性、稳定性、可操作性的特征。模式在实际运用中必须结合具体情况，实现一般性和特殊性的衔接并根据实际情况的变化随时调整要素与结构才有可操作性。

21.3.1　运营模式

运营模式是指企业或项目内部人、财、物、信息等各要素的结合方式，这是商业模式的核心层面。如果缺乏合理有效的运营模式，即使再高效的销售模式也会由于缺乏持续而优质的产品服务供应变得空心化。微软的产品更新换代模式、麦当劳的房地产零售模式、安利的开发与生产结合模式、携程的低价酒店经营模式等都是比较有特色的运营模式。

从大方面来说，一个公司的运营模式可细分为：战略运营模式、战术运营模式、公司组织运营模式、人力资源运营模式、产品运营模式、营销运营模式。

企业的运营模式具有重要意义。

第一，这种有计划、有目的、可控制的生产方式，具有明显的运营优势。有利于形成程序化规范管理和程序化流水线作业模式。有利于提高生产效率、降低成本、提高资金的使用率、减少损耗等。利于规模化生产的形成。有利于企业的整体扩张。

第二，对管理者的管理思想、管理水平、管理方式、管理艺术要求较高。制度化管理、质量效率管理、满工作量管理、工时考核管理、任务承包管理、责任承包管理、工作时间管理、信仰精神管理、“突击队式”管理等各种有针对性的管理方式应运而生。管理的科学性、有效性、针对性、及时性将显得尤为重要同时，开展人性化管理，充分调动人的积极性和主动性，利用好人的趋同性和依赖性，形成良好的企业文化，树立企业精神和信仰，也会对企业可持续发展产生重要和积极的影响（金钱不是唯一的有效手段，崇拜和信仰、信任和依赖才是最高境界）。

第三，根据不同的市场需求，生产调度调整反应较快，人员调整、调动相对较容易（不需要合同，一张文书，一纸调令，甚至一个电话就可解决问题）。即由需求的产生，到转化为生产过程（操作），到产生成品（结果）的效率相对较高。

第四，有利于内部形成小型的高质量的专业化的团体（组），以及最优化的团体组合。有利于产生生产精英，即生产能手、业务骨干、标兵、劳模。这些对生产过程、生产质量、生产效率都将非常有利。这些对企业的发展，特别是高质量、规模化的持续有效发展至关重要。一个人、一个团队决定一个企业、集团的发展和命运的事例在世界范围内屡见不鲜。

以经济联盟为载体——当今科技的高速发展和产品的日益复杂化，无论企业实力多么雄厚，单独控制所有产品和所有技术的时代已一去不复返。而传统的价值链中可挖掘的潜力已越来越少，向组织内部寻找有效的生产力提高的来源也越来越难。

21.3.2 商业模式

商业模式的定义：为实现客户价值最大化，把能使企业运行的内外各要素整合起来，形成一个完整的高效率的具有独特核心竞争力的运行系统，并通过最优实现形式满足客户需求、实现客户价值，同时使系统达成持续赢利目标的整体解决方案。

商业模式是一个非常宽泛的概念，通常所说的跟商业模式有关的说法很多，包括盈利模式、B2B 模式、B2C 模式、“鼠标加水泥”模式、广告收益模式等，不一而足。商业模式是一种简化的商业逻辑，依然需要用一些元素来描述这种逻辑。

商业模式一般包含以下概念：

（1）价值主张（Value Proposition）：即公司通过其产品和服务所能向消费者提供的价值。价值主张确认公司对消费者的实用意义。

（2）消费者目标群体（Target Customer Segments）：即公司所瞄准的消费者群体。这些群体具有某些共性，从而使公司能够（针对这些共性）创造价值。定义消费者群体的过程也被称为市场划分（market segmentation）。

（3）分销渠道（Distribution Channels）：即公司用来接触消费者的各种途径。这里阐述了公司如何开拓市场。它涉及公司的市场和分销策略。

（4）客户关系（Customer Relationships）：即公司同其消费者群体之间所建立的联系。通常所说的客户关系管理（Customer Relationship Management）即与此相关。

（5）价值配置（Value Configurations）：即资源和活动的配置。

（6）核心能力（Core Capabilities）：即公司执行其商业模式所需的能力和资格。

（7）合作伙伴网络（Partner Network）：即公司同其他公司之间为有效地提供价值并实现其商业化而形成合作关系网络。

（8）成本结构（Cost Structure）：即所使用的工具和方法的货币描述。

（9）收入模型（Revenue Model）：即公司通过各种收入流（Revenue Flow）来创造财富的途径。

商业模式的八大要素是客户价值最大化、整合、高效率、渠道、盈利、实现形式、核心竞争力、整体解决。这八个关键词也就构成了成功商业模式的八个要素，缺一不可。其中，整合、高效率、渠道是基础或先决条件，核心竞争力是手段，客户价值最大化是主观追求目标，持续盈利是客观结果。

在中国，商业模式的创新显然比技术创新更为重要。其根本原因，在于中国存在一个庞大而低端的消费市场，而且这个市场在绝对意义上说，远远没有饱和，无数商品还没有被寻常消费者享受到，商业并没有得到更广泛普及。而在短期内，国民的收入不会发生大的变化，这也导致中国对高端消费的抑制。这个时候，发现新的需求，并且创造出新的需求模式，显得尤其重要。

成功者总是令人羡慕。但是，成功不能复制，成功者往往是最不可学的。在 2005 年的西湖论剑时，很多人对阿里巴巴并购雅虎中国表示羡慕，几年之前，阿里巴巴不过是一个婴儿，几年后，即成为 IT 界的巨子。当年大家都搞互联网的时候，只有搜狐，新浪等门户网站赚了大钱；等到大家都去搞门户的时候，互联网却遭遇寒冬，反而是做 B2B 的阿里巴巴赚钱了；等大家都去做电子商务的时候，没有想到出来个陈天桥，人家搞游戏就发财了，那些发财的人，都是走的与别人不一样的道路。

新的商业模式不仅仅表现在 IT 行业，在其他的各个领域，也出现了新的商业模式，如家改变传统酒店模式，以连锁和简化酒店功能的新型商业模式，获得了商务人士的广泛推崇，分众传媒“发现”了楼宇广告，并且开创了户外媒介传播的新方式。

发现新的需求，并且对各种商业元素进行融合，将导致商业模式的普遍改变。

同时，新的商业模式的出现，很大程度上在于未来的不可预知。那些具有异常商业嗅觉的人，才能够把握商机，迅速崛起，这就是为什么新的商业模式往往由新势力创造，而非相近领域的传统强大势力所创造的原因。

在日益激烈的竞争中，新的商业模式也会层出不穷，而这也正是商业社会的魅力之所在。也许某一天，从一个不知名的角落里，崛起一个巨大的商业帝国。

21.4 系统

21.4.1 系统与整体解决方案

系统，也称为“整体解决方案”。就是针对某些已经体现出的，或者可以预期的问题、不足、缺陷、需求等等，所提出的一个解决整体问题的方案（建议书、计划表），同时能够确保加以快速有效的执行。整体解决方案是现代商业服务的必然产物，在不同的行业中整体解决方案的形式不一样。但其宗旨都是一样的——以消费需求为中心。

所谓整体解决方案，其基础构成是产品，并且加入了某些附加的元素——由用户使用基础产品而派生出来的需求所创造出的待满足的衍生产品。

系统包含一个项目的执行路线图、时间表，团队执行力及人员的责权利。

一个好的系统构建——整体解决方案带来的利益是多方面的，对方案的提供来说，整合了资源，简化了客户流程，提高了效率，带来更好的客户满意度与忠诚度，更重要的是建立了一种区隔性的竞争优势；而对于方案的接受者来说，一站式的解决方案节约了自己的时间，把所有的问题一次性解决，更便捷、更高效也更省钱。

21.4.2　系统与 IT 的关联性

项目系统管理与计算机 IT 相联系，系统构建以 IT 设备和软件为基础。项目管理系统是项目的管理者应用专门管理项目的系统软件，在有限的资源约束下，运用系统的观点、方法和理论，对项目涉及的全部工作进行有效地管理。它从项目的投资决策开始到项目结束的全过程进行计划、组织、指挥、协调、控制和评价，以实现项目的目标。

按照传统的做法，当企业设定了一个项目后，参与这个项目的至少会有好几个部门，包括财务部门、市场部门、行政部门等，而不同部门在运作项目过程中不可避免地会产生摩擦，须进行协调，而这些无疑会增加项目的成本，影响项目实施的效率。

而项目管理的做法则不同。不同职能部门的成员因为某一个项目而组成团队，项目经理则是项目团队的领导者，他们所肩负的责任就是领导他的团队准时、优质地完成全部工作，在不超出预算的情况下实现项目目标。项目的管理者不仅仅是项目执行者，他参与项目的需求确定、项目选择、计划直至收尾的全过程，并在时间、成本、质量、风险、合同、采购、人力资源等各个方面对项目进行全方位的管理，因此项目管理可以帮助企业处理需要跨领域解决的复杂问题，并实现更高的运营效率。

项目管理系统的应用从 20 世纪 80 年代仅限于建筑、国防、航天等行业迅速发展到今天的计算机、电子通讯、金融业甚至政府机关等众多领域。目前国内，对项目管理认识正逐渐深入，但要求项目管理人员拥有相应资格认证的还主要为大的跨国公司、IT 公司等与国际接轨的企业。

项目管理系统是基于现代管理学基础之上的一种新兴的管理学科，它把企业管理中的财务控制、人才资源管理、风险控制、质量管理、信息技术管理（沟通管理）、采购管理等有效地进行整合，以达到高效、高质、低成本的完成企业内部各项工作或项目的目的。

随着 IT 行业的发展，IT 行业内的项目拓展和投资比比皆是。为了提高项目管理水平，赢得市场竞争，特别是在加入 WTO 后在国内、国际市场上拥有与国际接轨的项目管理人才，越来越多的业界人士正通过不同的方式参加项目管理培训并力争获得世界上最权威的职业项目经理（PMP）资格认证。

21.4.3 成功项目的系统三要素

一个成功的项目离不开执行层面的时间表、路线图、谁来干、达到什么样的目标。系统要求上通常有三个要素：时间的要素——完成的时间要"快"。成本的要素——完成的成本要"便宜"。效果的要素——完成后的表现要"好"。

什么是"好"？什么是"快"？什么是"便宜"？

好的项目首先是功能上要满足客户的基本使用需求，同时质量可靠，安全性能得到保障。项目外观美观、独特能让人产生愉悦感，小区环境优美，适宜居住。项目的平面布局合理，最大限度利用有限的面积，营造尽可能大的可利用空间。各种水电、煤气、电信、监控等配套设施齐全，性能稳定。

当然除了有用和好用之外，项目的功能还需要有一定的前瞻性，即为将来可能需要具备的功能预留空间。

在我们日常的生活中，"快"和"好"一样，往往是主观的而非客观的。有时它又是凭感觉而非凭理性的。

要达到预期完工的要求，一定要懂得怎么把一个规模大、时间长的项目，分成不同的阶段来完成。在每个阶段中，又要根据每阶段不同的重点分别进行完工预测。工程分得越细，预测的准确性就越高。但实施起来却很困难，因为需要每个环节都不是单独，需要多部门的相互配合，协作。计划和实施都需要根据具体情况具体分析。如果一切按照计划，这就合乎快的原则，否则就是不快。该完工时完工就是快，否则就是慢。

至于什么是"便宜"？一个项目该花多少钱，是应该可以准确地算出来。一般的情况来说，实际的投资和预期的投资基本上都可以控制在一定得范围内。根据各分项工程的总价，项目的总价也可以得到有效的控制。但并不一定是用的钱越少，就越便宜，便宜是相当于项目的有效价值来说的。在项目实施中，同样的投资中产生的工程项目的有效价值越高，即越便宜，同样的投资产生的工程项目有效价值越低，越不便宜。

项目管理的目标是又快、又好、又便宜，但事实上，因为各种原因，项目很难同时达到三个目标的最大值，相当多的时候需要取舍。关键是要顾全大局，两害相权取其轻，两利相权取其重。工程项目在实施过程中，需要及时有效地处理很多项目实施过程中的具体情况，才能保证项目的成功实施。

总而言之，项目的目的，在于增加公司收入、节省公司支出和提升公司服务水准三点。项目的成功与否，则取决于项目完成是否又快又好又便宜。

21.5　关于特色小镇平台、思路、模式与系统策划①

21.5.1　经典案例实操分析

（1）浙江湖州——丝绸小镇。

这是政府打造的特色小镇。位于丝绸之乡浙江湖州市区东部，占地约 6 平方公里。策划的目标是打造国家级文化 IP，定位为文创产业的孵化平台和特色旅游基地，总体思路是以创意为核心，通过休闲消费带动人气，中长期还是落实到文创产业拉动的丝绸产业链，进而带动丝绸及浙江传统文化产业复兴。

小镇包括丝绸文创孵化器、丝路夜明珠、O2O 婚庆基地、智能制造加速器等。运营模式是“品牌 + 平台 + 创意 + 基金”：注册新品牌，成为未来传统文化现代演绎产品的总品牌；构建一个大平台，统筹创意孵化、投资引导、线上传播、线下体验；导入一个孵化基金，在资本驱动下的创意孵化与制造、渠道整合；营造一个基地，融合线上展示与社群聚集，线下体验与交流。

目前，已经成功举办丝绸小镇规划发布会，首批 31 家项目签约；24 家丝绸相关企业入驻丝绸小镇，另有 20 家正在洽谈对接中；政府高度重视，省发改委和湖州市领导都先后考察调研丝绸小镇建设情况。

（2）重庆荣昌——陶艺小镇。

重庆荣昌有很好的陶瓷产业基础与文化底蕴，政府非常重视这一项目，专门成立了荣昌陶文化创意产业园管委会。定位是打造千年重庆的文化名片，产城融合创新创业平台。在这个占地约 6 平方公里的小镇，策划了陶驿坊、安陶创客基地等系列项目，同时策划“三大专项计划”（人间国宝计划、创意

① 本节内容根据智纲智库有关内容整理。

新军计划、文化基石计划）。

小镇目前已与一家旅游开发集团签订了合作建设安陶小镇协议，与四川美术学院达成合作协议共建川美荣昌非遗研究院，启动夏兴古窑遗址保护工程。

（3）重庆尚盟——时装小镇。

目前打造特色小镇有这么几种力量：一是政府，二是开发商，三大型工程公司，还有一种重要的力量，就是产业人。这个案例，就是产业人做特色小镇。重庆尚盟时装产业园就是这样的一个项目。占地近 1 平方公里，位于重庆市巴南区麻柳工业园。

项目背景是：重庆市作为我国三大女装基地之一，原材料与制成品两头在外、大进大出，物流成本高，靠相对低廉的劳动力成本，顽强生存着近 500 家小微服装生产企业，他们主要依托重庆朝天门服装市场进行交易。几年前，政府决定把朝天门服装市场拆掉，这几百家企业将失去交易平台，多数会死掉。在这生死关头，统领这几百家企业的行业协会——重庆朝天门服装企业协会希望我们出谋划策。

经过调研，我们提出了一个全产业链时装产业园的战略构想。把原来分散在重庆各个乡镇的服装生产企业整合起来集中入园，并借机将服装产业的研发设计、原料采购、商务办公、物流商贸等进行系统整合。

这个构想出来以后，没有人认为会成功，因为这些企业太小了。其中较大的一年也就 2 亿元产值，利润不到 1000 万元，还不如房地产公司的零头。但是，就是他们把事干成了。关键是发挥行业协会的力量，由联盟来引领，抱团形成一个“产业众筹”机制（最近几年众筹比较热，很多人在搞众筹咖啡之类的创业项目，其实产业众筹更值得重视）。这个项目从战略构想到项目落地，我们用了近一年时间推进。

（4）时代地产——创客小镇。

创客小镇位于佛山市南海区大沥镇，约 3 平方公里。开发商是时代地产，通过整合资源平台，由智纲智库北京中心策划。总体思路是推动区域产业升级，成为南海打造“全球创客城市”的战略抓手，同时推动时代地产的企业转型，由传统开发商向小镇运营商转型。

小镇包括智能制造研发、国际工业设计、O2O装备展销、企业加速与示范等板块。产业定位是做高端产业和产业高端，以智能智造核心，聚焦智能制造装备、3D打印、机器人等，为整个珠三角的产业升级服务。

项目得到佛山市和南海区领导的高度重视。项目启动后，大沥镇和时代地产联合组织操作团队38人，投入资金4亿多元。

时代地产与麻省理工、清大、北大等高校，微软、思科等企业，中德工业4.0、美国华南商会等协会接洽，面向全球整合资源。

（5）中国建筑——创客小镇。

该项目立项的名称为“重固镇新型城镇化PPP项目”，由中建作为城市运营商整体运营，位于上海市青浦区。

中建的主业是建筑工程，顺便做些地产。这次中建在重固镇探索的模式，与之前不同，是把整个一个镇拿下来整体运营。这个镇位于青浦区与上海主城区之间，约24平方公里（其中包括农业用地），属于大虹桥板块。中建与地方政府谈一段时间，但具体到产业定位与子项目，双方一时难以达成共识。

高端智库团队介入之后，站在探索央地合作新模式的高度，进行PPP模式的顶层设计（多个PPP打包成一个大PPP，政企合资成立SPV公司）。提出以创意经济引领平台经济、窗口经济合总部经济的总体思路，以及“文心重固，云尚小镇”的战略定位，把重固镇打造成为外地企业登录上海的窗口与桥头堡，中心城区现代服务外溢承接地。

策划方案出来之后，得到中建及政府的认可。先是协助中建内部统一思想，之后协助中建与政府进行沟通，并主导技术标的谈判。2016年1月，项目作为上海首单PPP项目正式落地。2016年12月，入选国家新型城镇化综合试点。目前，中建已将重固模式在全国复制，并成为全国各地同行们前来学习考察的样板工程。

通过以上几个小镇案例，说明做特色小镇的时候，打破传统的房地产思维，首先要把产业做好。当然，同时也要考虑企业的盈利模式，要有正常的现金流。有些企业以特色小镇的概念“忽悠政府”拿地当然不可取，同时也不要被政府“忽悠”。

有些地方政府包装了一些特色小镇招商引资，其中有些小镇其实没有市场可行性，如果企业一冲动就进去做，就会被套牢。最近有一家企业来找我们，说是应地方政府盛情邀请，准备做一个蘑菇小镇，被我们给否了。大家一定要小心，特色小镇是个风口，也是一个大坑。

21.5.2 战略“突破之道”

（1）聚焦主航道——最有希望的6种特色小镇。

要做主流的小镇，别做旁门左道的小镇。现在有的专家一口气提出几十种、上百种特色小镇，并以此为能，这很容易误导人，其实主流的小镇就那么几种。最有希望的六种特色小镇是：科创小镇、智造小镇、金融小镇、文化小镇、旅游小镇、健康小镇。

（2）先开模具后找地。

多数企业习惯于先拿地，之后再研究做什么。我们现在倡导的倒过来做，叫作“先开模具后找地”。

什么是模具？华夏幸福的模具是廊坊固安工业园，时代地产的模具是南海创客小镇，中建的模具是上海重固镇……你的模具是什么？

华夏幸福的模具固安工业园，这是2002年策划的，2003年开始拿地，2008年初见成效。华夏幸福靠这个模具在全国扩张，目前已经做到2千亿元了。

有些找上门来请我们策划特色小镇，其中不少被我们直接毙掉了。有些企业同时想做多个特色小镇，我们介入后首先评估的是哪些是适合的，哪些是不适合的。

最理想的方式就是“先开模具后找地”。也就是从企业战略全局出发，结合企业自身的资源与优势，想明白应该主攻哪一种或几种小镇，如科创小镇、健康小镇，先把模具开好，之后再跟政府谈：我有这样一个好东西，你要不要，如果要，就拿出几块地让我选。而不是机会主义随机拿地，拿到之后被动研究做什么，每个项目都不一样。模具思维会让企业争取到战略主动性。

（3）战略策划五步走。

打造特色小镇，战略要先行。战略策划可分五步走：找魂——顶层设计——引擎设计——内容导入——整合传播。

第一步：找魂。就是找小镇的主题定位、产业的核心定位。

第二步：顶层设计。我们提出“产智融府协”协同推进模式。产，产业；智，智库；融，金融机构；府，政府；协，行业协会。在此基础上进行政企合作的 PPP 模式设计。

第三步：引擎设计。一个特色小镇里面少则有一个、多则有三五个“引擎”。这些引擎不先策划好，直接做规划设计是不行的。

第四步：内容导入。对文化旅游类、产业类、科创金融类等资源进行盘存梳理，为特色小镇导入优质内容和 IP。大力加强资源整合服务，而这也正是高端策划的强项。

第五步：整合传播。比如贵州兴义市，我们帮其制定“国际山地玩都”的战略之后，扶上马送一程，协助进行精准传播、精准招商，如中国名家走进贵州、企业家走进黔西南等活动，取得很好成效。

第22章　整合定位（第一步）

22.1　定位

定位理论，由美国著名营销专家艾·里斯（Al Ries）与杰克·特劳特（Jack Trout）于20世纪70年代提出。里斯和特劳特认为，定位要从一个产品开始，产品可能是一种商品、一项服务、一个机构甚至是一个人，也许就是你自己。但是定位不是你对产品要做的事，定位是你对预期客户要做的事。换句话说，你要在预期客户的头脑里给产品定位，确保产品在预期客户头脑里占据一个真正有价值的地位。

定位是定位理论中最核心、最基础和最早的概念和观点，正是定位这个概念和观点奠定了定位理论的基础。在定位理论产生之前，大部分企业售卖同质化商品的策略就是打折、促销、低价，抑或者是不断开发新的广告媒介去投放广告。那个时候大部分的企业家、营销人依然认为，推销商品的核心在于低价，但价格战的后果就是大量的企业入不敷出、资金困难，最终导致商品所属的整个行业也趋于困境。同样的，一味追求创意而不是策略的广告，也必然导致大量的广告费用是浪费的。

互联网时代，很多人对定位理论是否仍然适用提出了质疑。例如，有一种观点称，爆品才是最重要的，根本不需要定位。其实在互联网时代，产品之所以成为爆品离不开企业在初期对产品的定位。

22.2　定位的魅力：格林纳达从默默无闻到旅游胜地

格林纳达（Grenada）是加勒比海上一个拥有中央高山雨林的小火山岛，

它的人口只有 94000 人，但失业率高达 30%。由于传统经济主要是农业，旅游业就变得越来越重要。格林纳达曾经用“盛产香料的小岛”这个定位来推广自己，但收效甚微。原因很简单，没有旅行者会为了看看香料的生长和制作而长途跋涉。这就是问题所在，格林纳达定位不准，它需要一个新的定位以招揽游客。

事实上谈到旅游，同处加勒比海的很多更大的岛屿都是格林纳达的竞争对手，而且它们更受人们欢迎。我们对格林纳达的建议是打一场游击战，找一个小市场来建立定位，而它的优势就在它的弱势之中：正因为默默无闻，格林纳达还没有被发展商开发，它是一个未被破坏的自然公园。格林纳达没有旅游者，没有高层建筑，没有大饭店，这是岛屿现实的情况，也是它区别于加勒比海那些热门岛屿的战略定位——这是一个完全没有被破坏的小岛，你可以领略到加勒比地区的原始风貌。

随后，围绕这个“加勒比海原貌”的战略定位为它展开了整合。格林纳达说，它没有一座建筑会比棕榈树更高，今后的政策也会如此；它的瀑布是天然而非人造；它的海滩没有受到开发商污染，保持着加勒比海的原貌……所有这一切，都用戏剧化的方式，把它的弱点转化成了强而有力的定位。

这个战略非常成功，格林纳达在旅游业方面大为改观，带来了充分的就业。现在所有介绍格林纳达的媒体上，都会诉说同一个令人心动的故事：

像一颗饱满的水珠挂在加勒比海南端，格林纳达是一个无人触及、未被破坏的小岛，而它北面临近的岛屿已经永远地改变了……只有格林纳达才是 20 世纪 50 年代的加勒比海，可能是最后一个原始风貌岛，它没有飞机和信用卡，远离城市喧嚣。想看一看加勒比海的原貌吗？欢迎您来格林那达！

事实上，所有组织都需要定位。不仅企业、政府、学校，医院甚至城市、国家这样的超大型组织，都需要先有清晰的定位，再投入所有优势资源去构建、运营。

一个岛国——格林纳达，通过从“盛产香料的小岛”重新定位为“加勒比海的原貌”，引来游客无数，从而使该国原本高达 30% 以上的失业率消失得无影无踪。

这就是定位的魅力！现在，已不该考虑定位能带来什么，而是如何快速占领认知空位、把握核心认知优势，因为“机会只有一个”。

22.3 定位就是找点

渣打银行自1858年进入中国以来聘请的第一位大陆出身的经理，担负的重任是从零开始去开辟长江以北的战场，压力山大。

长江以北的第一个支行开在北京燕莎中心，声势浩大的开业典礼后，拓展客户遭遇到的最大难题是：渣打是谁?

彼时的北京潜在客户，对超过百年历史的渣打银行完全不了解，甚至还有让人哭笑不得的误解：“人渣的渣，打人的打，你们银行一看就不是正经银行。”

资讯不发达的情况下，如何向潜在客户解释自己是谁?

这位大陆出身的经理于是向总部申请了一批香港渣打银行发行的20元港币钞票调到北京，前后台人员每人发了一张。再有客户问起，直接拿起港币告诉他们：渣打银行与汇丰银行一样，是港币的发钞行。

这张港币，其实就是定位理论中所说的品牌“信任状”，简单地说，就是品牌在用户心中的担保物。

找到了点，用小小一张港币，不仅打消了客户对品牌的疑虑，还无形中把渣打和汇丰银行关联起来，要知道当时汇丰比渣打体量大，而且在北京已有一定的品牌影响力。

品牌疑虑打消了，渣打又遭遇了另一个难题：招人难。当时的金融界，国有商业银行与股份制商业银行里，很少有人愿意离开，即使愿意离开，也更想进入已有市场影响力的汇丰、花旗等外资银行，渣打初来乍到，一时也无法提供更有竞争力的薪酬，用什么去招揽人才，让他们愿意离开安稳的国内银行或其他外资银行，跳入渣打呢?

渣打提炼出三个字，完美解决了问题：升职快。

这三个字，正是定位理论中九大差异化方法之一的“特性”。

好的特性应该聚焦：渣打银行吸引人才的地方还有很多，鼓励多样化、包容性强等等，但此时只谈升职，避免丧失焦点。

好的特性应该简单：一听就懂，无须过多的沟通成本，简明直接。

好的特性应该有拉动力：升职加薪是职场人两个最大的诉求，能快速升职，自然对职场人有强大的吸引力。

通过这三个字，渣打为潜在雇员们描绘了这样一幅美好的场景：国内银行和已有根基的外资银行体系完整、人员完备，一个萝卜一个坑，想要占坑着实不易，而刚成立的渣打银行处处空位，只等你这个萝卜来占坑。

转眼间，劣势化为优势，不在话下。

很快，渣打北京支行的团队就由 3 个人扩展到 700 多人，开辟了渣打银行在大陆的半壁江山，在业界声名远扬、功绩显赫，证明了定位化腐朽为神奇的力量。

定位理论 1998 年被引入中国，但到 2000 年左右，才有一部分人初步建立起定位的概念。

杭州有家小吃铺叫新丰小吃，1958 年成立，几代人耕耘近 60 年，鼎盛期时有十几家门店，随着竞争环境的变化门店数量逐渐减少，到 2014 年只剩 9 家，其中还有两家正要关闭。

当时的新丰小吃环境破败、暮气沉沉，消费者大多是带着孙子辈的老年人，唯一的消费理由是价格低廉。

定位理论的核心观点是，品牌要在用户心智中创建差异化。通俗点说，要给用户一个消费你，而不消费对手的理由。后半句，尤为重要。

根据这一观点梳理新丰小吃的特性。发现新丰小吃的几代经营者一直据守小吃这个领域，只做小笼包、馄饨、牛肉粉等几样常见小吃。与之相比，同样以小吃起家，但历史更悠久、价格更高、生意更好的知味观，经营范围已经拓展到正餐、外卖、礼盒和卤味等。新丰小吃做包子的方法在当时看来也颇为保守与过时，经营者不接受酵母这种新鲜事物，坚持用传统方法自然发酵面团。

找到了问题的关键点。新丰小吃给广大杭州市民讲了这样一个故事：新丰小吃四代人近六十年，我们只做小吃，杭州老底子味道。想尝尝六十年来不变的杭州老味道吗？来新丰小吃吧。

当时的宣传推广费用有限，只能用门店陈设、传单物料、官网等所有公关渠道来强调这个差异化的特性：新丰小吃，我们只做小吃，杭州老底子味道。

7家门店很快发展到48家，只因为给了消费者一个消费自己、而不是对手的理由。

听起来，定位理论只涉及广告策略、话术、营销手段？

不，它应该，也必须是一种由外及内的战略。

定位战略的构成，它包括两个部分，即战略原点和战略配称。外围无数圈圈点点，是寻找到差异化后，采取的与之配称的种种运营手段。它们共同构成环环相扣、无可复制的配称系统。上面提到的渣打发行的20元港币、新丰小吃的门面布置与官网设计都是配称手段，以及你能想到的公关、广告、渠道、名片、话术、产品设计，等等。

有一个著名的蚂蚱人的故事。

子路和一个绿衣人就一年到底有三季还是四季争执打赌，子路说一年有春夏秋冬四季，而绿衣人说一年明明只有春夏秋三季，二人找到孔子做裁决。孔子说，一年只有春夏秋三季，于是子路给绿衣人磕头认输，绿衣人满意而去。子路问孔子，一年明明有四季，你为什么说是三季？孔子说，你没看出来吗？那个绿衣人就是蚂蚱啊，他一年只活春夏秋三季，没到冬天就死了，你如何能让他知道还有一个冬天的存在呢？

定位理论，其实就是想让广大经营者知道，企业只有经历过至少一个以上的完整经济周期，才能真正理解定位的价值所在。而一个完整的经济周期需要经历繁荣、衰退、萧条和复苏，而越过经济周期的冬天活下来，是最重要的一道关卡。“巴菲特说过，不是我很伟大，是我经历了两个完整的经济周期，所以懂得活下来比站起来更重要。”

想让那些活在自己商业逻辑中的经营者们真正理解定位，是一件很难的事情。一百个人里也找不出一个居安思危的，绝大多数人都只是居危思安，所以真正能教育他们的，只有市场。

目前大行其道的互联网竞争模式：每个新业务点萌发后，都有无数模仿者一拥而上，然后风投介入，各家开始烧钱抢占市场，等资金雄厚的那一位或几位熬死竞争者、取得垄断地位后，再来提价或谋求其他盈利方式。从百团大战到网络外卖，从网约车到现在的共享单车，无一例外都陷入这种低价竞争、烧钱无数的惨烈断杀中，最终惨胜的，多数只因为钱够多。

有的风投甚至把排名前五家的全投一遍，最后总得有一家能活下来吧？他们觉得这是在抢占赛道，其实不过是在赌博。

定位者不是这个玩法，一定是选择一家，然后帮它胜出。因为定位理论的精髓从来都不是怎么生存下去，而是找到一个点，干掉对手。

22.4　整合定位案例与分析

22.4.1　小米

以爆品频出的小米为例。众所周知，小米在 2011 年推出第一款手机后便大获成功。除了雷军站在了移动互联网的风口之上外，准确的产品、用户定位也不可或缺。小米当时提出的口号是“为发烧而生”，并且把价格定位在了适中的 1999 元。这一策略一下击中了那些认为苹果、三星太贵，又瞧不起运营商千元机的人群。并且随着“发烧”这一形容“极客”的概念深入，用户并不会在其相对便宜的价格上产生“廉价感”，反而觉得产品很酷，很科技感。可以说小米早期的用户大多都是工作在一线的“码农”，或是科技、互联网相关的从业者，正是依靠着精准的定位找到这一批核心用户后，小米才能在与“中华酷联”等老牌巨头的竞争中没有掉队，而且越做越大。

22.4.2　脑白金：当第一胜过当最好的

“当第一胜过当最好的”是迄今为止最有效的定位理念。——这句话源于艾·里斯和杰克·特劳特的著作《定位》一书。脑白金将自己定位为送礼首选，而不是保健品首选和改善睡眠首选，尽管它本身疗效就很好。当年巨人大厦坍塌后，欠债 2.5 亿元的史玉柱急需一款产品翻身。但是当时保健品领域竞争对手繁多，各家主打疗效又有些雷同。在产品拉不开差距时，就需要在另一个维度找准定位，史玉柱把这个定位放在了送礼上。为什么要定位在送礼首选呢？史玉柱和自己团队在产品未上市之前，通过大量的走访调研，深入到消费群体中间，每天和消费者、老头老太太们聊天，发现他们自己内心是非常渴望这款产品的，但是他们不想自己买，想让自己的子女给自己买。于是史玉柱抓住这一突破口，打造出“今年过节不收礼，收礼只收脑白金”的广告词。很快脑白金广告和产品很快像病毒一样席卷中国大江南北，也使得史玉柱成功翻身。

22.4.3 以小见大，OPPO 重新定位竞争对手

特劳特层在《重新定位》一书中提到“每次重新定位都要以心智中的竞争为起点。重要的不是你做什么，而是你的竞争对手允许你做什么”。所以企业在“定位”自己之前，首先要了解自己的优势以及竞争对手的劣势。在这方面，OPPO 算是高手。在国产手机销量整体下滑时，OPPO 手机却逆势而上成为市场上最大一匹黑马。这一切离不开 OPPO 对自己标签化的定位营销。2015 年在智能手机整体产品没有大的突破时，OPPO 在营销上嗅到一丝机会：首先是 OPPO 发现市面上由于智能机时代受限电池技术，待机时间通常不会太长。看到了竞争对手的劣势后，OPPO 结合自身 VOOC 闪充的优势提出广告语“充电五分钟，通话两小时”，随着这句广告语的风靡，不仅让用户记住了 OPPO 的优势，也让竞争对手再提及快冲这个概念时难以留下印象。在这之后，OPPO 还通过将自己标签化“拍照手机”，抢占了这个卖点。通过简洁深入的标签 OPPO = 拍照手机这个定位，其实也是在运用定位理论中的领导者定位的方法。

22.4.4 瓜子

界定竞争、界定品类、树立优势，每个企业都要针对竞争建立优势位置，既有外部大市场的竞争，又有不同模式之间的竞争，还有同类模式不同企业之间的竞争。界定好竞争后，就要去分析各类竞争的性质，这是制订企业战略的基础。瓜子二手车是特劳特咨询公司亲自经手的案例。

2015 年 9 月，赶集网旗下的 O2O 项目“赶集好车”，根据新的战略定位，正式更名为“瓜子”，并围绕“二手车直卖网”展开经营，开始打造品牌。特劳特咨询公司先梳理了关于二手车的竞争中存在着的三个品类：传统线下交易，如 4S 店、车商、黄牛等；第二类，网上二手车交易的其他模式，如优

信、平安好车等；第三类，相同模式的竞争，如人人车。界定好品类后，瓜子网想要代表整个品类，就必须胜出同类竞争，取得品类主导权。瓜子网最大的生意来源是线下二手车交易市场，它要去开创“直卖网”这个品类，所以瓜子没有采取压制封杀竞争的方式，而是加大资源和传播的投入，跑得更快，把对手甩开。这就是瓜子网为什么要投入这么多广告资源的原因。瓜子的实践让大家看到了一个原理，那就是面对同类模式的竞争，我们必须及时压制或甩开，不能陷入竞争胶着的状态。但对于需要开创的新品类，我们也不能采用封杀的方式，因为如果封杀竞争，反而我们自己就做小了。

第23章　整合策略（第二步）

23.1　策略

《管子·七法》曰：不明于计数而欲举大事，犹无舟楫而欲经于水险也，这里的“计数”即相当于现代所称的“策略”之意，可见策略管理在决定事物发展方向以及达到目标的效果的重要性。在西方管理学文献中，“策略”（Strategy）一词源于希腊词（Strategos），意指“为将之道”（The Art of General），即将军用兵之法。因此，策略可以解释为计谋、战略、政策。后来，“策略”一词被引入管理学，主要有如下定义：

管理学家艾尔弗雷德·钱德勒（Alfred D. Chandler）对策略的定义是：一个设计组织的长期目标和决策，以及为实现此目标所需采取的行动及资产分配的方法。格鲁克（W. F. Glueck）认为策略是为了达到组织的基本目标而设计的一套统一、协调、广泛及整合的计划。日本管理学家大前研一（Ohmae Kenichi）提出：策略计划唯一的目标是使设计组织尽可能有效率地获取比竞争对手更充足的优势。所以策略意指通过一种最有效率的方式以尝试改变组织的力量，并借由此力量能够胜过竞争对手。斯坦福策略研究中心研究认为：策略是追求目标的手段，在此手段的形成过程中，它反映了设计组织环境的变动，主要资源的使用，以及对设计组织发展方向的指引。肯尼·安德森（Kenny Andersen）对策略的定义是：策略是目标的形式，以及为达成目标的主要政策和计划，确定设计组织所要从事的事业和组织应属的类别。加拿大麦吉尔大学教授明茨伯格提出了设计组织的“5P”模型：计划（Plan）、计策（Ploy）、模式（Pattem）、定位（Position）和观念（Perspective)。这五个模型从不同角度对组织设计策略这一概念进行了阐述：第一，策略是一种计划。策略是一种有目的、有预谋、有组织的行动程序。作为一种计划，策略应指明发展方向和途径，包括一系列处理某种特定情况的方针政策，属于行动之前的规划。第二，策略是一种计策。策略可以是一种行动过程中的手段和计谋，根据环境和竞争对手的情况，采取不同的措施以达到战略目的，它是一种在竞争博弈中战胜对手的工具。第三，策略是一种模式。策略可以体现为组织行为所遵循的程序和规范，即将整个策略看成是一种“行为流”的运动过程。第四，策略是一种定位。策略是一个组织对自己在其所处环境中未知的判断。把策略看成一种定位就是要通过正确的资源配置，形成有效的竞争力。第五，策略是一种观念。策略表达了组织对客观时间固有的认知方式，体现了企业的价值取向。策略是一种观念的定义，强调了策略的抽象性，其实质在于，同价值观、文化和理想等精神内容为组织成员所共有一样，策略观念要通过组织成员的期望和行为而形成共享。

“策略”就是为了实现某一个目标，预先根据可能出现的问题制定的若干对应的方案，并且，在实现目标的过程中，根据形势的发展和变化来制定出新的方案，或者根据形势的发展和变化来选择相应的方案，最终实现目标。简言之，策略就是达成目标的手段。

一个有效的策略，前提一定是目标设定合理。在此前提下，策略从项目自身出发，以市场为衡量标准贯穿于营销、广告、销售环节……达成策略的另外一个重要前提就是“执行”，因为得不到执行的策略就是废纸。策略要贯穿于众多部门，所以在执行过程中要保证策略不偏移是非常重要的。这要求策略的制定者要有绝对的话语权，如果没有则宁可不提策略，因为提了没有意义。

23.2　战略与策略的区别

战略与策略均来自于古代战争。兵书上说，战略与战术乃两个全异之行动。战术是关于战斗诸种行动之指导法，战略乃联系配合各种战斗之谓。战略为作战之根源，即创意定计；战术乃实行战略所要求之手段。

战略最早是军事方面的概念。战略的特征是发现智谋的纲领。在西方，“strategy”一词源于希腊语“strategos”，意为军事将领、地方行政长官。后来演变成军事术语，指军事将领指挥军队作战的谋略。在中国，战略一词历史久远，“战”指战争，略指“谋略”“施诈”。

战略，是一种从全局考虑谋划实现全局目标的规划，战术只为实现战略的手段之一。实现战略胜利，往往有时候要牺牲部分利益，去获得战略胜利。战略是一种长远的规划，是远大的目标，往往规划战略、制定战略、用于实现战略的目标的时间是比较长的。

争一时之长短，用战术就可以达到。如果是“争一世之雌雄”，就需要从全局出发去规划，这就是战略。

战略应该是方向性的把握，而策略则是具体的动作。策略是从属于战略的，没有战略指导的策略不会有太大的价值；而战略也是需要各种策略支持的，没有看准时机，及时出牌，战略永远只是空想。所以，战略和策略第一个区别是：战略要看方向，策略要看时机。

其次，战略和策略的区别在于：战略需要减法，而策略需要做加法。战略的目的是要在众多的道路中选对一条，然后走下去；而策略则是面对一个具体的目标，应该从哪些方面进行攻打，最终占领它。

再次，战略是长远而简单的，复杂的不叫战略；策略是短促而复杂的，不短促不足以把握时机，不复杂不足以取得完胜。

战略与执行是两个基本点。战略 + 策略 + 执行，更清晰地描述在战略之后执行层面的内涵。战略一旦确定，执行是至关重要的。有些时候即便战略不清晰甚至不成熟，良好的执行将会使战略升级。战略之后是执行，执行之前不应该简单说成是战略，而是战略导向下的策略。策略是战略的执行，但更是执行前的执行战略。

策略，即策划、谋略。尤其在面临选择时，面临行动前，策划、谋略尤为重要，对战略的成功实施起着决定性的作用，否则一旦选择错了，或选择时机不当，或选择顺序有差，均会导致战略的实施不力。甚至于后来，人们会怀疑战略是否正确。诸多时候，大凡策略出问题时，我们都去怀疑战略，其实不然，我们应该检讨策略是否正确。有些时候，我们不怀疑战略，我们不怀疑团队的具体执行力，但公司或多或少出些问题或者说不能令投资者满意，关键是对战略项下的策略没有研究好，没有执行前的策划和谋略，或者说，策划起来草率些，谋略起来简单些。所以，把“战略 + 执行”细分为“战略 + 策略 + 执行”，将会使我们的思路更清晰，将会使我们的战略步入快车道。

我们经常研究战略，实际上应该是经常检讨策略。在面临选择时，避免战略项下的盲动，管理层应做更多地思考。有些时候，管理层未做好恰当的策划和谋略，就会出现战略的执行不力。所以，将策略提出来研讨，将大家思想集中起来，第一步做什么，第二步做什么，什么时候进去，什么时候出来，都需要管理层深度思考和谋划。作出了恰当的选择，才能去推进执行。

战略是有策略的战略，执行是策略项下的执行；战略是本，策略是纲，执行是目。

战略不常变，策略会时常调整，执行更是千变万化；没有战略，策略和执行就成为无本之目；没有策略，战略就挂在墙上，没有策略，执行就只知干活。策略是战略与具体执行之间必不可少的环节。策略比具体执行更重要，甚至于比战略更重要。急于求成，不考虑风险，再好的具体执行，战略就成了误导。精心策划、认真谋略，我们的目标就离我们不远了。

第24章　整合系统（第三步）

24.1　整合系统的概念

英文中“系统”（system）一词来源于古代希腊文systεmα，意为部分组成的整体。系统的定义应该包含一切系统所共有的特性。一般系统论创始人贝塔朗菲定义：“系统是相互联系相互作用的诸元素的综合体”。这个定义强调元素间的相互作用以及系统对元素的整合作用。

中国著名学者钱学森认为，系统是由相互作用相互依赖的若干组成部分结合而成的，具有特定功能的有机整体，而且这个有机整体又是它从属的更大系统的组成部分。

运动着的若干部分，在相互联系、相互作用之中形成的具有某种确定功能的整体，称之为系统。以下定义表述了系统的基本特性：

系统是一个动态和复杂的整体，相互作用结构和功能的单位。

系统是能量、物质、信息流不同要素所构成的。

系统往往由寻求平衡的实体构成，并显示出震荡、混沌或指数行为。

一个整体系统是任何相互依存的集或群暂时的互动部分。

系统是普遍存在的，从基本粒子到河外星系，从人类社会到人的思维，从无机界到有机界，从自然科学到社会科学，系统无所不在。

按宏观层面分类，系统大致可以分为自然系统、人工系统、复合系统。

自然系统：系统内的个体按自然法则存在或演变，产生或形成一种群体的自然现象与特征。自然系统包括生态平衡系统、生命机体系统、天体系统、物质微观结构系统以及社会系统等。

人工系统：系统内的个体根据人为的、预先编排好的规则或计划好的方向运作，以实现或完成系统内个体不能单独实现的功能、性能与结果。人工系统包括立体成像系统、生产系统、交通系统、电力系统、计算机系统、教育系统、医疗系统、企业管理系统等。

复合系统：是自然系统和人工系统的组合。复合系统包括导航系统、交通管理系统和人—机系统等。

24.2　系统的科学内涵

尽管系统一词频繁出现在社会生活和学术领域中，但不同的人在不同的场合往往赋予它不同的含义。长期以来，系统概念的定义和其特征的描述尚无统一规范的定论。一般定义为系统是由一些相互联系、相互制约的若干组成部分结合而成的、具有特定功能的一个有机整体（集合）。

我们可以从三个方面理解系统的概念：

（1）系统是由若干要素（部分）组成的。这些要素可能是一些个体、元件、零件，也可能其本身就是一个系统（或称之为子系统）。如运算器、控制器、存储器、输入/输出设备组成了计算机的硬件系统，而硬件系统又是计算机系统的一个子系统。

（2）系统有一定的结构。一个系统是其构成要素的集合，这些要素相互联系、相互制约。系统内部各要素之间相对稳定的联系方式、组织秩序及失控关系的内在表现形式，就是系统的结构。例如钟表是由齿轮、发条、指针等零部件按一定的方式装配而成的，但一堆齿轮、发条、指针随意放在一起却不能构成钟表；人体由各个器官组成，单个器官简单拼凑在一起不能称其为一个有行为能力的人。

（3）系统有一定的功能，或者说系统要有一定的目的性。系统的功能是指系统与外部环境相互联系和相互作用中表现出来的性质、能力和功能。例如信息系统的功能是进行信息的收集、传递、储存、加工、维护和使用，辅助决策者进行决策，帮助企业实现目标。

整合系统是基于旧系统中的多种要素和源于外界新的要素在多种外力如

产品、用户、社会等多个要求下，作用下，形成新的系统的过程。

24.3 整合系统，明确路线图、时间表

任何一个项目管理，都是系统工程。整合系统需要时间表、路线图，职责明确到人，这是整合系统的关键，近年来已经得到各级政府和广大企业经营者的高度重视。党中央、国务院重大战略部署都强调路线图和时间表，许多文件都把责任落实到具体的部委办等职能部门。只有做到系统整合，任务分解，有精准的时间、步骤要求，才能确保落实。

党中央提出“两步走”战略，完整勾画了我国社会主义现代化建设的时间表、路线图。改革开放之初，我们党提出社会主义现代化建设分“三步走”战略目标，前两步目标已提前实现。党的十六大提出21世纪头20年全面建设小康社会，这个目标再过三年也即将实现。党的十九大确定从2021年到2050年的30年将分两个15年安排。这样，改革开放以后我国社会主义现代化建设的时间表、路线图就完整了，实际上分成这样五个阶段：第一阶段，改革开放之初到1990年主要解决人民的温饱问题；第二阶段，1991年到2000年使人民生活达到小康水平；第三阶段，2001年到2020年全面建成小康社会；第四阶段，2021年到2035年基本实现社会主义现代化；第五阶段，2036年到2050年建成富强民主文明和谐美丽的社会主义现代化强国。

例如未来的中国雄安新区要建成什么样？国家要给雄安哪些支持政策？京津冀如何在雄安实现区域协同发展？《中共中央　国务院关于支持河北雄安新区全面深化改革和扩大开放的指导意见》为雄安建设标明时间表，划出路线图，上述这一系列问题都能找到答案。

文件给雄安建设列出的三个阶段时间表和路线图：

——到2022年：适应雄安新区定位和高质量发展要求、使市场在资源配置中起决定性作用和更好发挥政府作用的制度体系基本建立，重点领域和关键环节改革取得明显成效，优质宽松的发展环境和活跃高效的创新氛围基本形成，对北京非首都功能和人口吸引力明显增强，改革开放作为雄安新区发展根本动力的作用得到显现。

——到 2035 年：雄安新区全面深化改革和扩大开放各项举措得到全面贯彻落实，构建形成系统完备、科学规范、运行有效的制度体系，疏解到新区的非首都功能得到进一步优化发展，“雄安质量”标准体系基本成熟并逐步推广，对推动高质量发展的引领带动作用进一步凸显。

——到 21 世纪中叶：雄安新区社会主义市场经济体制更加完善，治理体系和治理能力实现现代化，经济发展的质量变革、效率变革、动力变革基本完成，社会充满活力又和谐有序，改革开放经验和成果在全国范围内得到广泛推广，形成较强国际影响力。

涉及具体项目管理，要制定项目时间计划表。项目时间计划是对项目所有活动的顺序和工期进行安排、协调，并确定项目的总工期。最终的进度计划通常要放在日历表上。

项目时间计划的详细依据是对所有可识别的假设和限制的文件化。这种附加细节到底应该有多少取决于项目的特点和要求，例如在建设项目中，最可能包含资源柱状图、现金流计划以及预制和交付的时间计划等事项；而在电子项目中，很可能只包含资源柱状图。通常情况下，作为详细依据适用的信息包括：

随时间进度而改变的资源需求，通常以资源柱状图的形式来显示。

可替代的时间计划，如最好的或最坏的情况，带有或不带有强制要求的资源等。

进度储备或进度风险评估。

制定项目时间计划是为了控制时间和节约时间，而项目一般都有严格的时间要求，因此使得时间计划在项目管理中变得很重要。项目时间计划是在工作分解结构的基础上对活动、项目做出的一系列的时间计划，它主要说明哪些工作必须于何时完成，以及完成每一项任务所需要的时间，有时也表示出每项活动所需的人数。

第25章　整合人才（第四步）

25.1　整合人力资源

所谓人力资源整合，是指通过一定的方法、手段、措施，重新组合和调整来自不同企业的人力资源队伍，建立统一的人力资源政策和制度，更重要的是形成统一的企业文化和价值观，从而引导来自不同企业的组织成员的个体目标向组织总体目标，达成成员和组织目标实现双赢结果的一系列管理活动的总和。人力资源整合是建立在人力资源管理基础之上的更高层面的目标，是人力资源管理的发展。

越来越多的研究学者与企业人力资源管理者认识到人力资源整合对提升企业核心竞争力的重大意义。通过明确地、有意识地、系统地提高组织人力资源治理的绩效、有目的地进行人力资源整合，可以充分发挥企业员工的潜能，和谐处理企业经营者与员工之间的关系，并对相应的各种治理活动予以计划、组织、协调、指挥和控制，从而促成企业革新、提高企业组织效率，增强企业核心竞争力。

著名管理学家彼得·德鲁克（Peter. F. Drucker）在并购成功的五要素中指出，公司高层管理人员的任免是并购成功与否的关键所在。泰坦鲍姆（Toby J. Tetenbaum）也提出，在参加并购谈判的部门中，没有人事部门的参与是导致并购失败的重要原因之一。企业并购能否成功，在很大程度上取决于能否有效地整合双方的人力资源。

众所周知，市场经济是竞争经济，市场竞争的核心是人才的竞争。人力资源特别是优秀人才是企业的无形资产和竞争获胜的法宝。谁拥有了优秀的人才，谁就掌握了这笔无价之宝，谁就拥有了市场竞争的主动权。20 世纪 90 年代以来，随着科学技术的飞速发展、产品更新换代速度的不断加快以及企业规模的不断扩大，优秀技术人员、高级管理人员在企业中的地位和作用越来越重要，众多的企业为了留住并吸引优秀人才，纷纷提出了各种各样的人才优待政策和诱人的股权激励计划。但如果企业被并购了，上述政策和计划发生了变化，就会造成优秀人才的流失，给并购方带来损失。一份调查报告显示，美国、韩国、新加坡、巴西和中国香港的高级经理中 75% 以上的人都认为，留住人才是企业并购成功的关键因素。

25.2　整合人才的基本原则

25.2.1　平稳过渡

人力资源整合是各类因素整合中风险最大的整合。这如同风险决策一样，若加快节奏，整合一步到位，则效率高，风险大；若稳步推进，减缓速度，则效率较低，确定性较强。一般来说，在风险性与稳定性两种选择中，既不能贪图速度而冒太大风险，也不可过分求稳而节奏过缓。可行的方式应是先确定并购所要达到的目标和效应，再全面规划，扎实推进，以求平稳过渡。在实施各种整合方案的同时，充分进行并购双方管理者与管理者、管理者与员工的有效沟通，以尽可能减少震动和平稳过渡标准。

25.2.2　积极性优先

企业是人的集合体，企业无人则止。著名经济学家舒尔茨曾说过，当代高收入国家的财富是靠人的能力创造的。一个正常健康的人只运用了其能力的 10%。企业的发展依靠人的智慧，人的积极性是各类要素中对企业发展最关键的要素，只有在整合过程中充分调动和发挥人的积极性，才能尽快实现整合的目的。因此，任何方式的整合都应服从并服务于调动人的积极性的目的。强调积极性优先的原则，就是不应拘泥于某种固定形式，不应限制在某一章法中，而应机动灵活，综合使用各种方法来调动人的积极性。

25.2.3 保护人才

人才是人力资源中德才兼备、有创造性、贡献较大的人。善于发现人才，培养人才，合理使用人才和保护人才，是人力资源管理的根本。对于一个并购后的新企业来说，新的经营环境、新的人群构成，可能会使一些人在多种因素的作用下不愿介入其中。在已有的并购实践中，并购的过程同时也是人才大量流失的过程，这可以说是人力资源整合最大的失败。只有留住了人才，才能谈得上正确使用人才。当然，保护人才并不是说任何人才都要保护，而是要选择那些未来企业发展需要的人才加以保护。企业并购中应当保护的人才，应以人才的群体优势最优、不同人才的知识结构互补及人才合力的形成标准。

25.2.4 降低成本

人力成本是企业生产经营成本的重要组成部分。人力组合不同，企业所应支付的人力成本就不同，因此，最简单的法则就是降低成本。这里所说的降低成本，不以降低员工的报酬为特征，而以降低最优群体所形成的成本为标准。如用很高的报酬来留住少量拔尖人才，拔尖人才统领指挥低报酬的员工会比大多数人拿到较高报酬所花费的人力总成本低得多。因此，降低人力成本应以人力资源知识结构优化组合为前提。

25.2.5 多方式组合

人力资源整合因企业不同或并购形式、目的、时间、环境与对象不同，有多种方式可供选择。实践中绝不会只采取一种方式就能完成人力资源的整合，也没有任何一种方式适合于所有并购企业的人力资源整合，而应具体问题具体分析。因此，在人力资源整合过程中，必须充分考虑并购的类型、环境、条件、对象、时间等多种因素，确定多种方式，并将这些方式加以科学组合、巧妙运用。

25.3　激励策略

人力资源整合策略的关键在于要采取实质性的激励措施，为有能力的人才提供更好的前景和发展机会。仅留住人才是不够的，这只是前提条件，要引导人才为企业发展作出积极贡献才是整合活动的实质。

研究证明，“外在激励”如物质激励，比如给一个员工加薪，最多只能持续短短 3 个月。很多时候，所谓的一些激励对于员工来说只是在“画饼”。相反，做好“内在激励”，远远比“外在激励”对一个人的影响和改变会更大。

什么是“内在激励”？内在激励，就是通过一种或几种手段，让一个人发自内心的对这个机构（或工作）的认同和热爱。真正地充分地调动其内心的饥渴感、满足感、愉悦感、成就感的内在因素。是让人能够找到感觉，持续深入、把事情做到位的方式。

管理学大师彼得 · 德鲁克提到，在管理知识密集人才时，企业管理应该向非营利机构学习，如宗教团体、公益组织。因为这些组织能让成员自动自发、出钱出力，为机构的使命无私奉献。如世界上最大的义工组织之一，由世界著名的天主教慈善工作者特蕾莎修女建立的“垂死之家”，每年都吸引着很多全球义工人士前往加尔各答提供免费服务，没有任何物质回报，很多义工可以在那服务几年甚至一生的时间。这个组织本身的影响力、代表的价值观及精神在激励着他们自我驱动地从事着这一项工作。

应用到企业，同样需要确立正当而吸引人的使命、愿景和价值观。开发工作本身的意义，以此获得员工的认同，实现人才的内在激励。

25.3.1　公司层面

通过使命、愿景和价值观为企业构建一座“山巅之城”。华为 CEO 任正非说：“要相信人内心深处有比钱更高的目标和追求，愿景、价值观、成就感才能更好地激发人”。

企业的使命定义了公司存在的价值，明确了企业做什么不做什么。

（1）有明确且不变使命的企业会更成功。

扎克伯格说："有了使命，就会让人更专注"。

迪士尼的使命是"让人们快乐"。去过迪士尼的朋友们一定会被这个环境的所有设施、场景，甚至是一个扫地的大爷所感动。不仅被他们专注的服务所折服，也会被他们发自内心的开心所感染。

（2）愿景定义了公司长期奋斗的目标。

进入信息时代，当员工面临越来越复杂的任务以及不断变化的技术创新，容易让人进入手足无措和高度紧张的状态。若管理上还依然采用控制或命令的方式，反而会让员工产生本能的抗拒，容易让人懈怠，或敷衍工作。而更有效的方式之一就是一种"用愿景来驱动的智能状态"。一个好的愿景能够激发人的兴奋感，从而更主动的、愿意投入更多时间去完成自己的工作。

（3）价值观则阐明了在公司推崇的行事为人准则。

这种行事为人的准则尤其是需要企业的 CEO 或老板先身体力行。很多企业不是没有所谓使命、愿景和价值观，而是没有将这些虚的文化和精神做到实处，而没有发挥其应有的驱动人才的激励作用。并且一旦定格就坚持到底，而不是朝令夕改，而是不唯利，不左顾右盼。

要使企业形成向前进取的基本动力、长久发展的基础条件、立身于世的基本品格。

25.3.2 员工层面

让员工的工作更有乐趣，激发员工的创造力。

首先，让员工了解工作的意义。研究证明，工作的意义是工作积极性的关键驱动因素。一家做呼叫中心的平台，需要招募大量的客服人员，这个岗位工作内容单一，薪酬福利一般，人员流动性很大。后来经过重新设计，不再像之前大多招聘有经验的客服人员。而是专门为实习生开放了这个岗位，且定义为"你人生中最值得去尝试的第一份工作"。没有社会经验和工作阅历的实习生在最短的时间里学会如何与人沟通。告别混乱的表达逻辑，不惧怕与人沟通，增强沟通能力的同时，还会因为接触各种不同的客户而提升自己的应变能力和灵活性。

经过半年的数据分析证明，招聘实习生，以及赋予这份工作不同的意义，整体员工离职率有效下降 50%。

其次，让工作“透明化”，分享信息，自主决策。发挥内在激励需要领导者勇敢地把权力分散下去，减少壁垒，提高信息透明度。让最了解一线情况的员工基于事实和数据进行决策，而不是总听老板的指挥。一个组织内部如果具有透明性，并且拥有有效的沟通机制，可以共享信息，在员工管理及赋能上就能产生意想不到的突出效果。比如企业一项新制度或举措的推行，当完全是老板和人力来主导完成，和人力组织，该制度或举措的利益相关人一起参与、分享信息的同时共同制定。后一种方式无论是从推行的效果，还是整体的激励性都会更好。

最后，提升员工工作专注力与自由度，让员工成为工作的支配者。要想人们负责任，必须确保他们对自己的工作内容、工作时间、工作方法、工作团队有控制权，这是达到这个目标的必经之路。所以企业要给员工营造一个舒畅，保持快乐情绪，乐在其中的环境，就变得尤为重要。很多求职者在讲述自己的离职原因时，大多提到是因为企业氛围不好。并且，人的脑细胞最佳化是一次只专注于一件事情，假若同时处理多项任务，马上面临正确度与绩效上的大滑落。

25.3.3　企业的前景规划

个人的能力是由意义和兴奋引起的，企业的能量是所有员工能力总和。为转变目标企业的工作的意义并取得员工的忠诚，企业需要一种能够鼓舞员工的前景规划，这个前景规划必须明确地加以表述，并传达给每位员工。当激动人心的前景规划出现时，员工对他们所做的工作感到兴奋，企业中弥漫着一种骄傲、神圣的热情，每天参加工作并努力工作是值得的。汉诺成保险公司的总裁比尔·奥布莱恩说：“我们认识到，人们有一种迫切需要成为某崇高使命组成部分的感觉。”从而，工作中的意义转变成能量，前景规划变成现实。

25.3.4　晋升激励

员工在工作中不再是仅仅为经济利益而奋斗，而是将工作视为有意义的人生体验，追求职业生涯上的发展，因此晋升对员工有很大的激励作用。彼德. 德鲁克指出，在兼并的第一年内，极为重要的是要让两个企业管理队伍的大批人都受到跨越界限的重大晋升，使得两个企业的管理者都相信兼并为他们提供了个人机会。这一原则不只是运用到接近高层管理人员身上，也要运用到较年轻的管理人员和专业人员身上，企业的发展创新主要依赖他们的努力和献身。

25.3.5 股权激励

企业总是希望能够获得员工的忠诚，希望员工努力工作积极献身，而对员工来说，这是一种精神理念，这种信念的形成和发生作用是需要现实的物质载体，股权激励正是实现精神理念到现实操作转变的价值实体。股权激励使员工真正成为企业的主人，与企业的成败兴衰利益相关，在一定意义上讲，员工对企业的忠诚和奉献是对个人利益维护的延伸。当物质利益发生位移后，员工会主动关心企业的战略规划和短期目标实现，积极参与企业的决策和管理，为企业的发展献力献策。员工认股成为重要人员留任的激励措施，对重要的管理人员和核心专业技术人才给予一定数量的股权激励，借以吸引和稳定人才队伍，保持企业的竞争力和生命力。

企业并购的三种人力资源整合策略是密切相关的，人才稳定是前提，人才激励是根本，人才培训是基础，共同组成企业人才整合系统。科学、有效地认识和利用这一系统对于企业并购中的人力资源整合实践有着极为重要的现实意义。

第 26 章　整合资源（第五步）

26.1　整合时代的资源要素

“资源”一词本是经济学名词，是指一国或一定地区内拥有的物力、财力、人力等各种物质要素的总称。资源一般可分为自然资源和社会资源两大类。前者如阳光、空气、水、土地、森林、草原、动物、矿藏等；后者包括人力资源、信息资源以及经过劳动创造的各种物质财富。

资源的内涵不仅包括自然资源，包括人类劳动的社会、经济、技术等因素，还包括人力、人才、智力（信息、知识）等资源。资源就是“一切可被人类开发和利用的物质、能量和信息的总称，它广泛地存在于自然界和人类社会中，是一种自然存在物或能够给人类带来财富的财富”。或者说，资源就是指自然界和人类社会中一种可以用以创造物质财富和精神财富的具有一定量的积累的客观存在形态，如土地资源、矿产资源、森林资源、海洋资源、石油资源、人力资源、信息资源等。

26.1.1　生产要素资源

所谓生产要素，是指进行社会生产经营活动时所需要的各种社会资源，它包括劳动力、土地、资本、技术、信息等内容，而且这些内容随着时代的发展也在不断发展变化。在西方经济学中，生产要素一般被划分为劳动、土地、资本和企业家才能这四种类型，劳动是指人类在生产过程中体力和智力的总和。土地不仅仅指一般意义上的土地，还包括地上和地下的一切自然资源，如江河湖泊森林海洋矿藏等等。资本可以表示为实物形态和货币形态，实物形态又被称为投资品或资本品，如厂房，机器，动力燃料，原材料等等；资本的货币形态通常称之为货币资本。企业家才能通常指企业家组建和经营管理企业的才能。这其中特别要强调两种要素的作用和回报：

一是人力资本。资本包括物质资本和人力资本两种形式。各国的经济发展实践表明，人力资本的作用越来越大，教育对于国民收入增长率的贡献正在大幅攀升，人的素质和知识、才能等对经济发展越来越具有决定性意义。因此，如何使人力资本得到足够的回报，对于经济的持续发展以及国民收入的分配变得非常重要。

二是土地以及资源性财产。它们对于财富生产的作用早已为人们所认识，但对于它们参与收入分配的必要性却一直存在模糊认识，这表现在我国的土地和自然资源在很多情况下是被免费或低价使用的。在我国，土地和自然资源属于国有或集体所有，它们的免费或低价使用，意味着它们的收益被少数人侵占了。这也是我国收入差距急剧扩大的一个重要原因。因此，土地和资源性要素如何参与分配，是在完善收入分配制度时应认真加以考虑的问题。

26.1.2 社会资源

社会资源就是指人的社会网络和他通过直接或间接接触能动员的资源的总体。包括信息资源、人脉资源、政策资源、财富资源、慈善资源等等。

（1）信息资源整合。

信息资源整合是指对在不同区域、管理单元中分散存储和管理的各类信息资源，通过一定的方法和手段，将其联结成一个结构有序、管理一体化、配置合理的有机整体的过程。人类社会即将进入信息需求快速增长的知识经济时代，企业为在竞争中确立优势必须重新审视与价值链上其他相关企业的联系，掌握充分相关的信息以作出正确的分析和决策，信息将在企业发展中发挥着越来越重要的作用。同时，信息技术的发展也带动了信息需求的增长，人们的信息需求不断膨胀，除了对已发生事项的了解外，人们更需要与未来发展相关的信息，这些都需要有一套新的能提供增值性有效信息的系统来辅助实现。

（2）人脉资源整合。

人脉资源是人生中最宝贵的财富，但一定不能滥用。人脉资源用到极致的时候，是无求中有求，只要和自己的人脉成为朋友，资源就会被整合得天衣无缝，帮助和提携也就水到渠成了。如果你想让人脉为长期的业务建设带来成果，关键不是认识很多人，而是认识正确的人。当准备建立人脉关系时，你要问自己：为什么别人会想要和我建立人脉关系？建立良好的人脉关系不仅仅关系到你会获得什么，同时也关系到你能为他人带来什么价值。你愿意在塑造一种双赢的人脉圈子始终如一地花费时间和精力吗？

一个成功的人脉关系建立者知道自己所提供的价值能否稳固双赢的人脉关系，而非单单是他能从中获得什么，更重要的是一种愿意付出的心态。如果你不打算跟进你遇见的人，留在家里，不要浪费自己或是他人的时间。整个人脉建设的目的是开发稳定共赢的业务。业务建设的关键不是在于收集名片，而是建立了稳固的合作关系。关键的不仅仅是你想要实现什么，同时，也要让你的人脉知道你同样希望帮助他们实现成功。

（3）政策资源整合。

政策主要包括财政政策、税收政策、科技政策、产业政策、金融政策、人才政策等。一是把政府支持纳入企业战略，从宏观层面、更大范围上真正领悟政府支持的核心价值；另一方面，提醒和强调不能把政府支持当作企业策略的全部，可谓头脑冷静理智决断。针对政府支持，一部分企业上升不到理想的高度，甚至回答不了政府为什么要支持；另一部分则把政府的支持当作不要白不要的施舍，更有人把政府立于战略高度的支持当成既得利益，千方百计，不择手段，用尽心机，忘记了做企业的根本。

（4）财富资源整合。

一个投资人，最为重要的是要看清楚社会财富的真实流向，并将自己的资本配置在为社会发展潮流所推动的那些产业中。这样的投资，才是具有前瞻性的投资，它体现的，正是投资人的智慧和看清楚社会发展变化潮流的慧眼。

经济结构的变化，产业结构的变化，正是中国社会当前正在进行的一件事情，在我们看来，这件事情并不只是中国社会茶余饭后的谈资，不是大家说说而已，也不是中国高层说说而已，而是意味着很多实实在在的投资机会。而且在这些机会中，有不少都有极其巨大的投资机会。抓得好，抓住了，财富就是成十倍二十倍的增长，甚至百倍千倍的增长。这就是社会变化的现实，也是中国社会财富发展变化的现实。整合财富资源，就是要瞄准这样的大趋势，抓住这样的大机遇。

26.2 资源整合是企业和社会发展的捷径

资源整合是现代商战中的原子弹。运用好这个核武器便可以产生百分之几百甚至百分之几千的能量。这也是资源整合与其他企业经营策略的区别。只要掌握了资源整合的方法，也就拥有了企业高速发展的密码。

中国的企业，特别是中小企业，在经过30年的发展之后，特别是在经济危机之后，已由过去的创业时代变成整合时代。资源整合就是这个时代轻松快速达成目标的一个工具。牛根生说过，企业90%以上的资源都是被整合进来的。创造资源很难，整合资源很易；创造资源很慢，整合资源很快。因此，资源整合是企业和社会发展的一条捷径。

资源整合的前提、核心、关键是什么？

资源整合的前提是发现资源。列出你所有的资源清单，包括资金、团队、渠道、客户、智慧、专业、人脉等，之后对这些资源进行分析，看看哪些是一次性资源，哪些是多次性资源，哪些是过时的资源，哪些是永久性资源，哪些是贬值的资源，哪些是升值的资源，哪些是大众的资源，哪些是独家的资源。接着分析谁需要我的这些资源，同样列出清单。只有这样，你才能清楚自己能给自己的策略联盟什么样的资源。

整合的核心是如何把缺少的整合回来。先给别人他所想要的，他就给你想要的。这就涉及一个“舍得”的思维，从某种意义上说，舍就是得，得就是舍。在舍与得的智慧中，获得企业经营最重要的选择权。只要你愿意为越多人服务，你就可以创造越多的财富。先帮别人赚钱，别人就会帮你赚钱。整合的关键是互补，只有资源互补，才可能从整合到融合，最后达到契合。

能否动用相关的资源以及资源的规模，是人生成功与否的重要标志。

所有的新人起步的时候都一无所有，自己可以控制的资源十分有限和脆弱。人生职业的发展，实际上就是一个逐渐增加个人可以动用资源的过程。

如果可以动用特定的外界资源，通常可以获得成功的人生。如果一辈子仅仅可以动用自己的收入，即使是一名优秀的个人理财专家，成功也十分有限。人生的成功，直接依赖于特定个人可以动用的资源。因此必须接近潜在的可能被动用的资源。

26.3 资源整合的方法

26.3.1 共享

为什么高尔夫球场上的老板赚得更多呢？第一，因为整合到了优秀的人才帮他们干活，他们才能有更多的休闲时间；第二，由于经常出来和优秀的社会精英们在一起，能不断地从别人身上学到很多重要的企业经营经验及做人做事的思维；第三，关键的是，社会上重要的资源都掌握在这些成功人的手里，与成功人士相处时间长了，彼此有了信任，他们便愿意把他们的资源拿出来与朋友一起共享，这样，大家都能为企业引进更多更好的资源，企业就可以更快更好地发展了。

资源共享就是把属于本企业的资源与其他企业共享，其共享方式可以是有偿的，也可以是无偿的。资源共享一方面可以充分利用现有资源提高资源利用率，另一方面可以避免因重复建设、投资和维护造成的浪费，是实现优势互补和高效、低成本目标的重要措施。

26.3.2 共赢

现代奥运会就是一种高级阶段的整合，它将奥运精神和体育竞技以“1 + 1 = 11”的共赢模式来实现。奥林匹克运动包含 4 场公平竞争的比赛，即运动员、媒体、举办城市和赞助商，任何一场比赛的参与者都能享受另外 3 场比赛为其带来的巨大收益。所以，在奥林匹克模式中几乎没有输家，所有坚持完成比赛的参与者都是赢家。

26.3.3 交换

蒙牛集团的创立者牛根生当年创业时，也跟很多人一样，缺一少十，可是蒙牛却跑出了火箭一般的速度：他整合工厂，整合政府农村扶贫工程，整合农村信用社资金。没运输车，整合个体户投资买车；没宿舍，整合政府出地，银行出钱，员工分期贷款。这样，农民用信用社的贷款买牛，蒙牛用品牌担保农民生产出的牛奶包销，蒙牛一分钱没花，整个北方地区300万农民都在为蒙牛养牛。

任何企业家都不可能拥有世界上所有的资源，你手中可支配的资源总是有限的。想要实现自己的发展目标，就必须利用自己手中可占用和支配的资源与他人交换自己所需要的资源，同时让对方也能得到他想要的资源。这就是资源整合的一个重要法则。

26.3.4 借用

诸葛亮被大家喻为智慧的化身，他一生中的很多传奇故事都跟“借”字有关：借天时、借地利、借人和、借荆州、借东风、草船借箭、借火、借雨等。

诸葛亮在古时条件有限的环境下，充分利用了自然环境与人文环境的便利，成就了大业。这也是资源整合的智慧。他借的都不用还，所以他是借又不是借，事实上他是在整合，因为整合是不用还的。反观现代企业的管理，最缺乏的恰恰就是这种“借”的智慧。

26.3.5 学习

从几百万到过亿的转变，最大的秘诀就是整合的智慧。知识和人脉是现在社会最主要的资源，整合智慧至关重要。学习交流则是整合智慧的最佳方式。而整合智慧的渠道包括：第一，参加培训公司的课程；第二，学习大学的课程。如长江商学院、名牌大学的EMBA班等；第三，参与政府或民间组织的论坛。如博鳌亚洲论坛；第四，参加各种协会、商会、俱乐部组织的活动；第五，参加平时朋友同学之间的聚会、庆典。

26.3.6 合资

企业通过合资经营的形式将各自不同的资源组合在一起，共同经营，共担风险，实现双方资源和能力互补，达到共同发展的目的。在下列情况下，合资是一种比较好的策略：（1）一个企业单独运作时不经济或有风险；（2）通过集合两个或更多企业的资源和能力能够为一个企业带来更多的资源，使之成为一个强有力的竞争者；（3）能克服进口份额、关税、国家政治和文化障碍。

26.3.7　并购

企业并购也是企业取得外部经营资源、谋求对外发展的策略之一，通过并购，可以获得出让公司经营资源的支配权。企业并购的方式主要有：（1）整体并购，是指企业以资产为基础，确定并购价格，受让目标公司的全部产权的并购行为。（2）投资控股并购，是指企业向目标公司投资，将目标公司改组为自己的控股子公司的并购行为。（3）股权有偿转让，是指企业根据股权协议价格，受让目标公司全部或部分股权，从而获得目标公司控制权的并购行为。（4）资产置换，是指企业用一定价值的资产，并购等值的优质资产的产权交易行为。

26.3.8　联合研发产品

新产品的开发是个复杂的过程，从寻求创意到新产品问世往往需要花费大量的时间，而市场环境的复杂多变又使新产品开发上市的成功率极低。企业间共同开发与提供新产品，可以利用共同的资源，进行技术交流，减少人力资源闲置，节省研究开发费用，分散高风险和共同攻克技术难题。

26.3.9　特许经营

特许经营是指特许经营权拥有者以合同约定的形式，允许被特许经营者有偿使用其名称、商标、专有技术、产品及运作管理经验等从事经营活动的商业经营模式。拥有重要无形资产的一方，撬动了广泛的社会资源，迅速扩大规模，获取额外收益。在酒店业中，“如家快捷”是比较成功的特许经营方式。

26.3.10 产品价值延伸与拓展

要拓宽产品价值包，企业可以给自己的产品寻找一些配套的商品，使整个组合能够提供给消费者一个完整的功能空间，方便消费者使用，从而使自己产品的价值扩大化、完整化。吉列刮胡刀配上永备电池同时销售，雀巢咖啡提倡与三花奶共饮，就是比较典型的功能组合。这种组合可以扩大产品的功能空间，方便消费者的操作和使用，提高产品的附加值，产生“1+1>2”的效应。

26.3.11 渠道共享

渠道建设是企业市场营销活动中非常重要的一环，也是企业面临的最棘手的问题之一。企业可以在渠道设计、渠道决策、中间商选择、中间商控制、中间商激励、中间商调整等方面相互合作，以强化渠道管理，决胜终端。

渠道是一种资源，异业或同业间渠道的借用与共享，可以将售点和展示点的口径大大拓宽，构筑超越竞争者的优势渠道。通过渠道共享，企业既可以借助共生伙伴的渠道把产品安全、及时、高效、经济地从生产者手中转移到消费者手中，又可以降低渠道建设成本，提高分销效率。

第 27 章　整合资本（第六步）

27.1　国家积极推进资本市场改革

《国务院关于推进资本市场改革开放和稳定发展的若干意见》中指出，大力发展资本市场是一项重要的战略任务，对我国实现 21 世纪头 20 年国民经济翻两番的战略目标具有重要意义。一是有利于完善社会主义市场经济体制，更大程度地发挥资本市场优化资源配置的功能，将社会资金有效转化为长期投资。二是有利于国有经济的结构调整和战略性改组，加快非国有经济发展。三是有利于提高直接融资比例，完善金融市场结构，提高金融市场效率，维护金融安全。

我国资本市场是伴随着经济体制改革的进程逐步发展起来的。由于建立初期改革不配套和制度设计上的局限，资本市场还存在一些深层次问题和结构性矛盾，制约了市场功能的有效发挥。这些问题是资本市场发展中遇到的问题，也只有在发展中逐步加以解决。党的十六大提出了全面建设小康社会的战略目标，十六届三中全会通过了《中共中央关于完善社会主义市场经济体制若干问题的决定》，对资本市场发展作出了部署，为我国资本市场改革开放和稳定发展指明了方向。要认清形势，抓住机遇，转变观念，大力发展资本市场，提高直接融资比例，创造和培育良好的投资环境，充分发挥资本市场在促进资本形成、优化资源配置、推动经济结构调整、完善公司治理结构等方面的作用，为国民经济持续快速协调健康发展和全面建设小康社会作出新的贡献。

推进资本市场改革开放和稳定发展的任务是：以扩大直接融资、完善现代市场体系、更大限度地发挥市场在资源配置中的基础性作用为目标，建设透明高效、结构合理、机制健全、功能完善、运行安全的资本市场。要围绕这一目标，建立有利于各类企业筹集资金、满足多种投资需求和富有效率的资本市场体系；完善以市场为主导的产品创新机制，形成价格发现和风险管理并举、股票融资与债券融资相协调的资本市场产品结构；培育诚实守信、运作规范、治理机制健全的上市公司和市场中介群体，强化市场主体约束和优胜劣汰机制；健全职责定位明确、风险控制有效、协调配合到位的市场监管体制，切实保护投资者合法权益。

27.2 资本的力量

我国经济进入结构优化和动力转换的新常态，以创新驱动经济发展将长期成为推动力。而核心技术是国之重器，资本市场对于促进科技和资本的融合，其重要性不言而喻。

自2017年以来，创新型、科技型公司发行上市融资的步伐在加快，并购重组促进了产业技术升级和创新型企业发展。美国高科技企业支撑了经济的持续发展，劳动生产率远超出一般企业，上市的科技公司占比达到33%，而中国上市公司中金融类和房地产占比较多，贡献了大部分利润，经济需要逐步缓解运行中的失衡，资本市场应当有效地支撑新经济发展。

27.2.1 中国资本市场积极拥抱新经济

高盛曾发布一组数据：以2009年为标志，标普500指数涨了1倍多，美国五大科技公司FAAMG（脸书、亚马逊、苹果、微软、谷歌）涨了10倍，亚洲五大科技股STTAB（三星、腾讯、台湾半导体、阿里巴巴、百度）涨了12倍，明显跑赢大盘。再看美国行业占市场的比例。19世纪上半叶，金融股和地产股占所有股票市场的90%。19世纪下半叶，铁路交通股票占股票市场的50%。20世纪上半叶，能源股和材料股占30%。进入21世纪，信息通信技术股票（ICT）占比达到20%多。科技股占比世界资本市场的高点是2000年。

实际上，美国经济较长时间的增长，背后是以信息技术为代表的新经济产业对经济的有力支撑。从 20 世纪 70 年代以来，美国造就了一批高科技龙头企业，支撑了美国经济的持续发展。拥抱新经济是当前我国资本市场发展的重要任务。新经济要有新的科学技术因素，利用现代信息技术、人工智能技术、生命科学技术、新材料技术等，资本市场必须服从和服务于国家改革发展大局，适应创新驱动发展战略、军民融合发展战略，有效支撑新经济发展。

2018 年 3 月，国办转发了《中国证监会关于开展创新企业境内发行股票或存托凭证试点若干意见》的通知，试点在行业上主要集中于互联网、大数据、云计算、人工智能、软件和集成电路、高端装备制造、生物制药七个领域，已经达到相当规模的创新企业。

这项新政是坚持改革开放创新的产物，表明资本市场紧跟国家转型发展战略，支持新经济发展，这是重要的政策导向，向市场和社会发出了重要信号，中国资本市场是开放的，具有包容性的，是积极拥抱新经济的。通过此次试点将完善我国资本市场的制度建设。从发审制度到监管制度，再到退出制度、信息披露制度等，推动中国资本市场一系列的制度创新。

27.2.2　大国重器需要资本力量促进

早在 2017 年 6 月，上交所启动了“新蓝筹”行动，从以蓝筹为主的市场转向多层次、具有包容性的新蓝筹。新蓝筹是新经济 + 有持续盈利能力的企业，大致分为三类，一类是传统产业优化升级企业，一类是新经济企业，一类是高新技术企业。既包括在风口上的物联网、大数据、云计算、人工智能、生物制药等“独角兽”企业，也包括航天、航空、航海、高铁、高端装备制造、芯片研发制造等国之重器企业。

大国重器的进步需要资本的力量来促进，但越是涉及大国重器，越不是单靠某一家国有企业或民营企业去投入，很多时候是国家意志或是大国发展的命脉所决定。现在有大量社会资源沉淀到国家主导的项目和科研中去，但最终这些技术要转化成生产力，靠原来的体系是有困难的。面向产业的实质性问题是解决人的主观能动性，不仅仅是梦想，还有个人的利益诉求。如果可以结合好，国家意志和企业家意志、和社会创新之间就可以产生真正的联动效应。

大国重器的发展应该建立起政府、研究机构、企业的“金三角生态”。其实美国的“金三角”蛮好，比如国家航空航天局（NASA），很多项目都是直接给学校，学校研究好之后再应用到企业。美国政府在税收方面给企业和学校很多的补助。未来中国也可以建立起新的生态，希望能在三个方面提供这种土壤：其一，在税收方面，对科研、高科技各方面提供土壤；其二，加强知识产权保护；其三，真正把资金通过基金等形式给创业者，而不是给很多大学教授，由基金去发现那些想改变世界、想改变人类命运的人。

27.2.3 科技创新始于技术，成于资本

《中国制造2025》提出，要以加快新一代信息技术与制造业深度融合为主线，以推进智能制造为主攻方向，以新一代信息技术为代表的高精尖产业已成为我国建设科技强国、制造强国的关键动力。创新资本生态圈、发展多层次资本市场显得更加紧迫。

科技创新始于技术，成于资本。高精尖产业具有高成长、高风险的特点，单靠自我积累和间接融资很难满足发展需要。资本市场已建立起较完善的风险共担、利益共享的制度机制，具有很好的风险识别和风险代偿功能，有利于激发微观主体创新活力。深交所将多渠道提高直接融资比重，支持高精尖企业通过IPO、再融资等方式借助资本力量做大做强，引导高精尖企业充分利用公司债，特别是“双创”债、可续期债及资产证券化产品等固定收益创新工具，不断丰富筹资形式，拓宽融资渠道。

高精尖企业是技术与资本、人力资源与金融资源有效结合的平台，其发展周期较短、市场竞争激烈，在创业期、成长期和成熟期的不同阶段，企业融资需求各不相同，需要多层次资本市场的融资服务。实践表明，以科技产业风险投资和资本市场共同推动形成的筛选机制，不断推动尖端技术或者是产品的诞生，对于提高国家自主创新能力、培育经济增长新动力发挥了作用。

高精尖企业应该更好地运用好资本市场的发展平台，各层次资产服务的对象是有区别的，门槛相对比较高，覆盖面各有不同。这些市场板块和金融

产品包括私募股权基金、新三板市场、创业板、中小板、私募公司债、小公司债、大公司债以及创新创业债和绿色债，广大高精尖企业可根据自身的需要和条件，选择适合的融资工具进行融资，利用资本市场发展壮大。再过 20 年，科技创新领域一定会有很多公司出现，会进入到无人区创新。所谓无人区创新，是指此前从没有过的创新，需要对教育体系、基础研究，对整个中国市场、知识产权等，都要全方位重新思考。

27.3　资本赋能融合发展

长期以来，中国的大环境，就是企业的投融资环境一直比较艰难，融资难、融资贵始终没能解决。2018 年的民营企业债券融资规模相对于 2015 年、2016 年、2017 年分别减少了 900 多亿元、5000 多亿元和 500 多亿元，显然，民营企业的融资环境很差，而且利率环境反倒在提高。这样的经济环境下，我们就能够理解，党中央和国务院为什么这么重视中小企业实体经济的融资问题，这个问题在哪里？还是因为信息不对称，因为整个企业从生产过程到物流动态，都缺少整个信息化监控，相对融资主体来说，企业还是处在“黑”的状态。但是 5G 的到来，万物互联时代，使得一切变得可碰、可视。万物互联时代，生产服务业在物联网发展的时代背景下，一定会提升企业信息化的程度，同时也将解决实体经济融资难、融资贵的问题，因此孕育出巨大的投资机会。

从投资的角度，观察整个物流行业新的业态、新的模式、新的格局，这一切都是新的商机，都是新的投资机会。产业融合发展的核心力量在哪里？是资本的推动。在已经感受到寒冷的冬天，需要资本进行资源的嫁接，需要资本协助进行发展战略，资本有时候看得更高、更宽、更远，因此会从不同的角度来综合看待行业，所以资本不是旁观者，资本是参与者，资本不是被动的跟随，资本是牵引、推动发展的力量，因为一切都会由资本来推动，也会由资本来体现。

中央文件对资本市场已经给出了新的定位，指出资本市场具有牵一发动全身的地位，企业家一定要在做好主业的同时，关注资本市场、参与资本市场，拥抱资本市场，让资本和企业形成良性的合作关系，否则的话，一旦被资本抛弃，企业的行业竞争力会大打折扣，因此一定要做好产业经营和资本经营这两个领域。

27.4 案例——浙数文化：用好资本平台 实现融合发展①

浙数文化是原来的浙报传媒控股集团有限公司，成立于2002年8月20日，由浙江日报报业集团全资设立。浙报控股旗下子公司浙报传媒于2011年9月成功上市。近年来浙报控股各项经济指标始终保持逆势增长。

第一，发挥资本平台优势，聚集媒体融合要素。一是集聚用户资源。以边锋用户和浙报集团600万读者资源为基础，建起数据库业务部，加大全媒体数据仓库建设，建成同类媒体中最大的自主可控的互联网用户平台。二是集聚技术资源。收购边锋不仅充实了技术力量，也使公司不断加快优秀人才特别是互联网技术人才的引进和培育。三是集聚媒体融合生态圈。上市后即创立国内首个新媒体创业孵化器“传媒梦工场”，引入互联网创新孵化机制，打通传媒、技术、资本的路径，努力建设类型齐全、功能强大的新媒体生态群。

第二，发挥资本平台优势，推动体制机制改革。一是以上市为契机推进转企改制进程。二是完善现代企业制度。不断完善以全面预算管理制度为核心的总部管控治理体系。加强内控制度建设。三是二次重组完善媒体融合机制。

第三，发挥资本平台优势，实现产业结构转型。通过上市和重组，浙数文化加速推动向包括新闻资讯、数字娱乐、智慧服务和文化产业投资的“3+1”综合传媒服务体系转型。一方面，从单向的媒体供应链模式转向构建以互联网用户为基础的智慧协同模式，不断延伸传媒产业内涵，构建大传媒产业服务体系，探索传统媒体商业模式创新。另一方面，着力建设国内领先的互联网数字文化产业集团，深入探索以数字技术为支撑的数字娱乐产业升级进

① 本案例选自2018年12月6日《经济日报》文章：《用好资本平台 实现融合发展》，作者：蒋国兴。

程，致力于打造多元化、高品质的数字娱乐平台和专业化、差异化的高端竞技直播平台。

浙数文化的实践证明，资本和媒体的融合发展，需要尊重新闻的发展规则和尊重投资回报的规律，而目前这两者之间的合作已经具备了条件。

首先从媒体的角度来看，推进融合发展需要资本的助力。加快推动媒体融合发展是党中央作出的重大战略部署。两年前中央深化改革领导小组通过了关于推动传统媒体和新兴媒体融合发展的指导意见，将媒体融合上升为国家意志。

其次从产业的角度来看，互联网成为一个超级杠杆，撬动着新老媒体的势力消长。中国互联网络信息中心（CNNIC）发布《中国互联网络发展状况统计报告》，宣告中国的网民已经达到了 7.1 亿人，手机网民规模达到了 6.56 亿人，网络的运用从信息的获取、意见的表达，到网购、网络直播、众包众筹全部覆盖。传统媒体发行量、影响力受到互联网新媒体的挑战；一些互联网新兴企业也在向传统媒体渗透，成为倒逼传统媒体转型升级的动力。

而在媒体融合的进程中，中央媒体和一些地方党报做了很多改变，如人民日报推出了中央厨房系统，构建媒体融合和发展的业务、技术、空间平台，同时人民日报的覆盖率和影响力在不断提升。人民日报社的全媒体用户已经达到了 3.5 亿人次

媒体融合进入了一个新的阶段，一个从形式上“合”，转入全方面“融”的时代，深入转型、深层融合、深度洗牌，正在传媒行业不断上演。其中最大的难点是传统媒体体制、机制的打破。要打破这种传统的思维定式，需要技术创新引领变革的历程。从媒体的角度来看，用好资本平台是推动媒体融合发展的重要途径。

而站在资本方的角度来看，资本介入融合发展的进程也能够有丰厚的回报，媒体愿意张开胸怀，拥抱资本。事实上，媒体的融合发展就是一个重新导入和积累用户的过程。以人民日报为例，截至 2016 年 7 月，人民日报法人微博的粉丝总数合计超过了 8600 万，影响力在媒体微博排名第一名；人民日报客户端累计下载量已经超过了 1.4 亿。

在目前的市场环境下，各路资本都在追逐知识产权（IP）资源的开发，

媒体天然具有输出IP资源的能力，理应成为重点关注的对象。应在投资方和编辑部、经营和内容之间架设防火墙，在这个前提下，拥有融合发展造就的媒体创新能力、“互联网+”的产业放大能力，一定会给资本市场带来丰厚的回报。在媒体融合的时代浪潮中，资本一定可以找到适合自己的风口。

第 28 章　品牌整合（第七步）

品牌整合是近十年来出现的一种新的品牌管理方法，是指为了维持和提高企业的长期竞争优势而开展以下工作：把品牌管理的重点放在建立企业“旗帜品牌”上；明确企业品牌或“旗帜品牌”与其他品牌的关系，使品牌家族成员能够相互支持；充分利用企业现有品牌的价值和影响力来进行品牌扩张。

28.1　国家重视品牌整合

商务部发布《关于品牌促进体系建设的若干意见》指出：提高自主创新能力、建设创新型国家，是新时期我国实现经济社会可持续发展的重大战略决策。加强自主品牌建设，培育和发展具有自主核心技术的知名品牌，营造自主品牌成长的政策环境，是实施创新型国家战略的重要内容。为此，商务部决定开展“品牌万里行”活动，印发了《商务部关于开展“品牌万里行”活动的通知》。为建立和完善品牌发展政策促进体系，进一步推动品牌建设，提出了指导意见：

第一，开展品牌评比认定活动，引导和带动品牌建设。

加强商务领域品牌评比认定活动的组织和管理；按照公开、公平、公正的原则，建立科学规范、突出商务特色、体现市场和消费者认同的品牌评比认定机制；加大已评定品牌的宣传推广力度，扩大覆盖面和影响面，调动企业进行品牌经营的积极性，推动社会各界力量关注、支持和参与品牌建设。

第二，加大对品牌建设的资金支持力度。

设立“品牌发展专项资金”，专项用于支持商务领域内品牌建设活动，组织企业参加自主品牌展览、展示和推介，支持开展品牌宣传推广经验交流活动，支持品牌企业在国外注册商标、申请专利、获得国内外相关认证及应对知识产权纠纷。

支持和引导自主品牌产品和企业提高自主研发和自主创新能力，不断提高产品技术含量和附加值。在同等条件下，优先安排自主品牌产品和企业使用科技兴贸资金、产品研究开发资助及技改贷款贴息等专项资金。

结合“走出去”战略的实施，支持和引导自主品牌产品和企业提高开拓国际市场和开发境外资源的能力，支持自主品牌企业在国外投资建立和扩大加工、研发、生产、营销和售后服务体系。同等条件下，优先安排自主品牌产品和企业使用对外经济技术合作专项资金和境外经济贸易合作区发展资金。

第三，支持品牌企业增强市场开拓能力。

为品牌产品和企业提供更多的贸易机会。在政府采购和援外物资采购方面，同等条件下优先考虑自主品牌产品；发挥国内外贸易管理的积极作用，在进出口配额分配和特许经营许可方面，在法律法规许可范围内优先考虑自主品牌产品和企业；发挥各种展销会的积极作用，在商务部主办的中国进出口商品交易会、中国国际日用消费品博览会和中国中部投资贸易博览会等全国性展览会上，设立品牌专区，并根据展会具体情况，为自主品牌产品和企业优先提供展示摊位。

第四，积极推广和宣传自主品牌产品和企业。

通过组织和资助自主品牌企业参加国际知名展会，在重点出口市场定期举办出口名牌展，利用政府高访、多双边机制进行重点推介等多种方式，改善自主品牌产品和企业的出口环境，提升我国品牌在海外市场的知名度和影响力。

第五，切实做好自主品牌知识产权保护工作。

加强品牌保护的法制建设；对自主品牌产品和企业在国外注册商标和申请专利提供指导和支持；建立知识产权纠纷应对机制，指导自主品牌企业做好知识产权纠纷的预警、起诉和应诉工作；组织开展知识产权保护专项活动，重点打击假冒侵权行为，不断加大品牌保护的执法力度。

28.2　品牌整合的含义

28.2.1　品牌整合的内容

第一，企业高层管理者应该从战略高度来对品牌进行管理。

第二，应建立企业“旗帜品牌”与“产品品牌”之间的合理关系，并将现有成功品牌扩展到新的产品或新的市场，力争拓展品牌的作用范围。

第三，将更多的资源投向“旗帜品牌”的建设，同时保证整个品牌家族有一个统一的形象。

第四，建立“旗帜品牌”的关键是使企业品牌形象能够代表品牌的实质，并且这种品牌实质能够在产品品牌中得到体现并传达给企业的相关利益者。

28.2.2　品牌整合核心

品牌整合是世界上很多拥有知名品牌的企业乐于采用的一种营销策略，和一般企业相比，已经拥有品牌优势的企业选择“品牌整合”策略的成效尤为显著。品牌整合的核心在于传播，如何把整合后的品牌传播出去？这是企业进行品牌营销需要考虑的事。

世界著名的咨询公司麦肯锡曾以 130 家公司为样本、股东总报酬率为衡量指标研究品牌力量与公司整体业绩的关系。研究发现，拥有强势品牌的公司的股东总报酬率比社会平均值高 1.9%。进一步研究发现，在单一产品市场上运用单一品牌或虽采用多品牌策略但企业旗帜品牌不具有涵盖性的公司的股东总报酬率仅比平均值高 0.9%，而采用多品牌策略并且企业旗帜品牌具有一定的涵盖性的公司的股东总报酬率比平均值高 5%。

成功的品牌整合能够提升品牌的知名度和美誉度，保持顾客忠诚，扩大市场份额；反之，则不仅造成顾客流失，还会损害原有品牌的影响力。

28.3　品牌整合的策略

28.3.1　品牌整合应抓住关键环节

品牌整合是一种品牌组合运用，其目的是为了提升核心竞争力（菲利普

·科特勒)。品牌整合是一种新的品牌管理方法，目前尚未形成成熟的理论体系。但总结现有的各种成功和失败的案例，可以把握品牌整合成功的关键要素，发现一些基本规律。

确定品牌目标。企业品牌通常有主品牌和分类品牌，从而形成一个品牌系统，这就需要对品牌系统中的品牌进行有效管理，明确每个品牌的角色，形成品牌合力。创建企业主品牌。企业的主品牌是品牌系统的核心，是企业价值观的体现，因此主品牌应由企业最高决策层从全局和战略的高度进行管理，并投入企业的大部分资源加以培育。企业主品牌的确立应根据品牌的市场前景和消费者认知度以及品牌的涵盖性对所有品牌进行科学评价确定。建立主品牌与子品牌之间的关联。主品牌和子品牌保持密切的关联有助于发挥品牌的协同效应，降低企业的推广费用，并提高推广的成功率。主品牌与产品品牌共享的识别要素包括价值观、文化、创新能力、资金与技术、成功和社会责任、对顾客的关注等。

28.3.2 品牌整合的长期策略

品牌管理是企业管理的最新形式，是企业管理水平的提升，是一项复杂的系统工程，需要企业制订长期的品牌战略。树立全员品牌意识。品牌建设是企业管理的大事，体现在企业营销的各个环节，不仅仅是品牌管理部门或几个管理人员的任务。因此，企业从上到下应高度重视，反复动员，统一思想，务必使每一位员工都树立正确的品牌意识。建立品牌管理的组织保证。传统的企业组织结构往往不适应品牌战略管理的需要，因此企业内部建立强有力的品牌管理部门就十分必要。

建立品牌管理的业绩考核机制。应建立品牌业绩管理体系，将公司总体的、长远的目标与战略层层分解落实到人，将各部门和个人利益与公司的品牌建设目标结合起来，以形成强大的品牌战略执行力。

建立专业的品牌管理队伍。品牌管理是一项比较复杂、专业性较强的工作，对管理队伍是一个新的挑战。因此，加强队伍建设是推进品牌整合的重要环节。

28.3.3　品牌的未来在于品牌的国际化

大凡品牌强势企业无一例外都拥有知名的国际化品牌，品牌的国际化是其品牌增值的重要原因。因此，已进行品牌整合的大型企业在进入国际市场时，应适时采取品牌国际化战略。国际化品牌战略的关键环节包括：品牌核心价值的打造和传递。品牌核心价值的形成，是企业通过长期品牌建设不断积累取得的，并得到消费者的广泛认可。企业在进行跨国经营时，有三种可能的品牌战略：

一是针对每一市场建立不同的品牌，品牌具有浓郁的地方特色；

二是不同的市场使用相同的品牌名称，但包装、销售渠道、品牌策略等完全不同；

三是全球使用统一的品牌形象。

注重品牌的差异化。品牌核心价值的重要内容就是向消费者提供差异化的产品和服务，国际化品牌更应如此。解决"中国品牌问题"。"中国品牌问题"是指在中国市场，国际品牌的价值远远高于中国本土品牌，而在国际市场，虽然中国的出口规模已跃居世界前列，但中国品牌却依然默默无闻。专家认为："中国品牌问题"的症结在于中国品牌在目标市场遭遇了文化瓶颈。所以，中国品牌进入国际市场中，实行本土化是克服文化障碍的有效办法。

28.4　案例——吉林大米区域公共品牌的崛起之道①

经过数年的品牌打造，吉林大米实现了从"好米"到"名米"的华丽转身，在概念宽泛的东北大米中树立起吉林大米的品牌地位，成为吉林农业的新名片，更成为农产品区域公用品牌建设的新亮点。吉林大米是如何做到的？

28.4.1　省政府主导，吉林品牌农业开了一个好头

吉林是粮食大省，是全国优质粳稻主产区，现阶段全省水稻年产量600多万吨（商品量400万吨左右），占东北三省一区的24%。巍巍长白山、悠悠

① 案例提供：神农岛。原文载《新农业》2019年第10期。

松江水，辽阔黑土地，大自然的无私馈赠让吉林大地钟灵毓秀、物华天宝，其优越的生态优势不可复制，水稻生产条件好，大米品质优。

可惜的是，一谈起东北大米，南有盘锦，北有五常。好山好水的吉林，虽有好米，却寂寂无名。资源优势没有转化为产业优势、市场优势，“好米”没有卖出“好价”。

2013 年吉林省委省政府决定，用 3 ~ 5 年时间，在全省打造包括查干湖大米在内的 12 个区域大米地理标志品牌，2013 年 4 月，吉林省出台了《吉林省人民政府办公厅关于推进吉林省大米品牌建设的指导意见》，文件要求，重点培育具有吉林特色的名优大米品牌。

吉林省政府结合专家建议，制定了大米品牌建设五年规划，正式提出打造吉林大米的“五个一工程”：一个公共品牌——“吉林大米”；一个产业联盟省内大联盟带动区域小联盟；一个网络销售平台——吉林大米网；一个完整的质量标准体系——提供标准质量保障；一个销售渠道——直营店加商超专柜销售模式。

“五个一工程”吉林省政府指导吉林大米品牌建设的纲领性文件，围绕“五个一工程”工程的品牌建设和传播资金投入已过亿元。

28. 4. 2　多措并举，夯实产业基础

吉林粮食局推动建立了“中国北方粳稻种子硅谷”基地，培育出的世界水稻品种为吉林大米优良品质打下坚实基础。其中“吉粳 511”在中日名米食味值评选中仅次于日本越光米，名列第二。

其次，吉林省大力推广有机种植、绿色种植，以生物防虫、物理灭虫等方式代替杀虫剂、农药。稻农还让鸭、蟹入稻田吃虫、除草，做到一水两用。吉林大米在农业部的检测中连续 15 年均未见重金属超标。

有好的品种还要有严格统一的标准，否则无法保障产品质量和品质的独特性、稳定性。吉林省先后组织修订了高于国家标准的《吉林大米地方标准》，编制了高于地方标准的“吉林稻花香”“吉林长粒香”“吉林圆粒香”“吉林小町”等四个市场热销品种的团体标准，并于 2016 年 9 月份颁布实施。

吉林省粮企与合作社联合，在水稻种植过程中实行标准化的“五统一”

管理，种、肥、药由企业统一采购，再统一组织合作社农民播种、耕作。加强过程的管理和监控，保证大米质量。

此外启动了大米质量可追溯体系试点工作，首批52户大米加工企业开通了质量追溯信息传输系统。

28.4.3　品牌建设，实现“买好米，认吉林品牌”

（1）集中资源，统一品牌。

吉林全省有900多个大米品牌，品牌分散影响力小，企业实力弱、规模小，而黑龙江五常大米名气大的主要原因之一就是资源集中、品牌统一，以区域公用品牌蜚声全中国。

从2014年开始，吉林省从培育地理标志大米品牌入手，围绕东部火山岩、西部弱碱土、中部松花江流域地域特点，指导各地通过地理标志商标和认证先做区域公用品牌，后做企业自有品牌，并且让企业品牌生长在区域公用品牌之上。

（2）用稻作文化打造品牌软实力。

农业品牌是有根有魂的，农业品牌是需要塑造灵魂和挖掘文化之根的。从历史、工艺、饮食习惯、名人典故等，能够找到许多让品牌与众不同的价值，这是一个品牌最有生命力的地方，也是为整个产业和产品提升价值的关键。

吉林大米深度挖掘稻作文化，宣传历史传承，为吉林大米品牌塑魂。

出版发行《贡米》一书，并以此为脚本，拍摄《天下贡米》纪录片；《五十斤的爱》等微电影在多家大型视频网站播放。

（3）明星站台宣传品牌。

2017年“家乡的味道·我为品牌农产品代言”大型公益活动现场，演员闫学晶怀着对家乡的热爱，推介了好吃、营养、更安全的吉林大米。现场邀请农业部部长韩长赋品尝，部长夸赞“吉林大米香喷喷，吃完饭也能造半斤！”

28.4.4　线上线下“走出去”，360度推介无处不入

品牌整合初见成效，如何让世人熟知？考验的就是宣传推介的功力和销

售落地的能力。

很多政府把主要精力放在产业端建设，传播既没有高度，推广不够落地。在传播推介上，往往只会开一场发布会，做一点“场面”上工作，跟市场对接比较弱，或者没有跟市场对接，这是不行的。

“报纸有字、广播有声、电视有影、路场有牌、网络有名”。吉林大米“走出去”战略传播全面实施。

2014 年，吉林大米在全国的宣传推介一条在线下，一条在线上，与政府共舞、与行业共荣、与区域互动。

（1）省内省外互联，直营分销互补。

吉林充分利用各类展会、新闻发布会，开展吉林大米展销推介，五年来在北京、上海、西安、杭州、成都、深圳、长沙、福州等 30 多个城市，举办了 60 多场活动。

在品牌传播过程中发挥传统媒介力量。在央视的黄金时段，在北京、杭州的公交站牌上，在京沪高铁的专列上，处处都有吉林大米的身影。吉林大米广告出现在北京首都机场要客通道，标志着吉林大米在首都树起品牌建设的大旗。

（2）线上吉林大米网 + 天猫旗舰店，双轮并行。

吉林大米网是吉林省粮食局主办的吉林大米官方网络销售平台，是“吉林大米”品牌建设“五个一工程”的核心内容之一。

吉林大米网于 2016 年 10 月上线，运营模式是 B2C。吉林大米网依托长春国家粮食交易中心，整合吉林知名粮企，统一使用吉林大米品牌，统筹经营、规范管理，让产品和服务质量得到充分保证。吉林大米网所售大米，均来自吉林大米产业联盟旗下企业，通过了高于国家标准的吉林大米地方标准和系列品种标准。

2017 年 11 月底，吉林省粮食局与阿里巴巴集团签订了战略合作协议，开通设在延边、长春等地的产地仓，统一标准、统一备货、统一包装、统一发送、统一结算，并在天猫设立吉林大米官方旗舰店。共同致力于把吉林省打造成“全国首个优质大米定制化示范省”。“阿里巴巴 · 吉林大米”运营中心就设在吉林大米网。

（3）创新营销："吉田认购"出成效。

"吉田认购"模式本质是一种订单形式。认购的"农场主"，可以拥有自己的专属良田，由专业农户负责耕作、收获，通过互联网全程追溯，从源头把控大米品质，保证吃到的吉林大米安全、可靠。

吉林省粮食局积极开展"吉田认购"的宣传活动。2018 年 4 月举办的吉林大米文化浙江宣传月开幕当天达成订单稻田 3.46 万亩，销售额达 2 亿元以上。河北省一家企业一次性签订了 1000 亩专属稻田，延边和龙市光东村的专属稻田最高卖到了每份 1 万元。吉林大米网、天猫吉林大米官方旗舰店、淘乡甜官方旗舰店、聚划算等平台也同时开展吉林大米专属稻田相关活动。

（4）模式突破：构建吉林大米品牌联合体。

在吉林大米品牌建设之初，吉林省粮食部门就积极优选省内部分大米加工龙头企业，谋划组建"吉林大米产业联盟"，以大联盟带动区域联盟，以区域联盟带动企业经营，联盟企业统一使用"吉林大米"LOGO，用"吉林大米"的大品牌统领区域品牌，以区域品牌聚合企业品牌。

"吉林大米产业联盟"自 2016 年 9 月正式成立以来，已经由最初的 7 家发展成 70 家。这些具有一定影响力的大米企业、经销商和品牌服务机构，同举一杆旗、共打一张牌，推动优质大米生产上规模、扩产量、成批量。三年来，联盟企业多次"抱团"进关，共同发声，为吉林大米品牌建设摇旗呐喊，成为吉林大米品牌宣传推广的中坚力量。

28.4.5　三产融合，带动品牌生态、产业集群发展

在吉林大米品牌建设中，实施产业融合发展战略是重要一环。在"吉林大米"品牌的引领下，与品牌建设之初相比，吉林省水稻播种面积由 1200 万亩增加到 1300 万亩，优良品种覆盖率超过 80%；中高端大米产量由 9 亿斤增加到 18 亿斤；全省水稻加工业产值由 240 亿元提升到 280 亿元；省内大部分水稻连续两年以高于保护价的价格流向市场，每年带动农民增收 10 亿元以上。

2018 年，依托吉林大米产业联盟，吉林省着力打造吉林大米产业集群。进一步规范吉林大米产业联盟，使之成为吉林大米品牌建设的主要载体。同

时，发挥联盟核心企业带动作用，以大联盟带动区域联盟，通过联盟企业，向上游延伸建立种植、育种基地，向下游延伸发展旅游经济、订单农业，激发各类主体发展活力，形成产业集群。

吉林以“吉林大米”品牌建设为先导，集中打造玉米“黄金名片”、大米“白金名片”、杂粮杂豆“彩金名片”这三张吉林粮食“名片”。从2017年开始，利用三年时间，通过实施“中国好粮油”行动计划，在全省范围内打造9个示范县、16个示范企业，实现当地农民优质粮油种植收益提高20%以上、粮油优质品率提升30%以上的总体建设目标。

第 29 章　整合营销（第八步）

29.1　整合营销释义

整合营销（Integrated Marketing）是一种对各种营销工具和手段的系统化结合，根据环境进行即时性的动态修正，以使交换双方在交互中实现价值增值的营销理念与方法。整合营销就是把各个独立的营销综合成一个整体，以产生协同效应。这些独立的营销工作包括广告、直接营销、销售促进、人员推销、包装、事件、赞助和客户服务等。战略性地审视整合营销体系、行业、产品及客户，从而制订出符合企业实际情况的整合营销策略，包括旅游策划营销、事件营销等相关门类。

整合营销有以下特点：

第一，在整合营销传播中，消费者处于核心地位。

第二，对消费者深刻全面地了解，是以建立资料库为基础的。

第三，整合营销传播的核心工作是培养真正的“消费者价值”观，与那些最有价值的消费者保持长期的紧密联系。

第四，以本质上一致的信息为支撑点进行传播。企业不管利用什么媒体，其产品或服务的信息一定得清楚一致。

第五，以各种传播媒介的整合运用为手段进行传播。

第六，紧跟移动互联网发展的趋势，尤其是互联网向移动互联网延伸、手机终端智能化以后，新技术对原有 PC 互联带来了前所未有的颠覆和冲击，在这个过程当中应当紧盯市场需求，整合现有的资源，包括横向和纵向的资源，成为一个移动营销价值的整合者和传播者。例如，优秀移动营销整合服务商百分通联已覆盖金融、汽车、IT数码、房地产等行业，已拥有一些典型案例和成功用户。

29.2 整合营销的起源与发展

"整合营销"概念最初是以整合营销传播（Integrated Marketing Communication，简称IMC）形式出现的。1991年，美国市场营销学教授唐·舒尔茨（Don Schultz）提出了"整合营销传播"的新概念，他认为整合营销传播是一个"管理与提供给顾客或者潜在顾客的产品或服务有关的所有来源的信息的流程，以驱动顾客购买企业的产品或服务并保持顾客对企业产品、服务的忠诚度"。

舒尔茨认为，传统的以4P（产品、价格、渠道、促销）为核心的营销框架，重视的是产品导向而非真正的消费者导向，制造商的经营哲学是"消费者请注意"。面对20世纪90年代市场环境的新变化，企业应在营销观念上逐渐淡化4P、突出4C。制造商的经营哲学更加"注意消费者"。

舒尔茨认为，整合营销传播的核心思想是，以整合企业内外部所有资源为手段，再造企业的生产行为与市场行为，充分调动一切积极因素以实现企业统一的传播目标。IMC强调与顾客进行多方面的接触，并通过接触点向消费者传播一致的清晰的企业形象。

随后，整合营销传播开始扩展为整合营销。1995年，Paustian Chude首次提出了整合营销概念，他给整合营销下了一个简单的定义：整合营销就是"根据目标设计（企业的）战略，并支配（企业各种）资源以达到企业目标"。菲利普·科特勒在《营销管理》一书中从实用主义角度揭示整合营销实施的方式，即企业里所有部门都为了顾客利益而共同工作；这样，整合营销就包括两个层次的内容：一是不同营销功能——销售、广告、产品管理、售后服务、市场调研等必须协调；二是营销部门与企业其他部门，如生产部门、研究开发部门等职能部门之间的协同。

尽管对于整合营销的定义仍存在很大争议，但它们的基本思想是一致的，即以顾客需求为中心，变单向诉求和灌输为双向沟通。树立产品品牌在消费者心目中的地位，建立长期关系，达到消费者和厂家的双赢（Win－Win）。

整合营销是以消费者为核心重组企业行为和市场行为，综合协调地使用各种形式的传播方式，以统一的目标和统一的传播形象，传递一致的产品信息，实现与消费者的双向沟通，迅速树立产品品牌在消费者心目中的地位，建立产品品牌与消费者长期密切的关系，更有效地达到广告传播和产品行销的目的。

如今的互联网上，微博、博客、微信、论坛、贴吧等都是企业关注的营销“面包”，每一种营销渠道的出现必然带动行业小浪潮。国家工商总局公布的一组数据显示：寿命在五年以上的企业不足四成。以互联网为载体，以符合网络传播的方法和理念来实施的营销活动，成为企业延伸品牌的公信度与品牌影响力、增强经济效益的有效途径。整合营销正切合当下企业营销需求，是领先的营销方式，未来也将主宰互联网营销。

忽视互联网的信息传播能力，再好的产品也会在偌大的互联网里被淹没。整合营销就可以让每个营销渠道互相关联促进，相辅相成，达到 1＋1 ＞2 的效果。

其实当下，乃至未来，真正的互联网营销应该兼具互动传播、活动营销、事件营销、SEO、SEM、SPR 媒体资源整合等多项综合手段，这样整合营销可以将企业信息以更高效的手段向自己的目标用户、合作伙伴等群体快速传递。

29.3　案例——德芙整合营销传播战略①

1986 年，玛氏食品（M&M/Mars）将德芙拥入怀中，并将因爱而生的德芙品牌视为掌上明珠。在对德芙巧克力的纯度和口味进行改善后，玛氏食品在 20 世纪 90 年代推出了牛奶巧克力和黑巧克力等新口味巧克力，这些巧克力续写着德芙的传奇，德芙巧克力的流行，持续至今。

德芙品牌在市场上具有较好的品牌知名度，同时德芙巧克力的消费者具有较高的品牌忠诚度，并且在不断地通过口碑传播，影响着其他消费者。

---

① 本案例选自 2019 年 4 月 23 日爱问共享资料网站文章：《整合营销传播：德芙案例分析》，作者不详。

29.3.1 德芙在英国市场的调查分析

德芙于1960年进入英国市场，在德芙进入英国之前，英国自己也生产巧克力，但是口味难以满足人们需求的多样化。巧克力作为甜品中的尤物，几乎没有人能够拒绝。它对于英国人来说，像谈论天气那样家常便饭。在阴冷潮湿的冬天，嚼上一口巧克力，没有比这更雪中送炭的事情了。

通过调查问卷的形式，分别对消费者食用过的巧克力品牌、消费者喜欢吃的口味、购买巧克力首先考虑的因素、消费者吃巧克力存在的顾虑、认为每块巧50克巧克力合适的价钱这几个方面，对100个英国人做了调查，得出以下数据。

（1）消费者食用过的巧克力品牌，德芙排名处在中间位置。调查结果显示，在消费者吃过的巧克力品牌中德芙以10.80%排在中间位置。（2）消费者喜欢吃的口味，喜欢吃牛奶口味巧克力的消费者最多。调查数据看出，消费者喜欢吃的三种口味的巧克力产品分别是牛奶巧克力、夹心巧克力和黑巧克力，分别占被调查人数35.8%、24.2%、22.1%，该项调研结果可以为巧克力生产企业的产品线规划提供市场依据。

（3）购买巧克力首先考虑的两个因素。消费者购买巧克力产品时最关注的因素是口味，占30.0%；品牌和价格共同排在消费者关注因素的第二位，分别占20.9%，由此我们不难总结出，有较高品牌知名度、口味好、价格适中的巧克力产品应该是最能被消费者接受的。

（4）消费者吃巧克力存在的顾虑，容易发胖和价格太高是吃巧克力的主要顾虑。通过对消费者的调查，发现容易发胖和价格太高是消费者吃巧克力的主要顾虑，分别达到30.7%和15.1%，消费者的顾虑其实就是巧克力生产企业需要解决的产品问题。只有尽可能不断改进产品质量，根据消费者需求不断研发新产品才能逐步做大市场，做强品牌。

（5）70%以上消费者认为每块50克巧克力价格在2～5英镑最合适。从以上调查得出：每块50克巧克力价格在2～5英镑是消费者最能接受的价格区间。

29.3.2　SWOT 营销策略分析

优势：

（1）金融资源：德芙在金融资源上占有一定的优势，由世界上最大的巧克力和糖果公司美国玛氏公司投资。在资金方面占有了绝对的优势，可以不断地投入很大资源进行整合营销传播。

（2）市场知名度：因广告语“Rasphberry & Dark Chocolate Swirl Silky smooth PROMISES”，使得德芙的品牌形象优良，在市场上具有很高的品牌知名度，市场占有率为 25%，知名度为 60%。

劣势：

高端产品线竞争极为激烈，英国不仅有进口产品的围追堵截，国内诸多品牌也一直虎视眈眈。

机会：

（1）增加新产品：德芙推出的新品德芙巧丝巧克力棒，市场反应良好。

（2）巧克力市场需求大：英国人的生活似乎离不开巧克力，英国人年均巧克力消耗量是 12000 克，英国广播公司（BBC）4 频道 2007 年 4 月 26 日播出的纪录片“人类足迹”，其中收集了英国人生活中吃穿住用各项数据，饮食中，英国人一生一共要吃 1 万块巧克力，可想而知英国的巧克力市场需求有多大。

威胁：

（1）顾客的偏好：随着人们生活水平的提高，生活和饮食习惯日益多元化，不但注重巧克力的味道，也越来越追求巧克力包装的新潮时尚。

（2）业内竞争：SWISS THINS、GUYLIAN、DUCD'O、DCOSLE 等在英国市场占有率高于德芙。

（3）替代品：各种糖果的销售也是德芙的一大威胁。

29.3.3　整合营销策略

（1）产品策略。

产品：八款经典口味，德芙通过不断推出新口味的巧克力来吸引消费者，满足消费者对各种口味的需求。

包装：德芙巧克力在中国市场优于国产品牌的包装，在视觉上，让顾客感到品质更好，格调更高。包装上也分为独立包装、小包装、塑料包装及铁盒等高、中、低多个档次。也会针对节日的礼品装，针对年轻人传情达意的各式巧克力进行各种各式的包装。就以德芙葡萄干牛奶巧克力为例，以清新明快的色彩搭配和醒目便捷的造型设计，吸引着超市中面对众多商品的消费者。

（2）广告宣传策略。

德芙巧克力的广告语注重消费者的体验感受。“Rasphberry & Dark Chocolate Swirl Silky smooth PROMISES”之所以够得上经典，能够把巧克力细腻滑润的感觉用丝绸来形容，意境够高远，想象够丰富。充分利用视觉感受，把语言的力量发挥到极致。

（3）价格策略。

德芙在英国采取的是统一定价，玛氏是一个跨国的大企业，拥有很强的规模和资金实力，其认为在英国市场保持统一价格，有利于公司和产品在市场上保持一致形象，且有利企业制定统一的市场策略，便于公司总部对整个营销活动的控制。价格能够向潜在买主传递有关产品、企业等方面的信息，顾客往往把价格和质量联系在一起考虑，往往认为高质产品应定高价，高价应具有高质，这也正是德芙在中国所走的路线，利用高科技制造出优质的巧克力，成本高，则价格也要相应的高。当然，也有相应的低价位的产品。

（4）渠道策略。

德芙经过和超市的谈判，利用正常陈列的费用将巧克力陈列到销售保鲜牛奶、保鲜肉制品的冷风柜内，从而解决巧克力在夏季的保存问题。并且，通过和可口可乐这一夏季旺销产品进行捆绑销售，实现了淡季销量的大幅提升。或者直接在一线城市设立专卖店。

在销售方面，玛氏采用的是市场生动化，所谓市场生动化就是在售点上进行的一切能够影响消费者购买玛氏产品的活动。而玛氏市场生动化三大原则：分布面广——买得到；显而易见——看得到；随手可及——拿得到。这样就强化售点广告，增加可见度；吸引消费者对玛氏产品的注意力；使消费者容易见到玛氏的产品；刺激消费者冲动性购买；在消费者面前维护品牌、产品形象，起到地面广告作用。

（5）促销策略。

在宣传方面，玛氏利用了海报、挂旗、粘贴、塑料架头牌、货架头牌、飘吊物、陈列纸柜、德芙专用陈列架、收款台货架、热点货架、散装货架等。还采用宣传品加陈列方式，它比单独陈列的效果强得多。最后就是争取收款台陈列，收款台是最后的销售机会；采取小包装、快销品种、各收款台销售相同的品种

在促销方面，玛氏寻求促销陈列的机会，因为促销陈列能够极大的促进产品销售，选择最好的陈列地点：消费者主流通道、有足够的空间；选择适当的品种：快销品种、应节产品；做到突出重点：适量的品牌及品种；有准确清晰的价格标签；区域化陈列；正确运用宣传品：相应品牌的陈列架、最新的海报……消费者需求多样并且喜欢选择：务必尽可能增加分销品种数目满足消费者的需求。巧克力为快速消费品，相对于耐用消费品具有更高的价格敏感度；只有价格合理，物有所值，消费者才会购买。

（6）创新——情感策略。

“你不能拒绝巧克力，就像，你不能拒绝爱情。”这句动人的台词来自一部中国的话剧《一颗巧克力的心声》。这部将巧克力与爱情巧妙衔接和融合的话剧，正是巧克力品牌德芙出品的艺术与商业跨界之作。德芙巧克力希望为所有消费者的生活带来“More Moments，More Places，MoreSmiles”，这也是品牌的愿景。在产品中加入感情元素，让消费者有更多的兴趣去了解这个产品，从而拥有这个产品。例如，德芙于 2010 年 10 月推出心声巧克力，相比普通巧克力，它的包裹纸内印有温暖的“心声”话语，给消费者更美好的品牌体验。

第30章　整合管理（第九步）

30.1　整合管理的内涵与过程

项目整合管理包括为识别、定义、组合、统一与协调项目管理过程组的各过程及项目管理活动而进行的各种过程和活动。

在项目管理中，“整合”兼具统一、合并、连接和一体化的性质，对完成项目、成功管理干系人期望和满足项目要求，都至关重要。项目整合管理包括选择资源分配方案、平衡相互竞争的目标和方案，以及管理项目管理知识领域之间的依赖关系。

项目整合管理包括了六个过程：

（1）制订项目章程——制定一份正式批准项目或阶段的文件，并记录能反映干系人需要和期望的初步要求的过程。

（2）制订项目管理计划——对定义、编制、整合和协调所有子计划必需的行动进行记录的过程。

（3）指导与管理项目执行——为实现项目目标而执行项目管理计划中所确定的工作的过程。

（4）监控项目工作——跟踪、审查和调整项目进展，以实现项目管理计划中确定的绩效目标的过程。

（5）实施整体变更控制——审查所有变更请求，批准变更，对可交付成果、组织过程资产、项目文件和项目管理计划的进行变更的过程。

（6）结束项目或阶段——完结所有项目管理过程组的所有活动，以正式结束项目或阶段的过程。

30.2　整合管理的十个模块

建立健全管理体系，遵循企业管理规律，必须建立健全以下十个模块，厘清模块与模块之间的关系。

第一个模块：发展战略规划。

企业的头等大事就是规划企业的发展战略，它可以是一年的或是几年的，要明确企业的发展目标，如企业锁定和抢占什么市场、达到多少产值、获利多少及如何分配，企业要做到多大的规模等等，这样企业才能朝目标努力进取。否则摸着石头过河，走哪儿算哪儿。

第二个模块：融资体系建立。

资本是实现企业战略目标的首要条件和资源保障。所以企业必须根据发展战略的规划预算各项费用开支，构建多元化投融资体系，筹备充足的资金，并做好发生资本困境时的应对预案措施，以保证企业顺利发展。

第三个模块：核心流程设计。

企业确定了战略目标，就要科学合理地分析达成这一目标需要哪几个关键的工作步骤，以这几个步骤中的重要动作和工作为重点，精心设计出企业的核心业务流程，以最大限度地实现企业发展战略规划。

第四个模块：组织结构构建。

根据企业的核心业务流程，我们可以分析流程中的各个工作环节需要什么样的部门来负责，并论证这些部门之间的相互关系和作用，从而构建组织结构。这样，企业可以把战略目标转换为企业运转的月、季、年度目标，再把目标有效分解到组织机构的各个部门中去，成为各部门目标。

第五个模块：工作流程设计。

各部门目标要得以实现，各部门必须制订具体的各项工作步骤和责权利分配制度，从而形成企业的各个工作流程，然后企业在实际应用中逐渐加以优化，使常规性的工作有条不紊，使突发性的工作未雨绸缪。等到流程和配制的表单使用比较顺畅时，企业方可考虑流程固定化，启用 ERP 和 OA 等企业管理软件，以提高工作效率。这里值得一提的是，工作流程和岗位职责要经过反复试行和优化，才能雏成，不能一蹴而就，急于求成。

第六个模块：岗位职责制订。

有了各项工作流程，就可以统计和归纳各个流程的节点和工作要领，以此设定工作岗位和编制岗位职责及岗位说明，从而把部门目标分解到每一个具体的岗位上，延伸和推理出多项工作指标，使每一个岗位都有清晰的工作目标。然后再以达成目标的工作量大小进行定岗、定编、定员，并进行各岗位的价值评定，为下一步的考核和薪酬奠定基础。

第七个模块：绩效考核执行。

企业各岗位确定了工作责任，明确了岗位目标，就可以制订考核指标。企业只要不折不扣地执行考核和建立有效的考核监督机制，就可以促进各部门、各岗位完成工作任务，以此来实现企业总体的战略规划，同时也为制订薪酬制度提供了客观依据。

第八个模块：薪酬体系设计。

企业首先根据战略所关注的目标和岗位责任、绩效考核等内容，结合有关牵涉到工资待遇的政策法规，来设定薪酬构成；其次按照岗位评价，和市场上的相关岗位工资水平进行设计企业薪酬体系，以促使员工与公司结成利益共同体，共同为实现企业目标而努力奋斗。

第九个模块：激励机制建设。

激励机制建设是一项系统而复杂的庞大工程，它始终贯穿于企业的引才、留才、用才及人才培养的全过程的始终。它必须能激励员工工作热情，能调动员工的工作主动性和创造性，能让员工有施展才华和发展的空间，能让员工看得到希望和未来。只有能达到这一目的，企业所建设的激励机制才有实效。它是企业的兴奋剂，能让企业快速达成目标而持久不衰。

第十个模块：构建创新机制。

创新是企业发展的动力和源泉，它包括管理创新、技术创新、营销创新以及观念创新和资本创新等。企业失去了创新，就等于失去了生命力。因此，企业必须建立健全创新和成果评审机制，聘请创新顾问团，落实成果申报和创新奖励政策，充分调动各层领导运用经济杠杆刺激企业开发、应用创新成果的自觉性，使企业朝气蓬勃，生机盎然。

总之，企业管理体系的建立是围绕企业战略目标而展开的，所以企业战略规划是关键，它既不能好高骛远，也不能把目标设定过低而没有挑战性。只有当企业的管理形成系统，并符合管理规律，企业才有灵魂和身躯，才能在商海搏击中茁壮成长。

30.3　多种管理系统有机整合

一个企业运行着多种管理体系，包括质量体系、安全体系、职业健康体系、精益生产体系等。随着时代的发展，还在增加新的体系，如风险管控体系、IT 安全体系、能源体系、合规体系、社会责任体系等。企业每年要投入人力物力于体系文件、体系审核、体系评审。将各种管理体系整合为一，可以提升体系管理的效率，降低体系管理成本。

其实，多年前国外就有企业开始尝试将多种体系整合成单一的管理体系（IMS，Integrated Management System），一些国际著名的标准化机构（如英国的 BSI）还颁布了体系整合指南（PAS99）。

在原理上，体系整合并非难事。全面深入地了解了各种体系的内容后，就会发现标准中一半以上的要求，尤其是基础性管理要求都是共同的。IMS 可将各体系中的共同部分抽出来形成共同要求，同时再保留那些不能合并的各体系的特殊要求。

在实操上，IMS 体系的搭建也有章可循。近年来，国际标准化组织已经提炼出了各管理体系共同的七大基本要素，并形成了以七大要素为核心内容的管理标准高级结构。2015 年以后的各种国际管理标准新版，包括质量，环境，职业安全健康等，都将采用该结构，统一模式。该结构也是我们企业体系整合最好的参照指南。

以整合后的 IMS 体系和整合前的 ISO9001 质量体系为例：原先关注的顾客需求变成了所有利益相关方，包括社会和法规的需求；原先的产品实现过程变成了价值实现过程；原先的不合格品管控变成了异常管控；原先的质量风险、安全风险、IT 风险、健康风险管理都要遵循统一的风险管控流程。

在过程文件、作业指导的编制中也要尽可能整合各种要求为一体。例如作业指导除了指导生产的内容外，还要包括安全、环保、风险等相关要求，不需要再另行文件。

IMS体系整合的最大挑战还不是上述的体系结构，也不是体系文件的更新，而是组织职能和职业行为的改变。组织的改变不单是组织结构的变化，更是管理职能的改变。比如，整合管理体系中的共同要求部分要落实到领导层的Leadership职责中，而特殊的、具体的要求则要落实到中、基层的执行力职责中。原有的各体系管理职能则要转化为专业支持与辅导。

比改变组织形式更重要的是改变组织的运行机制。在整合体系下，被公认为最高效的组织运行机制就是类似于军队所采用的“战区机制”，即：兵种管练、战区管战、总部统领，而不是企业常见的金字塔形组织。

需要指出的是，体系整合成功的根本不在于那些看得见的体系文件和组织架构，而是那些在“冰山”下面的职业行为、企业文化和个人素养。整合不能只是形式上的整合、文件上的整合，而是文化和职业素养的整合培养，尤其是团队能力的整合提升，包括目标界定、问题时别、优先排队、整合资源、相互协调等。所以HR也必须转变职能，紧密围绕企业整合目标，让整合人才培养工作先行，并贯穿于整个IMS体系实施中。

必须强调的是，IMS整合管理体系是提高管理效率的利器，但不是决定的因素，起决定作用的是组织和员工的职业行为。正确的做法是在贯彻IMS过程中，逐步将体系要求转化、内化成为职业行为。在体系建立初期，强化体系管控是必要的，但不能无休止的强化下去，而是要随着行为内化而弱化管理。

以评审为例，在IMS建立初期规定详细的管理评审过程是必要的，但同时必须要求各级领导将管理评审过程内化成为组织的习惯、个人的行为，最终取消管理评审的流程文件，让体系管理文件由无到厚，由厚变薄。

通过体系整合，使企业从多头管理体系的烦琐中解放出来，并将体系要求转化成团队行为，将团队行为转化为团队绩效，并让绩效生成业绩。

第 31 章　整合服务（第十步）

31.1　整合服务——创造顾客价值

目前很多服务类型的企业，大多整合了多样化的服务类型。就像前面提到的内容，单一的产品功能往往不足以满足顾客需求。同样，单一的服务业务有时也不能对抗市场竞争。

一家宾馆，不但提供住宿服务，还有餐饮服务、会议服务、娱乐服务、健身服务、票务服务等多种业务。

进行服务整合，实施多元化的服务业务，并不局限于企业内部资源的整合，还包括突破企业的服务边界，进行行业资源的整合。

服务整合基于顾客面临多样化的选择，对某一行业或者多个行业的服务进行集合并优化、筛选，提供给顾客最佳的服务内容，满足顾客需求，创造顾客价值。

服务整合不是简单的服务内容“集中打包”，而是在于帮助顾客找到最佳的服务方式和实现路径。

31.2　案例——姚劲波与 58 同城的故事①

马云的新零售，掀起了电商行业和传统零售业的全面变革风暴，而线上线下的融合，其实并不仅仅发生于零售领域。在生活服务行业，同样正在掀

① 本案例选自搜狐网科技频道 2018 - 05 - 09 文章《重新发明 58 同城：新服务业的全赋能者》作者：懂懂笔记。

起一场和新零售风暴相似的变革，那就是58集团CEO姚劲波所提出的“新服务业”。

新零售是围绕“人”重构商业链条，通过技术创新创造出新的应用场景，无人商店、无人货架以及一些新兴起的生鲜店，都是全新的业态。而新服务则是围绕“人”重构服务链条，同样也是通过新技术创造出更符合用户需求的应用场景。

2017年，姚劲波在全行业内提出新服务的概念，而回看近两年58同城所做的事情，无不与新服务有关。或者说，一直以来，作为生活服务平台，58同城走的正是让传统生活服务和信息生态秩序重构的路径。

痛点驱动，秩序重构

痛点，往往都是变革的机会所在。在生活服务行业，用户和商家两端最初的痛点分别是“人找不到信息”和“信息找不到人”。这正是分类信息网站诞生的土壤所在。以58同城、赶集网、安居客为代表的分类信息平台的涌现，解决了这个可以被视为原生的痛点。但是当时还没有上升到生活服务的高度，仍然是以信息为核心，而非以服务为目的。

经过多年的发展和积淀，分类信息平台又迎来了变革的机遇，即新一轮痛点亟待解决。这里有两个背景，一是消费升级带动生活服务需求的集中爆发，无论是房子、车子还是其他生活服务，用户需要的不仅仅是能找到对应的有用信息，更需要能有平台来帮助用户高效、省心地“连接”这一切。信息只是其中一环，服务才是用户痛点解决的终极之道。而对于另一端商家而言，实际上也需要平台去赋能，通过平台资源整合能力，让商家与用户高效对接。

这种痛点驱动、需求导向、服务为本的浪潮，推动分类信息平台向生活服务平台的蜕变。

以58同城并购赶集网作为一个标志性的时间节点，生活服务平台的赋能日趋深入。而用户的痛点还有更可挖掘的空间。用户不仅需要信息、服务，还需要高水准的一揽子解决方案，需要平台来背书和担保，来告诉用户这件事情可以帮用户省心、安心的办好。商家也有让平台背书和赋能的现实需要。这就使得生活服务平台不能仅仅是撮合者，还要将商家做不了的，比如金融赋能等服务，用户不愿意去做的对接过程中的烦琐事项，由平台主导来完成。

这就牵涉到一个秩序重构的时代命题。消费升级的核心，是用户对美好生活的需要。美好是没有止境的，只有越来越好，用户才会满意。这种消费升级和美好生活需要驱动着平台和平台上的商家去革新甚至革命。而中小商家作为生活服务行业负责落地的一端，面对用户的需求变化，难免会感到力不从心，或者是不知道从哪里切入去做。这时候，同样需要平台站出来主导。

也正是在这样的趋势下，58 集团成为痛点驱动、秩序重构的赋能者。随着改革开放的不断深入，中国经济发展进入新时代，服务业呈现出数字化、品牌化、连锁化、资本化的特点，并与互联网深度融合，更充分地利用人工智能、大数据等技术手段提升效率，我们称其为“新服务业”。以“互联网 + 服务”为代表的新服务业为社会经济的转型升级注入了新动力，带来了经济结构诸多方面的积极变化，未来极有可能会表现出聚集倍增式的发展态势。

这种发展态势，可以说是平台主导之下的用户与商家的共赢，是两端痛点的共同解决。这也让我们有一个重新审视 58 商业模式创新的机会，从房产、汽车等核心品类的新服务业全赋能的高度，管窥生活服务行业的升级与蜕变。

两端“全赋”车与房

作为两大核心品类，能将房产、汽车服务做好，可以说是 58 集团的立命之本，也是生活服务行业向新服务业升级的关键。2018 年通过为用户和商户提供综合解决方案，结合技术和产品创新来重新发明 58”。

具体来看，58 集团首先以全服务、全连接、全保障实现“全赋服务”。这其中，在房产服务领域，以 58 同城、安居客、赶集网组成的房产服务矩阵，深入用户的痛点，去全面赋能，通过“全信息、全连接、全保障”的“三全”房产服务体系，实现赋能美好生活的平台服务价值。

这里的逻辑在于，房产服务，无论是买卖二手房还是租房，都是一个比较烦琐、耗费时间又很难省心的“刺猬头”，用户很难凭一己之力满意而归，商家也往往因为用户的不充分信任而有些吃力不讨好。这时候，平台的价值就体现出来了。

比如，58 同城、安居客发布的“房源全息字典”就是从信息的角度去赋能用户和商家，让房源实现全息，用户、商家都可以有迹可循。“房源全息字典”进行扩覆盖、扩品类、扩内容的全面底层扩容行动，将其升级为“房源全息字典2.0”。

实际上，生活服务平台起到的主要作用还是连接，是用户与商家的连接器。58同城的“全连接”正是借助微聊、安全通话等连接工具，为交易各方在保障隐私的前提下提供高效率、多节点的实时沟通服务。

此外，58集团在房产服务上还通过独创的“临感”全景看房技术，向找房用户提供“如临其境、感同身受”的看房体验，显然，这将有力提升看房和交易效率。

有了信息+连接的沟通方式，接下来就到了交易的层面，而在这一层面，用户最想要的自然是“一百个放心”，而58同城打造的“全保障”，正是通过包含“十大服务保障”在内的“安选Plus”，为用户提供全面风险保障服务。由此，58同城的房产服务实际上已经全面覆盖选房、看房、签约、交易、过户等买房全流程，为用户打造最安全的房产信息服务平台。

在租房市场日趋升温的大环境下，租房品类自2018年初成为58集团的一级业务部门，由这种组织架构的升级可以看出58同城对租房市场的重视程度。58同城、安居客推进租房产品改版，将租金的金融服务、担保支付服务、个人房东服务等作为升级重点。同时，58集团还加大全行业协作力度，会同各地政府相关部门围绕租赁市场持续开展平台建设、数据支持、信息化服务等各种形式的合作。这其中，品牌公寓领域的服务成为58集团在2018年发力租赁市场的重点。

而且，58同城还着力搭建长租公寓发展生态，通过为用户提供标准化、多层次、服务有保障的长租服务，倒逼租房市场的规范化和交易交付的高效率。懂懂笔记拿到的一份数据显示，截至目前，58同城、安居客入驻的品牌公寓已有1000多家。可以说这已经达到了相当的体量，在此基础上，服务的优化和升级就成为必然。

与房产服务市场相比，汽车服务市场也是一个充满想象力的领域。过去一年来，二手车市场电商大战一浪高过一浪，充分证明了这个市场的潜力和机会所在。但是如何下好汽车服务这盘大棋？58集团同样是从痛点驱动入手，针对核心问题逐一攻破+全面赋能。

以二手车交易服务为例，中间环节过多、信息不对称、买卖双方缺乏信任、价格不透明等，是普遍存在的问题。用户觉得二手车交易太麻烦，商家也被这些烦冗的环节搞得心力交瘁。对此，58 同城二手车业务不断创新业务模式，以平台化理念将线上体验、线下服务、二手车估价、检测、延保、金融支持等进行深度融合，全面提升二手车交易服务水平。比如，在售前检测上有 58 放心车检测，在售后保障上，则有 58 集团携手保险公司共同作出的承诺。

58 集团与庞大集团签署合作备忘录，共同出资成立汽车电子商务公司。具体的合作内容是双方将充分发挥在互联网和传统售车渠道的自身优势，为用户提供 58 金融的汽车融资租赁服务，共同打造互联网与线下结合的新型汽车零售模式，为用户提供全面的互联网汽车生活服务。

姚劲波表示："58 集团与庞大集团在互联网与传统汽车销售渠道的强强联手，除了推动双方的业务发展之外，也将为消费者带来全新的购车体验。作为全国最大的二手车信息平台，58 同城将扮演二手车市场开放的中立平台角色，为中小车商提供需要的一切服务。"

由此来看，无论是在刚需的房产服务领域，还是勃发的汽车服务领域，58 集团已然通过打破线上线下的服务、通过平台的全面赋能，打造了以痛点驱动、秩序重构为核心的新服务业体系，为用户、商家两端"全赋服务"。

开放、生态、闭环

姚劲波说，"每年 5 月 8 日我们都要和业界合作伙伴、媒体人沟通，2018 年的主题是全赋服务，美好生活。58 同城成立于 2005 年，这么多年里面，我们一直专注于服务业，专注于本地，专注于通过互联网提高人们的幸福水平，应对各种挑战。2017 年我提出新服务业的概念，大家知道今天很多线下的商业正被新零售改写。服务业应用新的技术，爆发出新的可能性"，因为消费升级推动的是一个更大的的生活服务市场，这块蛋糕目前除了 58 同城以外，还少有能吞下这般体量的选手。

相关统计数据显示，整个服务业在中国经济占比已经超过 51%，而在发达国家和地区，像欧洲、美国、日本这个比例都是 70% ~ 80%，由此来看，服务业是驱动中国经济下一次增长很重要的驱动点。姚劲波提出"重新发明 58"——"把产品形式从过去的信息升级到服务，从过去的电话连接升级到全连接，升级到更加完善的58。下一个12年大家对58的理解，从过去的形式变成一种更加立体的、和用户更好地互动的新型平台”，这可以说很形象地道出了58升级蜕变的决心，以重新发明的力度去重构秩序、全赋服务。

姚劲波两会期间的提案《关于优化产业环境，培育新服务业成为社会发展新动能的建议》，其中提到利用互联网促进新服务业的发展，让服务业成为中国经济的新引擎。这一建议已经得到有关部委的重视，服务业有望迎来政策上的利好。

无论是政府的重视，还是用户需求，还有技术的不断进步，几方面的力量在推动服务业发生质变。13年身处服务行业的58集团，对于这个变化格外敏感，这在姚劲波看来是不可多得的历史机遇，58集团抓住这个机遇，成为这个潮流的推动者。据姚劲波透露，未来三年，58集团对新服务业将至少投入30亿美元。

通过政府的重视、企业的推动、用户和商家的联动，一个高效有序的生活服务市场已然喷发，而这其中的三个关键词正是对新服务业的概括，即，开放、生态、闭环。58集团通过开放能力、开放平台，与用户、商家甚至政府部门等一同构建生态，进而通过诸如合资成立公司等形成在汽车等领域的交易闭环，如此，正是新服务业的未来所在。

后　记

这是我在中国经济发展进入新时代所撰写的又一本关于资源整合的书。在此之前先后出版了《整合制胜》（南开大学出版社）、《整合发展》（中国经济出版社）、《整合创新》（中国财政经济出版社）。十几年来我始终致力于整合理论和实践的研究，亲身参与一些国家项目、地方政府区域经济的整合发展项目和企业项目的整合策划实践。我深深感到，新时代一个突出的特点就是资源整合，融合发展。新理念、新思维，其核心就是跨界思维，就是融合发展，就是系统整合。搭建平台，创新思路，形成模式，构建系统，这是传统项目管理理论在新时代的新实践和新发展。本书从 2018 年初即开始动笔，断断续续经过一年的时间整理完成。本书在对资源整合与时代特点的紧密联系上较前几本书有一些新的观点和认识，而且在编撰方式上，也力求创新，进行一个新的尝试。

相对比较严谨的学术路线，我还是坚持走老百姓喜闻乐见的平民路线，贴近在市场经济大潮中迎接风浪、栉风沐雨的企业家、实业家和创业者。我认为整合研究不仅是学术界的事，也不是少数专家的事，而是全社会的事。我不仅想写一本好书，还想让普通大众也能了解整合时代的特点，认识资源整合无论对企业发展、项目运营还是个人事业的成功，都具有重要意义。总觉得像整合资源这种时代热点问题，还是要选择向追求奋斗获得幸福的人们靠拢。也正因如此定位，才使这本书在编著过程中注重用更多通俗易懂的文字，用案例解析的方式来进行。

国家发改委、中国社会科学院的许多资源整合专家、学者给予本书很大的支持，从某种程度上讲，没有他们的参与和支持，这样一个创作路线是很难走下去的。尤其感谢郑新立、董锁成、杨庆蔚等几位领导、专家在百忙中为本书作序。

需要特别说明的是，本书编撰过程中，参阅和引用了一些网上资料和其他同仁的文章，我们通过多种渠道与有关作者进行了联系，得到了各位作者的大力支持。在此谨向为本书提供资料的单位和个人表示感谢。但是，由于一些网络文章作者的姓名和地址不详，暂时还无法与他们取得联系，恳请涉及本书内容的作者尽快与我们联系，以便做出妥善处理，在此一并致谢。

本书的出版工作，得到了中国财政经济出版社领导和编辑部的大力支持，使得本书能够在较短的时间内顺利出版。在此，一并致以衷心的感谢和崇高的敬意。

杜芸

2019 年 7 月 7 日